니체 읽기의 혁명

니체 읽기의 혁명

제1판 제1쇄 발행일 2024년 10월 15일

글_ 손석춘
기획_ 책도둑(박정훈, 박정식, 김민호)
디자인_ 정하연
펴낸이_ 김은지
펴낸곳_ 철수와영희
등록번호_ 제319-2005-42호
주소_ 서울시 마포구 월드컵로 65, 302호(망원동, 양경회관)
전화_ 02) 332-0815
팩스_ 02) 6003-1958
전자우편_ chulsu815@hanmail.net

ISBN 979-11-7153-018-2 03160

철수와영희 출판사는 '어린이' 철수와 영희, '어른' 철수와 영희에게
도움 되는 책을 펴내기 위해 노력합니다.

Friedrich Nietzsche

니체 읽기의　혁명

손석춘 지음

철수와영희

**일러
두기**

—이 책에서 인용한 니체의 저작들은 니체전집편집위원회가 엮은 '니체 전집'(전21권, 책세상,
  2001~2005)을 바탕으로 했다. 다만 저작물의 일부 내용과 맞춤법, 문장부호, 강조 등은 반드시
  그대로 따르지는 않았다.
—인용문의 출처는 단행본이나 논문 형태를 구분하지 않고 모두 『 』로 표기하고, 단행본 제목과 장,
  절을 차례로 표기했다.

◆━━━━━━━━━━━━━◇　　　**영원회귀의 부활과 주권자의 철학**

니체는 매혹적이다. 철학을 시적 언어에 담아서만은 아니다. 그의 삶이 고독과 광기로 이어져서만도 아니다. 평생 병치레로 고통에 시달리면서 인류의 건강을 고심하며 치료의 철학을 내놓아서만도 아니다. 무엇보다 우리에게 삶을 창조적으로 열어가라는 그의 곡진한 권유가 장엄한 우주론에 터하고 있어서다. 바로 '영원회귀'다.

영원회귀 우주론을 이해할 때 우리는 자신의 삶과 세상을 지금까지와는 사뭇 달리 바라볼 수 있다. 니체가 바람직한 인간상으로 제시한 '위버멘쉬'나 '주권적 개인'도 그 웅장한 우주론에 근거하고 있다.

이 책이 '니체 읽기의 혁명'을 제안하는 까닭은 그의 철학이 여전히 많은 곡해를 받고 있어서다. 게오르그 루카치처럼 이름 있는 철학자들까지 니체를 '파시스트'로 몰아세우던 뒤틀림은 어느 정도 가셨다. 하지만 지금도 니체 읽기에 자칫 오해를 일으킬 두 흐름이 있다. 먼저 삶에 지칠 때 힘을 얻고자 니체의 단편적 문장들에 기대는 흐름이다. 다른 한쪽은 그의 철학이 파시즘은 아니더라도 반민주주의임은 확실하다며 니체 읽기를 경계 또는 조소하는 흐름이다.

　두 흐름 모두 니체의 우주적 진실과 거리가 있다. 전자는 니체를 개인적 자존감이나 고독을 노래한 철학자로 알고 있다. 하지만 그가 내린 시대 진단에 무관심한 채 자기 계발이나 처세에 도움을 얻을 요량으로 니체를 만난다면 자신이 추앙하는 '위대한 철학자'를 일부만 보는 셈이다. 가령 비유가 넘실대는 그의 문장 몇몇을 단편적으로 되뇌며 그때그때 위안을 얻는다면 금세 잊어버리기 십상일뿐더러 정확한 이해에 이르기도 어렵다. 무엇보다 니체가 바라는 바가 결코 아니다. 니체를 반민주주의자나 귀족주의자로 보는 후자는 왜 많은 현대인이 니체를 찾는지 알지 못하고 설명할 수도 없다. 그 점에서 그런 비판이야말로 되레 귀족적 또는 반민주적이다. 두 흐름의 공통점은 시대의 병리를 치료하겠다는 니체 철학의 문제의식에 대한 이해 부족이다. 니체가 품은 삶의 문제의식과 우주론을 지나친다면 그가 내놓은 개인적 차원의 치료와 시대적 차원의 해법에 깊이 있게 다가설 수 없다.

　그래서다. 니체 읽기의 혁명은 영원회귀 우주론을 기반으로 '주권적 개인들이 창조적으로 살아가는 시대'를 열망한 니체의 진실을 드러내는 데 목적이 있다. 저자와 니체의 첫 '만남'은 반세기 전으로 거슬러 올라간다. 삶의 허무감에 젖어들던 고교 시절 『차라투스트라는 이렇게 말했다』를 들춰보면서 '영원회귀'

와 마주쳤지만 온전히 이해하기 어려웠다. 대학 철학과에 입문해 정독하며 비로소 니체를 만날 수 있었다. 그의 철학적 자서전 『이 사람을 보라』를 읽으면서 "내가 약속해야 할 최후의 것이란 바로 인간을 개혁하는 것"이라는 열정적 토로에 밑줄을 굵게 그었다. 청계천 헌책방들을 뒤져 갈색 표지의 『니체 전집』을 구입했을 때의 기쁨도 생생하다. 니체가 쇼펜하우어를 읽으며 철학의 길로 들어섰다는 글을 읽고는 당시 가장 큰 서점인 종로서적에 가서 『의지와 표상으로서의 세계』를 찾아냈다. 왜 문헌학자 니체가 충격을 받았을까 헤아릴 수 있었다.

그런데 철학과 수업에서 니체는 전혀 다루지 않았다. 지금은 니체학회도 생겨 연구자들이 활발하게 논문들을 내놓고 있지만, 1970년대 철학 강의실에서 마르크스가 금기시되었다면 니체는 도외시되었다.

철학과를 졸업하고 언론인으로 일하며 틈틈이 니체를 다시 읽었다. 그때마다 새롭게 다가왔다. 때로는 그의 글에 가슴 시린 공감을, 때로는 감정의 과잉을 느끼기도 했다. 마르크스 철학과 하버마스 철학을 삶의 현실에 견주어 각각 석사와 박사 논문을 쓰고 문과대학 교수로 재직하면서 니체를 차분히 짚어보았다. '비평과 커뮤니케이션' 강의 시간에 니체 철학을 삶의 비평 이론으로 다룰 때 학창 시절 그에게 몰입됐던 나날이 생생하게 살아났다.

이 책은 철학의 문에 들어선 젊은 날부터 반세기 가까이 들여다본 니체 철학과 '우주철학'의 대화다. 19세기 유럽을 사유했

머리말　　　　영원회귀의 부활과 주권자의 철학

던 니체의 우주론과 시대 진단은 20세기와 21세기에 걸쳐 우주 과학이 획기적으로 발달한 지금도 유효한 통찰로 번득인다. 다만 니체를 읽으며 그의 철학을 불변의 진리로 섬긴다면 저 고독한 철학자를 그보다 더 쓸쓸하게 만드는 일도 없을 터다.

무릇 인식에 관점을 중시한 니체가 경고했듯이 누군가의 철학에 다가설 때 자신의 관점을 잃지 말아야 한다. 니체를 읽을 때도 스스로 생각의 근육을 키워가야 옳다. 어떻게 살아야 하는가를 묻거나 삶의 의미를 찾는 독자라면 더욱 니체 읽기의 혁명이 필요하다.

니체 애독자 가운데 더러는 낯설 수 있겠지만 그의 사유는 분명 개개인에 머물지 않았다. 물론 권리를 중심으로 한 근대적 개인의 정립과 그에 대한 니체의 깊은 통찰은 새겨볼 가치가 충분하거니와 이 책에서도 충분히 살피고자 한다. 아울러 그의 저서 곳곳에 담긴 사회 비판을 인간론과 함께 살펴야 니체의 우주적 진실이 온새미로 드러날 수 있다. 니체가 철학의 길에 들어서면서 '위대한 정치'를 구상했고 그의 시대 비판이 근대사회를 겨냥하고 있기에 더 그렇다.

근대 문명을 깊이 있게 비판한 철학자로서 니체와 마르크스의 대화는 유럽에서 사뭇 오래전부터 시도됐다. 한국의 보수적인 사회과학자들이 즐겨 인용하는 막스 베버조차 일찍이 "우리 자신이 정신적으로 실존하고 있는 세계는 마르크스와 니체로부터 각인된 세계"라 말했고, 프랑크푸르트학파의 테오도어 아도르노 또한 두 철학자의 공통된 문제의식을 논의했다.

뒤늦게 영미 철학계에서도 니체의 사회철학을 다룬 연구가 곰비임비 나오고 있다. 하지만 이 책의 논지가 유럽과 영미 연구자들에게 영향을 받은 것은 전혀 아니다. 그들의 논의를 알기 훨씬 전인 철학도 시절에 니체와 마르크스를 연관 짓는 사유가 스스로 싹텄고 탐구한 방향도 그들과 다르다. 그 사실을 굳이 강조하는 까닭은 한국인이 유럽이나 영미 철학자들에 주눅 듦 없이 자신의 관점으로 당당하게 사색하기를 기대해서다.

학계를 염두에 두지 않았기에 각주를 가능한 줄이며 썼지만 그의 저서를 번역하고 여러 논문과 연구서를 내며 학문에 정진해온 많은 이들에게 빚지고 있다. 다만 영원회귀를 '삶의 부활'로 해석하고 그 함의를 정치철학으로 풀이한 이 책의 주제는 독창적이다.

차갑고 고독한 얼굴에 뚝뚝 묻어나듯이 삶의 길이 쓸쓸했던 니체는 사람을 가차 없이 경멸한다고 공언할 만큼 깊이 사랑했다. 인류가 오래전부터 병들었다고 통렬하게 질타한 그의 철학은 영원회귀 우주론에 근거해 삶을 진단하며 내놓은 치료제다. 니체가 자부한 건강한 철학과 우주적 삶의 의미를 독자들이 주체적으로 성찰하고, 저 드넓고 깊은 우주에서 창조적으로 삶을 걸어가는 데 이 작은 책이 조금이라도 도움이 될 수 있기를 소망한다.

손 석 춘   드 림

차 례

: 너무나 소박한 너무나 섬세한

1 니체의
삶

사랑하는 자는 창조하려 한다. 경멸하기 때문이다!

자신이 사랑했던 것을 경멸할 까닭이 없었던 자가

사랑에 대해 무엇을 알겠는가!

『차라투스트라는 이렇게 말했다』, 제1부, 창조하는 자의 길에 대하여.

Friedrich Nietzsche

철학은 '건강하려는 사람의 본능'

한 철학자의 사유에 들어가는 가장 좋은 길이 있다. 그가 '철학'을 어떻게 정의하고 있는가를 짚으면 된다. 철학이란 무엇인가에 대한 정의에 그 철학자의 철학이 오롯이 담겨 있기 때문이다. 니체는 철학을 어떻게 정의했을까.

근본적으로 철학은 개인이 건강해지는 법에 대한 본능이 아닐까? 나의 대기, 나의 높이, 나의 기후, 나름대로의 건강을 두뇌라는 우회로를 통해 추구하려는 본능이 아닐까? 다른 많은, 그리고 분명히 더욱 높은 숭고한 철학들이 존재한다. 그리고 나의 철학보다 더 음울하고 까다로운 철학들만 존재하는 것은 아니다. 아마 그것들도 모두 그러한 개인적인 충동들의 지성적인 우회로에 불과한 것은 아닐까?[1]

철학이 근본적으로 '건강하려는 본능'이라는 정의는 철학사를 톺아보아도 파격일 만큼 새롭다. 그 정의에는 철학이 직업으로서 철학 교수의 전유물일 수 없다는 사실, 모든 사람이 이미 철학자라는 진실을 담고 있다.

니체의 저서에서 '건강'은 '병'과 더불어 자주 나오는 말이다. 그의 철학에서 병과 건강의 가름대는 몸의 특정한 질병이 아니다. '삶'이다. 삶의 관점에서 병과 건강을 짚은 니체는 같은 시대를 살아가는 사람들이 두루 앓고 있는 병을 진단하며 치료에 나섰다. 서양 철학사에서 철학자들은 종종 '시대의 의사'를 자임했거니와 니체 또한 자신을 '철학 하는 의사'로 여겼다.

그렇다면 니체가 진단한 삶의 병은 무엇인가. 무릇 모든 철학이 그렇듯이 철학자의 사유는 그의 삶과 무관하지 않다. 삶을, 더구나 시대의 병과 건강을 사유한 니체에겐 더욱 그렇다. 그는 몸을 경멸하고 이성을 중시해온 서양철학의 전통을 병리적으로 보았다. '정신'이라 부르든 '이성'이라 부르든 그것을 가능케 하는 기반이자 생각하는 기능 자체가 몸의 일부임을 니체는 통찰했다. 그가 서양철학이 사람의 본질처럼 여겨온 이성을 '작은 이성', 몸을 '큰 이성'이라 규정한 이유다. 같은 맥락에서 니체는 '자아das Ich'와 이성을 넘어선 '자기das Selbst'를 구분한다. 현대 과학과 의학은 사람이 이성적 동물이라 자부하는 그 이성이 기실 몸의 산물, 몸에서 비롯되었음을 입증하고 있지만, 니체는 19세기에 그 간명한 진실을 꿰뚫어 보았고 그의 철학을 전개하는 과정에서 결코 놓치지 않았다. 니체 철학을 유물론의 하나로 보는 연구가 나오는 까닭이다.

니체 철학을 논의하기에 앞서 그가 몸을 얻고 그 몸을 잃을 때까지 걸어간 삶의 길을 살펴볼 필요가 있다. 니체 스스로 "지

니체 읽기의 혁명

금까지의 모든 위대한 철학의 정체"는 그 철학자가 말하는 "자기 고백이며, 원하지 않은 채 자기도 모르게 씌어진 일종의 수기手記"라고 단언했다.[2] 철학적 사유를 전개한 니체가 지상에 존재했던 나날, 곧 삶이 그의 철학에 고스란히 배어 있다.

그렇다면 먼저 몸을 지니고 있던 니체부터 만나보자. 니체가 사랑해 청혼까지 했던 여성 살로메Lou Andreas-Salomé가 쓴 첫인상이 사뭇 생생하다.

감추어져 있던 것, 침묵하는 고독의 예감이 니체라는 현상을 사로잡은 최초의 강한 인상이었다고 말하고 싶다. (…) 너무나도 소박하지만, 또 한편으로는 너무나도 세심한 의상을 입고, 조용한 상태로, 아주 단순하게 뒤로 빗어 내린 갈색 머리를 가진 이 보통 체격의 남자는 쉽게 지나칠 수가 없다. 가장 인상적이면서도 섬세한 입술 선은 빗질해 다듬은 큰 수염에 거의 완전히 덮여 있다. 니체는 요란하지 않게 이야기하고 조용하게 웃었으며, 신중하고 사색적인 걸음걸이였는데, 걸을 때 어깨를 약간 구부렸다. (…)

시선은 변화하는 외적 인상을 다시 비추는 대신에 그 내면을 통해 이끌어낸 것만을 표현함으로써 그의 인상에 아주 특별한 방식의 매력을 가져다주었다. 이 눈은 내면적인 것을 응시했고 동시에—다음 대상을 넘어서서—멀리 떨어져 있는 것을, 혹은 더 잘 표현하자면, 내면적인 것과 멀리 떨어져 있는 것을 응시했다. 왜냐하면 근본적으로 그의 사상가로서의 연구 전체는 발굴되지 않은 세계에 대한, 그가 끊임없이 만들고 변형했던 "아직 고갈되지 않은 가능성"에 대한 인간 영혼의 철저한 연구였기 때문이다.[3]

니체의 삶   : 너무나 소박한 너무나 섬세한 살로메는 니체의 일상생활은 기품 있는 은둔자와 어금버금하다면서 "아주 검손하고 거의 여성적인 부드러움으로, 언제나호의적인 침착함으로 일관했다"고 적었다. 니체가 너무나 소박했으며 섬세한 입술 선과 '여성적 부드러움'을 지녔다는 증언은그가 철학을 힘차게 전개한 문체와 자못 대조적이다.

생전의 니체가 그려졌다면, 이제 '인간 영혼의 철저한 연구자'가 몸으로 걸어간 삶을 간략히 살펴보자. 프리드리히 빌헬름니체Friedrich Wilhelm Nietzsche는 1844년 10월 15일 프로이센(독일 통일을 주도한 왕국)의 라이프치히 근교에 있는 작은 마을 뢰켄에서 태어났다. 채 다섯 살이 안 되었을 때 목사인 아버지를 뇌연화증으로 잃었다. 뇌동맥에 피가 제대로 흐르지 못해 뇌 조직이 괴사하는 병이다. 아들 니체도 커가면서 두통에 시달렸고 자신도 아버지처럼 젊은 나이에 죽음을 맞을까 불안에 젖은 글을남겼다.

아버지의 죽음 이후 니체는 어머니와 누이에 고모들이 더해여성들로만 둘러싸인 가정 환경에서 자랐다. 집안의 관심을 독차지했지만 병치레가 잦았다. 일곱 살이 된 니체는 기독교, 라틴어, 그리스어를 가르치는 사설 교육기관에 들어갔고 이어 열네 살(1858년)에 인문계 중등학교에 입학했다. 10대 시절의 니체는 고전어에 재능을 보이며 문학적 소질을 드러냈다. 대학에 들어가기 전까지 '어떻게 해서 내가 지금의 내가 되었나'를 주제로 자전적인 짧은 글을 아홉 편 썼다. 자의식이 강한 청소년이었음을 알 수 있다.

1864년 스무 살이 된 니체는 본^{Bonn} 대학에 들어가 목사 집안의 어머니와 고모들의 뜻에 따라 신학을 공부했다. 기독교 신학과 더불어 고전문헌학과 예술사에 관심을 보였다. 한 학기 지나면서 당시 명성 높던 문헌학자 리츨^{Friedrich Wilhelm Ritschl}의 강의에 끌린 청년 니체는 신학을 접었다. 문헌학^{philology, 文獻學}은 문헌을 통해 한 민족 또는 시대의 문화를 역사적으로 연구하는 학문이다. 과거에 살았던 사람들이 남긴 삶의 물증인 문헌을 체계적으로 인식하는 작업이기에 문헌학을 '인식된 것에 대한 인식 작업'으로 정의하기도 한다. 문헌학 연구방법론이 인식의 관점을 중시한 니체의 철학 전개에 영향을 주었을 법하다. 대학 2학년이던 1865년 겨울 학기에 리츨 교수가 라이프치히 대학으로 옮기자 니체도 그를 따라 전학했다. 리츨은 그런 니체를 아끼며 적극 지도했다.

그런데 대학생 니체에게 새로운 전환점이 찾아왔다. 리츨 아래서 문헌학 공부에 열중하던 어느 늦가을, 고서점을 찾았을 때다. 책장에서 우연히 쇼펜하우어^{Arthur Schopenhauer}의 『의지와 표상으로서의 세계^{Die Welt als Wille und Vorstellung}』가 들어왔다. 책을 뒤적이던 니체는 충격을 받았고 곧장 구입해서 집에 돌아온 뒤 밤새워 정독했다. 삶을 바라보는 눈에서 '낙관주의의 안대'가 벗겨지는 느낌에 사로잡혔다. 더 예리해진 니체의 눈에 삶은 "더 추악해지긴 했어도 훨씬 흥미롭게 변했다."[4]

쇼펜하우어의 염세주의 철학에 매료된 니체는 문헌학보다 철학에 더 관심을 기울이게 된다. "나 자신을 알아야겠다는 욕구, 즉 나 자신을 분석해야 한다는 욕구"에 강렬하게 사로잡히며 자책감마저 든 대학생 니체는 술과 담배를 끊었다. "인간성의 핵심을 변화시키거나 성스럽게 만드는 필사적인 시도"를 다짐했다. 니체는 쇼펜하우어 정독에 이어 칸트 철학을 탐색했다. 세계를 의지와 표상으로 나눈 쇼펜하우어의 해석이 물자체와 현상을 구분한 칸트 철학의 영향을 받은 까닭이다.

철학에 눈 돌리면서도 문헌학 공부를 소홀히 하지 않았다. 대학 졸업을 맞아 고대 그리스 철학자들의 삶과 철학을 기록한 디오게네스 라에르티우스^{Diogenes Laërtius}의 문헌들을 연구해 논문으로 발표하면서 학계의 주목을 받았다. 이듬해인 1868년 11월에는 동양학자인 브로크하우스^{H. Blockhaus}의 집에서 음악가 바그너^{Richard Wagner}를 처음 만나 쇼펜하우어와 독일 철학, 오페라의 미래를 주제로 이야기 나눴다. 니체는 바그너의 음악 〈뉘른베르크의 마이스터징거〉 전주곡을 들었을 때 "몸의 모든 신경과 근육이 떨렸다"며 그런 "지속적인 황홀경을 지금껏 경험해본 적이 없다"고 토로했다. 니체는 음악에서 "시월의 오후처럼 명랑하고 깊은 것"을 찾았다.

리츨 교수의 추천으로 1869년 스물다섯 살의 니체는 국경과 접한 스위스 바젤 대학의 고전어와 고전문헌학 촉탁교수로 박사 학위도 없이 위촉됐다. 남들이 부러워할 파격적인 초빙이었지만 니체의 심경은 복잡했다. 친구 로데에게 쓴 편지에서 니체는 "이제 나는 속물이 되어야" 한다며 "직위와 영예는 값을 치르지 않고는 얻을 수가 없네"라고 적었다. 이어 "유일한 문제는 그 속박이 강철로 되어 있느냐, 실오라기 하나 정도냐 하는 것이지, 나에겐 필요하다면 그 결합을 끊을 수 있는 용기가 여전히 남아 있네"라고 다짐하듯 밝혔다. 교수로 첫걸음을 떼면서 언제든지 그만둘 각오를 한 셈이다. 이미 문헌학보다 철학에 관심이 쏠려 있었기에 더욱 그랬다.

리츨은 제자를 위해 최선을 다했다. 라이프치히 대학은 디오게네스 라에르티우스 연구를 비롯해 니체가 쓴 논문들의 우수성을 인정해 그것만으로 박사 학위를 주었다. 대학에 자리 잡은 니체는 「언어의 근원에 대하여」(1869/1970)와 「디오니소스적 세계관」(1870)을 발표했다.

1870년 4월, 스물여섯 살의 니체가 바젤 대학의 문헌학 전임 교수가 되자 선망 못지않게 질투와 시기가 이어졌다. 니체는 그런 시선과 쑥덕공론에 아랑곳하지 않았다. 강의실에서 젊은 정신들을 사로잡으며 그들의 지적 성숙에 자극을 주었다. 바젤 대학의 학생들 사이에서 화제가 될 정도였다.

그해 프로이센과 프랑스 사이에 전쟁이 일어났다. 프랑스 황제 나폴레옹 3세가 1870년 7월 19일에 먼저 선전포고를 했지만, 프로이센 총리 비스마르크의 유도작전이었다. 만반의 준비를 갖추고 있던 프로이센은 곧바로 '방어 전쟁'임을 내세우면서 프랑스와 '기다리던 전쟁'에 들어갔다. 젊은 교수 니체는 뜻밖에 곧바로 휴직하고 참전했다. 의무병으로 자원한 니체는 프로이센의 고루한 문화가 프랑스와 전쟁을 통해 새롭게 고양되길 기대하며 직접 그 현장을 체험하고 싶었다. 하지만—실은 당연히—전장은 젊은 교수에게 실망만 안겨주었다. 더구나 본디 병약했던지라 전사자의 시신을 모으고 부상자를 수송하는 일을 하다가 이질과 디프테리아에 걸렸다. 격렬한 두통과 구토감이 이어졌다. 9월에 의가사 제대를 하고 대학에 복귀했다.

전쟁은 비스마르크의 계획대로 펼쳐져 프랑스의 패배로 끝났다. 전쟁을 통해 힘을 과시한 프로이센은 남부 지역의 여러 공국들까지 하나로 묶어내며 1871년에 독일제국을 선포했다. 모두 비스마르크의 치밀한 전략이었다.

프로이센에 놀아난 나폴레옹 3세의 무능함에 분노한 프랑스 민중은 혁명을 일으켜 왕정에 마침표를 찍었다. 그런데 새로 들어선 정부가 독일과 굴욕적 협상을 하자 파리의 민중은 분개했다. '파리코뮌'으로 알려진 민중 정부를 세우고 끝까지 항전에 나섰다. 그 과정에서 루브르박물관이 파괴되었다는 소식—실제로는 튈르리 궁전에 오직 한 건의 방화만 있었다—을 듣고 니체는 혼란스러웠다. 착취로부터의 해방과 사회정의를 요구하는 민중의 정당성을 인정해야 하는지, 자신들의 노동으로 물질적 기반을 만들었음에도 하찮은 대우를 받는 민중이 사치스러운 문화에 보내는 증오를 이해해야 하는지 자문하며 "문화와 정의의 관계에 대해 고민"했다.[5] 1871년 7월 21일자 편지에서 이렇게 썼다.

나는 가난한 사람들 때문에 존재하는 것이 아니라 고귀한 사명을 이행해야 하는 예술의 형이상학적인 가치를 고집해왔네. 하지만 나는 이토록 마음이 아픈데도 저 폭도들에게 돌을 던질 수가 없다네. 저들은 내가 보기에 일반적인 죄를 뒤집어썼을 뿐이지. 이 죄에 대해서는 정말 많은 생각을 해야 한다네.[6]

프랑스를 제압하며 등장한 독일제국이 국가의 권위주의적 성격을 강화하자 니체의 비판 의식은 더 커져갔다. 니체는 '사람들이 즐겨 경청하는 저술가들'이 전쟁을 찬양하고 있다면서 이렇게 우려했다.

최근 프랑스와 치른 전쟁이 남긴 모든 나쁜 결과들 중에서 아마 가장 나쁜 것은 널리 확산된 일반적 오류일 것이다. 그것은 독일 문화도 이 전쟁에서 승리를 거두었으므로 이제 우리는 이처럼 특별한 사건과 성과에 어울리는 화환으로 독일 문화를 장식해야 한다는 여론과 그러한 여론에 맞춰 생각하는 모든 사람들의 오류다.[7]

시대적 흐름에 비판 의식이 높아지면서 니체는 문헌학보다 철학에 점점 더 끌렸다. 아예 철학과로 교수직을 옮기려고 시도했지만 뜻대로 되지 않았다. 만일 그때 바젤 대학 철학과 교수들이 니체를 받아들였다면, 그의 철학은 어떻게 전개되었을까. 기존 철학계의 '전통'을 따라 체계적으로 정립되었을까, 또는 평생 '철학 교수'직에 머물며 강단 철학자로 그쳤을까.

강단 학계와 결별하고 철학적 전투 개시

니체와 문헌학계와의 불화는 이듬해인 1872년에 『비극의 탄생 *Die Geburt der Tragödie*』을 출간하면서 폭발적으로 불거졌다. '디오니소스적 예술 충동'과 '아폴론적 예술 충동'이라는 낯선 개념을 제시하며 둘 사이의 관계를 분석한 『비극의 탄생』은 니체의 독창적인 사유가 듬뿍 담긴 작품이다.

고대 그리스인들이 예술을 통해 삶을 구원했다고 본 니체는 이를 그리스신화의 아폴론과 디오니소스를 끌어와 풀이했다. 태양신 아폴론은 조형 예술의 원리로 조화로운 질서, 합리적 이성, 태양의 밝음을 상징한다. 술의 신 디오니소스는 음악 예술의 원리로 자유로운 열정, 즐거운 도취, 어둠과 심연, 통제되지 않은 창조적 힘을 상징한다.

니체가 보기에 본디 그리스 예술은 아폴론과 디오니소스가 결합해 있었지만, 소크라테스 철학의 영향으로 후자를 시나브로 무시하고 심지어 죄악시했다. 니체는 그 결과 이성과 합리적 사고만 중시함으로써 유럽 문명이 병들게 되었다고 판단했다. 따라서 디오니소스의 열정과 도취를 되살려 삶의 건강한 생명

근본적으로 철학은 개인이 건강해지는 법에 대한 본능이 아닐까?

나의 대기, 나의 높이, 나의 기후, 나름대로의 건강을

두뇌라는 우회로를 통해 추구하려는 본능이 아닐까?

다른 많은, 그리고 분명히 더욱 높은 숭고한 철학들이 존재한다.

그리고 나의 철학보다 더 음울하고 까다로운 철학들만

존재하는 것은 아니다. 아마 그것들도 모두 그러한

개인적인 충동들의 지성적인 우회로에 불과한 것은 아닐까?

『아침놀』, 제5권, 553절.

Friedrich Nietzsche

력을 찾아야 한다고 주장했다.

사뭇 독창적인 해석이지만 아폴론과 디오니소스의 구별에서 우리는 쇼펜하우어의 영향을 새삼 확인할 수 있다. 아폴론이 쇼펜하우어의 표상이라면, 디오니소스는 삶의 의지다. 물론『비극의 탄생』이 쇼펜하우어의 이원론을 그대로 받아들인 것은 아니다. 체념이나 달관의 관점에서 예술을 바라본 쇼펜하우어와 달리 니체는 끊임없이 새로움을 추구하며 삶을 풍요롭게 하는 예술 정신의 부활을 주장했다.

리츨의 총애를 받아 일찌감치 교수가 된 니체의 비평적 저서에 문헌학계는 기다렸다는 듯이 줄이어 비판에 나섰다. 실증적 자료 분석이나 논리적 엄밀성이 떨어진다는 학문적 평가를 넘어 교수의 자격까지 의심하는 날 선 반응이 이어졌다. 문헌학계에서 당시 니체와 '경쟁'하던 젊은 학자 묄렌도르프$^{Wilamowitz-Moellendorff}$로부터 '그만 입을 다물고 학문을 가르친다고 주장하는 강단에서도 내려오라'는 모욕적인 비난까지 받았다.

젊은 니체에게 박사 학위 수여를 주선하고 교수직에도 과감히 추천한 리츨까지 "재치는 있지만 제멋대로"라고 혹평했다. 학계의 혹평이 쏟아지자 니체를 따르던 학생들의 분위기도 바뀌어 강의실에 빈자리가 늘어나기 시작했다. 크게 상처받은 니체가 지인들에게 교수를 그만둘 생각을 밝혔을 때 바그너가 강력히 만류했다.

니체는 이참에 문헌학의 틀에 더는 구애받지 않고 독일의 '정치적 교육자'가 되겠다는 생각을 굳혔다. 프랑스에 거둔 군사적 승리를 독일 문화의 승리로 착각한 독일 사상계의 속물성을 견딜 수 없던 니체는 '정치적 교육'을 위해 당시 독일을 지배하던 시대정신을 비판했다. 고대 그리스의 초기를 문화적 자기 창조의 전형이자, 앞으로 독일이 지향할 모범으로 삼았다. 그 연구 결과를 「그리스 국가」, 「그리스 비극 시대의 철학」, 「독일인에 대한 경고」, 「비도덕적 의미에서의 진리와 거짓」 들에 담아 발표했다.

학계의 냉소와 비난에 초연해진 니체는 다시 책 쓰기에 나섰다. 새로운 문화의 조건과 지반을 모색한 『반시대적 고찰*Unzeit-gemäße Betrachtungen*』 출간에 이어 『인간적인 너무나 인간적인*Men-schliches, Allzumenschliches*』 집필에 들어가면서 서른두 살의 니체는 바그너의 영향을 받았던 낭만적이고 국가적인 문화 이념으로부터 벗어났다. 바그너가 기독교 도덕에 물들었다고 판단했기에 더욱 그랬다. 첫 만남 이후 바그너를 존경하며 '새로운 독일 문화의 예언자'가 되겠노라고 다짐했던 니체는 그에게 영향을 끼친 쇼펜하우어는 물론 리츨이나 바그너와 선을 긋고 자신의 사유를 한층 본격적으로 펼쳐갔다.

니체가 사람의 내면을 들여다보던 그 시기에 몸은 심한 편두통과 위장장애, 만성적 안질에 시달렸다. 무엇보다 눈이 정상적인 빛마저도 견디지 못해 강의를 다른 사람에게 맡기기도 했다. 그 시절 지인에게 보낸 편지들을 들춰 보면 니체가 상황을 얼마

니체 읽기의 혁명

나 심각하게 여겼는가를 짐작할 수 있다. "여러 차례 죽음의 문턱에서 재빨리 도망가지만 두려움에 고통을 느끼며 매일 살고있어 하루하루가 병의 이야기를 가지고 있다네"라고 쓴 니체는아버지의 죽음까지 불러냈다. 아버지가 뇌연화증으로 돌아가셨을 때 나이가 서른여섯이었다는 사실을 떠올리며 자신에겐어쩌면 더 빨리 그런 일이 일어날 수 있겠다는 불안감도 털어놓았다.

몸의 고통이 깊어지면서 니체가 응시하는 내면의 심연도 깊어갔다. 견디기 힘든 병증에서 조금이라도 벗어나고자 신선한공기, 다사로운 기후를 찾아 알프스 산자락의 한적한 곳으로 떠났다. 가을에 요양에서 돌아온 니체는 바젤 대학에서 다시 강의를 시작하지만 『인간적인 너무나 인간적인』을 직접 집필하지못하고 받아 적게 할 정도로 몸이 불편했다. 의사는 앞으로 몇년 동안 읽고 쓰는 것을 금지했다.

1879년 3월에 다시 강의를 중단하고 제노바로 휴양을 떠난니체는 두 달 뒤에 결국 사직했다. 10년 동안 교수직에 있었기에 비록 현직 시절의 연봉과는 견줄 수 없이 적었지만 연금을받을 수 있게 되었다. 더러는 그 때문에 강단을 떠났다고 풀이하는 니체 연구자도 있다. 니체는 「학자들에 대하여」라는 글에서 자신은 "학자들이 살고 있는 집을 뛰쳐나온 것"이고 "그리고는 문을 등 뒤로 힘껏 닫아버렸던 것"이라고 밝혔다. 대학교수들에 대한 비판적 시선은 그의 저서 곳곳에서 나타난다. 다만 사직서를 낸 시점에 친구 파울 레^{Paul Rée}에게 보낸 편지에서 일상의 "8분의 7이 맹인이며 고통 속에 15분 정도 있는 것 말고는 더 이상 아무것도 읽을 수도 없는 환자"로 자신을 표현하고 있어 더는 교수직을 수행하기 어려웠을 가능성도 있다. 어쨌든 교수직을 그만둠에 따라 니체의 경제적 상황은 넉넉할 수 없었다.

가구가 딸린 작은 방의 책상은 수없이 많은 메모, 종이쪽지, 서류들, 교정본들로 가득 차 있었다. 그러나 책 한 권도, 편지 한 통도 없었다. 구석 한쪽에는 보기 흉한 무거운 나무 트렁크가 자리 잡고 있었다. 그의 유일한 재산인 그 트렁크에는 셔츠 두 벌과 낡고 낡은 옷 한 벌이 들어 있었다. 쟁반 위에는 작은 병, 주전자, 두통이 있을 때 먹는 물약 등이 잔뜩 놓여 있었다. 그는 자주 몇 시간 동안 두통 때문에 의기소침해졌다.[8]

　　작가 슈테판 츠바이크^{Stefan Zweig}가 묘사한 당시 니체의 생활 공간이다. 실제로 병증이 깊어갔다. 서른다섯 살에 교수직을 그만두게 만든 병을 니체는 우연으로 보지 않았다. 자신 안에 있는 건강한 자기가 그동안 자신이 살아온 잘못된 삶, 병리적 삶에 건네는 치료적 반응이라고 생각했다. 니체는 그 순간을 이렇게 적었다.

나는 나 자신에 대해 진정으로 초조한 심정에 사로잡혔다. 나는 다시 나 자신이 되는 것을 생각할 때가 되었다고 느꼈다. 나는 내가 이미 얼마나 많은 시간을 낭비했으며, 나의 진정한 사명에 비추어 볼 때 문헌학자로서 나의 삶 전체가 얼마나 보람이 없는가를 갑자기, 무자비할 정도로 명료하게 알아차렸다. 나는 정신적 양식의 공급이 중단되었던 내 인생의 10년을 뒤로하고 있다. 바로 이때, 아주 알맞은 때에, 경탄할 만한 방식으로, 아버지로부터 물려받고, 결국 젊어서 죽게 되어 있는 체질인 불길한 유전이 나를 돕게 되었다.[9]

　　니체는 병이 서서히 자신을 주변 환경으로부터 끌어냈다며 "습관을 완전히 바꿀 수 있는 권리를 주었다"고 밝혔다. 병에 대한 '예찬'은 더 이어진다.

(병은) 내가 망각에 빠지도록 허용하고 명령했다. 그것은 나에게 누워 있고, 기다리는 것 이외에 아무것도 하지 않고, 인내하라는 의무를 나에게 부과했던 것이다. 그런데 이것이 바로 이른바 '사유한다'라는 것이다. 나의 눈만으로도 책 냄새를 풍기는 모든 몰두에, 그리고 모든 철학에 종지부를 찍는 데 충분했다. 나는 책으로부터 해방되었다. (…)
이 내적 자아, 어떤 의미에서 묻혀 있었으며 끊임없이 다른 자아를 듣도록 하여 침묵하도록 강요된 이 자아, 이 내적 자아가 서서히, 수줍어하며, 주저하며 눈을 뜨게 되었고 마침내 다시 말을 하게 되었다.[10]

　　니체는 병으로 스스로를 새롭게 정립할 수 있었으며 새로운 철학의 길로 들어섰다고 생각했다. 다만 니체의 병은 쉽게 완쾌되지 않았다. 새로운 가치와 삶의 조건들을 탐구해 1881년

7월에 출간한 『아침놀*Morgenröte*』도 구술과 받아쓰기로 탈고했다. 신의 황혼과 사람의 아침놀을 대비한 작품으로 니체 스스로 밝혔듯이 기독교에 근거한 서양의 도덕에 정면으로 맞서 전투를 시작한 책이다. 대학 강단과 결별한 그가 철학적 전투에 나서며 깃발을 높이 든 셈이다.

『아침놀』 저술을 마친 니체는 알프스 아래 고요한 산골 마을 실스마리아로 떠났다. 병든 아들을 걱정하는 어머니에게 "지금까지 인간이 쓴 것 중에서 가장 용감하고 가장 고상하고 가장 깊이 있는 책을 한 권 썼다"고 편지를 보냈다.

'최악의 겨울'에 잉태한 차라투스트라

스위스 실스마리아에 머물며 니체는 알프스의 설산들이 비친 호수 둘레 길을 자주 산책했다. 그러던 어느 날 호숫가에 서 있는 바위 앞에서 그의 철학에 고갱이가 될 '영원회귀'의 우주론을 착상했다. 그 번득이는 순간을 니체는 이렇게 말했다.

영원회귀 사유라는 그 도달될 수 있는 최고의 긍정 형식은, 1881년 8월의 것이다. 그것은 "인간과 시간의 6천 피트 저편"이라고 서명된 채 종이 한 장에 휘갈겨졌다. 그날 나는 실바프라나 호수의 숲을 걷고 있었다. 수르레이에서 멀지 않은 곳에 피라미드 모습으로 우뚝 솟아오른 거대한 바위 옆에 나는 멈추어 섰다. 그때 이 생각이 떠올랐다.[11]

새로운 사상의 실마리를 잡고 자유롭게 사색하던 니체는 알프스 남서쪽의 제노바에서 새해를 맞았다. 그리고 1882년 1월, 지금까지도 삶을 치열하게 살려는 이들의 좌우명이 된 '아모르 파티Amor Fati'라는 니체의 중요한 개념이 담긴 글을 적었다.

니체의 삶 　　：너무나 소박한 너무나 섬세한

새해에. ─나는 아직 살아 있다. 나는 아직 생각한다. 나는 아직 살아야만 한다. 아직 생각해야만 하니까. (…) 이 해에 처음으로 내 마음을 스쳐가는 생각, 앞으로의 삶에서 내게 근거와 보증과 달콤함이 될 생각에 대해 말하고자 한다. 나는 사물에 있어 필연적인 것을 아름다운 것으로 보는 법을 더 배우고자 한다. 그렇게 하여 사물을 아름답게 만드는 사람 중 하나가 될 것이다. 네 운명을 사랑하라^{Amor fati}. 이것이 지금부터 나의 사랑이 될 것이다! 나는 추한 것과 전쟁을 벌이지 않으려다. 나는 비난하지 않으려다. 나를 비난하는 자도 비난하지 않으려다. 눈길을 돌리는 것이 나의 유일한 부정이 될 것이다! 무엇보다 나는 언젠가 긍정하는 자가 될 것이다![12]

자신을 비난하는 사람들에게 아예 반응하지 않고 조용히 눈길을 돌리겠다는 결기엔 니체의 창조적 의지와 매서운 고독이 서리서리 맺혀 있다. "사물을 아름답게 만드는 사람 중 하나가 될 것"이라는 다짐에선 경건함마저 느껴진다. 실제로 젊은 시절의 니체는 '알려지지 않은 신'에게 바치는 시를 쓰기도 했다. 아모르 파티, 곧 '운명애'를 니체는 "인간이 그 앞에 있어서도, 그 뒤에 있어서도, 아니 영원히 자기가 다른 것으로 되는 것을 조금도 바라지 않는" 삶의 자세로 정의했다.

그런데 새해를 맞아 운명을 사랑하겠노라고 마음을 다잡은 니체에게 '운명'처럼 한 여성이 나타났다. 그해 봄에 신선한 공기와 따뜻한 기후를 찾아 이탈리아를 돌아다니던 니체는 지인 파울 레로부터 '지성이 뛰어난 젊은 여성'을 소개해주겠다는 편지를 받았다. 니체는 남부 휴양지에서 망설이다가 거듭된 초청에 결국 파울 레가 있는 로마로 갔다. 약속 장소인 성 베드로 성당에서 레와 함께 루 살로메를 만났다.

서른여덟 살의 전직 교수 니체는 스물한 살 취리히 대학생의 화사하면서도 지적인 얼굴에 매혹되어 서슴없이 첫마디를 건넸다. "우리는 어떤 별에서 내려와 여기 서로에게로 떨어진 것일까요?"[13]

살로메가 본 니체의 첫인상은 앞서 소개했다. 니체는 살로메와 이야기 나누며 설레었다. 밤늦도록 산책할 때 살로메가 먼저 키스를 했기에 자신에게 호감을 갖고 있다고 확신도 했다. 그래서 파울 레를 통해 청혼했지만 살로메는 자유롭게 살고 싶다며 완곡히 거절했다. 사실 파울 레도 이미 살로메에게 청혼했으나 뜻대로 되지 않아 니체를 끌어들인 상황이었다. 그 사실을 모르고 있던 니체는 살로메를 놓치고 싶지 않았다. 독일의 작은 도시 타우텐부르그에서 휴가를 함께 보내자고 살로메에게 제안했다. 살로메는 선뜻 응했다. 그곳에 니체의 누이동생이 따라와 살로메를 경계했다.

니체와 3주에 걸쳐 산책하고 밤늦게까지 신과 종교, 죽음과 성을 주제로 대화를 나눈 뒤 살로메가 쓴 일기는 흥미롭다. 살로메는 "우리 둘은 종교적인 특질을 갖고 있었다. 우리 둘 다 과격할 정도의 자유로운 정신을 소유했기 때문"이라며 "자유로운 정신 속에서 종교적 감수성은 신성이라든지 내세의 천국을 상상할 수 없다. 자유 정신을 지닌 사람의 종교 감정은 연약함, 두려움, 탐욕 같은 종교 생성의 원인이 되는 것들과 아무런 관련이 없다"고 적었다. 이어 "자유 정신을 지닌 사람은 종교를 통하여 형성된 종교적 욕구를 자기 자신에게 되던져 자기 본질의 영웅적인 힘을 창조하거나 어떤 위대한 목표를 위해 자기 자신을 바친다"고 쓴 뒤 니체에겐 "영웅적인 성격"이 있다고 단언했다.

살로메가 "사람들은 조만간 니체가 새로운 종교의 선포자로 등장하는 것을 볼 것이며, 이 종교는 젊은이들에게 영웅을 선사할 것"이라고 쓴 대목에선 그녀의 예견이 돋보인다. 예지력 있는 그런 모습이 니체가 끌린 이유일 터다. 살로메와 휴가를 보낸 니체는 그해 8월에 출간한 『즐거운 학문_Die fröbliche Wissenschaft_』에서 서양 철학사의 진리 개념을 통렬히 비판하며 모든 것으로부터의 자유, 모든 것에 언제나 웃을 수 있는 '형이상학적 명랑성'을 제안했다. "실존의 가장 커다란 결실과 향락을 수확하기 위한 비결"도 제시했는데 다름 아닌 "위험하게 살지어다!"이다. 니체는 "그대들의 도시를 베수비오 화산가에 세우라! 그대들의 배를 미지의 바다로 내보내라!"라고 권한다.[14]

모험적인 삶, 창조적 삶을 살아가라는 제안이다. 눈길을 끄는 대목도 있다. 사랑을 다룬 문장들이다.

소유욕과 사랑, 이 두 단어에서 우리가 각각 느끼는 것은 얼마나 상이한가! 하지만 이것은 동일한 충동이 두 가지 이름으로 불리는 것일 수 있다. (…) 소유에 대한 갈망을 가장 분명하게 드러내는 것은 이성 간의 사랑이다. 사랑에 빠진 사람은 그가 동경하는 사람에 대한 무조건적 독점을 원하다. 그는 사랑하는 사람의 영혼과 육체에 대한 무조건적 권력을 원한다. 그는 홀로 사랑받기를 원하고, 다른 사람의 영혼 안에 최고의 대상, 가장 갈망할 만한 대상으로서 머물러 상대방을 지배하려 한다.[15]

　　니체가 살로메에게 얼마나 몰입했는지 짐작할 수 있다. 니체는 사랑에 빠지면 "다른 모든 연적들을 영락케 하고 배제하여 세상의 모든 '정복자'와 착취자 중에서 가장 가차 없고 이기적인 인간으로서 자신의 보물 창고를 지키는 용이 되려 한다"며 그럼에도 "이성애의 이 거친 소유욕과 불의가 모든 시대에 걸쳐 찬양되고 신격화되어왔다는 것에 실로 놀라지 않을 수 없"다고 적었다. 서른일곱 살의 니체에게 "사랑의 개념이 이기주의의 반대로 받아들여지고 있는 것은 그야말로 경이"였다. "사랑을 소유하지 못하고 갈망하는 자가 이러한 언어 용법을 만들었음이 분명하다"고도 했다.[16]

　　『즐거운 학문』이 나왔을 때 니체는 살로메에게 보낸 편지에서 "모든 종류의 고통, 외로움, 그리고 삶에 대한 혐오! 이러한 모든 것에 대한, 또한 삶과 죽음에 대한 치료제를 처방했는데, 그것은 바로 구름 없는 하늘 위를 떠도는 나의 사상"이라고 자부했다. 그가 철학자를 의사, 철학을 '치료제'로 여겼음을 확인할 수 있다.

그런데 사랑에 빠진 니체의 즐거운 명랑은 오래갈 수 없었다. 긴 휴가도 함께 보내 나름대로 확신을 가졌을 니체는 이번에는 파울 레를 통하지 않고 직접 청혼했다. 하지만 살로메는 고개 저었다. 살로메로선 나이 차이가 너무 컸거니와 병약한 몸에 눈도 온전하지 못한 니체가 이성으로서 매력적일 수 없었을 법하다. 다만 살로메는 평생 육체적 사랑에는 관심이 없었다는 분석도 나와 있다. 프랑스 언론인 프랑수아즈 지루^{Franoise Giroud}는 평전 『루 살로메』에서 그녀가 누구와도 성적 관계를 맺을 수 없었으며 결혼도 그것을 전제로 했다고 적었다. 사실 여부는 확인할 수 없지만 문제는 다른 곳에 있다. 살로메가 니체와 자주 만나 긴 시간에 걸쳐 대화하면서 오해를 불러일으켰다는 점이다. 함께 산책하며 니체에게 키스를 해놓고 돌아와서 친구에게 슬며시 흘리기도 했다. 실제로 두 사람 사이를 가까이서 지켜보던 파울 레가 살로메에게 '니체를 가지고 놀지 말라'고 부탁했을 정도였다.

살로메는 니체와 사귄다는 사실이 사교계에 알려지면서 유명세를 탔지만, 니체는 이루어지지 않은 사랑에서 한층 고독을 느꼈다. 살로메를 떠나 제노바로 갔고 다시 라팔로에서 모두로부터 벗어나 고독에 잠겼다. 우울과 불면으로 건강이 악화된 니체는 자신의 '생애 중 최악의 겨울'을 보냈다.

니체는 최악의 상황을 이겨냈다. 파울 레가 니체에게 살로메를 소개하기 전에 이미 그녀에게 청혼했고 여전히 두 사람이 결혼하지 않은 채 동거한다는 사실을 알게 되어 기만당한 느낌마저 들었지만 그만큼 감정을 깔끔히 정리할 수 있었다. 지인인 오베르베크Franz Overbeck에게 보낸 편지에서 니체는 "누군가가 내게 천사를 보내주었다고 생각했었다"고 잔잔히 회고했다. 이어 "고통스럽고 고독한 삶에 지쳐 혼자 들기에 너무나 버거운 내 짐을 덜어줄 수 있으리라"고 믿었지만 환상이었다고 적었다. 니체는 "결국 그녀와 함께 무엇을 해야 할지 더는 아무것도 바라지 않네. 나는 아무 보람도 없이 내 사랑과 마음을 잃어버리고 말았네. 자, 그런데, 사실대로 말하면, 나는 남은 게 아직 많이 있네"라고 여운을 남겼다.

아무런 보람도 없이 사랑을 잃었다며 고통을 토로한 편지의 마지막 문장에선 힘이 느껴진다. '남은 것이 아직 많다'는 말은 두 가지로 해석할 수 있다. 말 그대로 회복할 만큼 힘이 남아 있어 새로운 책 쓰기에 들어가겠다는 뜻이 그 하나이고, 다른 해석은 살로메와 오랜 대화를 통해 책에 쓰지 않은 생각까지 모두 들려주어 허탈감과 불안감이 교차하지만 아직 들려주지 않은 이야기가 남아 있다는 의미가 그것이다. 물론 둘 다일 수 있다.

1883년 새해를 맞아 니체는 실스마리아의 산책길에서 체험했던 환희를 다시 느꼈다. 건강도 호전되어 정신적 고조를 경험했다. 새로운 생각들이 몸에서 샘물처럼 흘러나왔다. "완전히 청명한 날들의 연속"에 힘입어 그의 대표작 『차라투스트라는 이렇게 말했다Also sprach Zarathustra』의 1부를 빠르게 탈고했다. 여

니체의 삶 : 너무나 소박한 너무나 섬세한

름에 2부를 출간했고 이듬해까지 3부와 4부를 완성했다. 니체가 남긴 기록에는 5부와 6부도 언급되고 4부를 시집 형식으로 구상했던 대목이 보인다. 하지만 실행되지 않았다. 다만 시집으로 마무리하려는 착상은 1888년에 『디오니소스 송가$^{Dionysos-}$$_{Dithyramben}$』로 이어졌다.

니체가 자신의 철학을 상징하는 가상의 인물을 '차라투스트라^{Zarathustra}'로 설정한 까닭은 연구자들 사이에 풀이가 엇갈린다. 기실 차라투스트라는 '조로아스터^{Zoroaster}'의 독일식 표현이다. 조로아스터교의 창시자인 그의 기록은 거의 없어 출생부터 여러 설이 있지만 대체로 기원전 600년대에 페르시아(지금의 이란 북부)에서 활동한 예언자로 파악되고 있다.

조로아스터는 고대 이란과 인도 지역의 여러 신을 통괄하는 유일신을 '지혜의 주님(아후라 마즈다)'으로 불렀다. 태초에 지혜의 주님 아래서 선을 선택한 영과 악을 선택한 영이 나왔다고 설명한다. 전자는 성령이고, 후자의 이름이 '샤이틴(사탄)'이다. 조로아스터에게 세상은 '선과 악이 싸우는 현장'이다. 선택할 자유의지가 있는 사람은 단호히 악을 반대하고 선을 추구하는 도덕적 결단이 요구된다.

조로아스터가 제시한 유일신은 유대교를 비롯한 여러 종교의 '모태'가 되었다. 유일신을 유대교는 '야훼^{Yahweh}', 기독교는 '갓^{God}', 이슬람교는 '알라^{Allah}'로 불렀다. 종교학자 엘리아데$^{Mircea\ Eliade}$가 분석했듯이 조로아스터교는 "구세주 신화, '낙관

적' 종말론의 구상, 선이 궁극적으로 승리한다는 사상과 우주적 구제에 대한 선언"으로 서양의 유일신 종교에 큰 영향을 끼쳤다. 기독교가 뿌리내린 유럽에서 조로아스터는 오랫동안 신비주의자, 마법사로 알려져왔다. 니체가 살던 시대와 가장 가깝게는 모차르트의 오페라 〈마술 피리〉에 등장한다. 마법사로 알려진 '자라스트로(조로아스터)'가 실은 이성적 지혜를 갖춘 철학자, '선한 현인'으로 등장한다. 니체는 자서전 『이 사람을 보라*Ecce homo*』에서 이렇게 말했다.

바로 내 입에서 나온, 최초의 비도덕주의자의 입에서 나온 차라투스트라라는 이름이 무엇을 의미하는지에 대해 내게 질문이 던져졌어야 했지만, 아무도 묻지 않았다. 왜냐하면 그 페르시아인의 역사상의 엄청난 독특성을 이루고 있는 것과 내가 말한 차라투스트라는 바로 정반대이기 때문이다. (…) 차라투스트라는 가장 숙명적 액운인 도덕이라는 오류를 창조해냈으며, 따라서 그는 그 오류를 인식한 최초의 사람이지 않으면 안 된다.[17]

니체는 이어 "진실성에서 나오는 도덕의 자기 극복, 도덕주의자들의 자기 대립물로의 자기 극복—내 안으로의 자기 극복—. 이것이 내 입에서 나온 차라투스트라라는 이름이 의미하는 바"라고 적었다. 그러니까 니체는 페르시아의 차라투스트라가 도덕이라는 오류를 최초로 범했다고 보았기에 그 뿌리로 돌아가 새롭게 시작하는 매개로 그의 이름을 불러왔다고 볼 수 있다. 인

나는 사물에 있어 필연적인 것을

아름다운 것으로 보는 법을 더 배우고자 한다.

그렇게 하여 사물을 아름답게 만드는 사람 중

하나가 될 것이다. 네 운명을 사랑하라^{Amor fati}.

이것이 지금부터 나의 사랑이 될 것이다!

『즐거운 학문』, 제4부, 276절.

Friedrich Nietzsche

류의 역사를 잘못 끼운 '첫 단추'부터 바로잡겠다는 의지다.

『차라투스트라는 이렇게 말했다』의 4부까지 완성한 마흔 살의 니체는 자신의 철학적 과제를 수행해 최고의 책을 썼다고 확신했다. 심지어 단테와 괴테는 물론 셰익스피어도 넘어섰다고 자부했다. 이에 대해 여러 판단이 있겠지만 책 전편에 걸친 숱한 상징적 기법과 언어의 유희는 오늘날 철학만이 아니라 문학으로도 높이 평가받고 있다.

니체는 『차라투스트라는 이렇게 말했다』의 각 부를 탈고하는 데 열흘 이상 걸리지 않았다고 스스럼없이 밝혔다. 떠오르는 생각들을 그때그때 적바림한 자료들이 그만큼 풍부했다는 뜻이다. 거의 날마다 걸은 산책길에서 움튼 생각을 곧바로 수첩에 기록했고 어느 정도 생각이 정리되면 더 큰 공책에 옮겨 적었다. 그 공책을 니체 전집의 하나로 출간한 책이 『유고*Nachgelassene Fragmente*』다. 니체 연구자들은 그의 유고에서 새로운 해석의 실마리를 '발굴'해왔다.

니체가 보수도 진보도 경멸한 까닭

철학적 소명을 완수했다고 자부했지만『차라투스트라는 이렇게 말했다』출간 이후 니체는 다시 고독에 잠겨 침울했다. 1부는 거의 반응이 없었다. 2부를 내며 기대했지만 마찬가지였다. 1부에서 4부까지 가면서 결국 출판사도 난색을 표해 4부는 자비로 고작 40여 부를 출간할 수밖에 없었다. 하지만 니체는『차라투스트라는 이렇게 말했다』의 가치를 의심하지 않았다.『이 사람을 보라』서문에서 스스로 다음과 같이 평가했다.

내 작품 중에서『차라투스트라는 이렇게 말했다』는 독보적이다. 이 책으로 나는 인류에게 지금까지 주어진 그 어떤 선물보다 가장 큰 선물을 주었다. 수천 년간을 퍼져나갈 목소리를 지닌 이 책은 존재하는 것 중 최고의 책이며, 진정 높은 공기의 책이다. 뿐만 아니라 이 책은 가장 심오한 책으로서, 진리의 가장 깊숙한 보고에서 탄생했고, 두레박을 내리면 황금과 선의가 담겨 올라오지 않을 수 없는 고갈되지 않는 샘이다.[18]

자신이 "미래의 성경", 인류에게 주는 "가장 큰 선물", "가장 심오한 책", "진리의 가장 깊숙한 보고"로 여긴 책이 독자들에게 외면당했을 때 엄습했을 고독감 또는 스산함은 비슷한 경험을 겪지 않는 한 실감할 수 없을 터다. 더구나 가족과의 불화가 깊어졌다. 가깝게 지내던 누이가 파라과이에 독일제국의 식민지를 세우려고 골몰하던 반유대종족주의자 푀르스터^{Bernhard Förster}와 결혼할 뜻을 밝혔을 때 니체가 반대하면서 갈등이 커졌다. 교수직을 그만둔 아들을 이해하지 못하는 어머니와도 다툼이 잦아졌다. 니체는 고독을 떨쳐버리듯 집필에 더욱 집중했다. 1886년에 『선악의 저편^{Jenseits von Gut und Böse}』, 이듬해엔 『도덕의 계보^{Zur Genealogie der Moral}』를 출간했다. 그 과정에서 니체의 건강은 무장 악화됐다. 그 시점에 살로메가 동거하고 있던 파울 레를 떠나 다른 사람과 결혼했다는 소식을 접했다. 『차라투스트라는 이렇게 말했다』를 출간한 직후에 누이에게 쓴 편지에서 '살로메와 대화를 통해 차라투스라에 이르렀다'고 쓸 정도로 그녀와의 결별에 사뭇 여유를 보였던 니체는 환멸을 느꼈다. 지인에게 보낸 편지에서 "조그맣고 나약하고 더럽고 구역질 나는 교활한 여자, 가짜 가슴이나 달고 다니는" 여자로 표현했다. 파울레는 나중에 자살로 삶을 마감했다.

니체는 '힘에의 의지'를 중심으로 그의 철학을 체계화할 생각을 굳혔다. 하지만 몇 차례 시도 끝에 접었다. 체계화 작업이 니체의 사유엔 어울리지 않아서일까. 진전이 없었다. 결국 니체는 체계화를 위해 써놓은 원고들을 『우상의 황혼^{Götzen-Dämmerung}』과

『안티크리스트*Der Antichrist*』로 정리했고, 『바그너의 경우*Der Fall Wagner*』를 통해 당대의 독일 문화를 혹독하게 비판했다.

그 시기 니체의 쓸쓸함을 위로할 사건이 일어났다. 코펜하겐 대학의 교수 브란데스*Georg Brandes*가 니체에 대한 강의를 시작했다. 그 소식에 의기소침하던 니체는 흥분했다. 브란데스는 당시 유럽에서 저술가로 명성을 얻고 있었기에 더욱 그랬다. 브란데스는 니체의 사상을 '귀족적 급진주의'로 간추렸다. 그는 니체가 현대의 휴머니즘이 강조하는 연민, 이웃 사랑, 이타심 속에 수준 낮은 비열함이 숨어 있음을 파헤쳤다고 보았다. 공개 강연에 이어 학술지에 "니체의 귀족적 급진주의"라는 제목으로 논문도 발표했다.

독일에서도 독자들이 외면했던 니체의 작품이 조금씩 소통되어갔다. 고조된 니체는 자신의 사상적 영향력이 백 년, 심지어는 이백 년에 이르리라 장담했다. 그가 자서전 『이 사람을 보라』를 쓴 이유다.

그런데 1888년 말부터 니체의 병증이 깊어갔다. 니체는 거의 날마다 지인들에게 편지를 써서 곧 위대한 사건이 일어난다고 장담했다. 심지어 독일 황제에게 쓴 편지 소묘에는 인류의 운명을 결정할 전쟁, 기독교에 대한 전쟁이 닥쳐오고 있다고 적기도 했다.

『디오니소스 송가』의 교정을 마친 직후인 1889년 1월 3일이다. 이탈리아 북서부의 도시 토리노에 머물던 니체는 늘 그랬듯이 산책하러 집을 나섰다. 카를로 알베르토 광장에 들어설 때 마부가 말에 채찍질하는 모습을 보았다. 그 순간 니체가 달려갔다. 채찍에 맞고 있던 말의 목을 끌어안으며 '너무나 소박하고 너무나 섬세한' 철학자는 눈물을 흘렸다. 연민과 동정을 힘 있게 비판하던 니체가 실은 여리고 다사로운 사람이라는 진실이 확연히 드러난 장면 아닐까. 그런데 말의 목을 안은 채 대성통곡하던 니체에게 평소와 다른 두통이 난폭하게 덮쳤다. 정신착란 증세가 뚜렷했다. 결국 정신병원에 입원하면서 니체의 창조적 사유는 멈췄다.

1891년부터는 시나브로 사람을 알아보지 못하고 집 안에서조차 휠체어로 움직일 정도로 몸이 쇠약해졌다. 50대에 들어선 1894년부터 아예 말을 잃고 병상에서 벗어나지 못한 니체는 결국 1900년 8월 25일 숨을 거뒀다. 마흔다섯 살에 정신착란으로 입원한 뒤 10년을 어둠 속에서 보낸 셈이다.

니체의 시신은 그가 태어난 독일 뢰켄에 묻혔다. 그의 아버지가 목사로 일했던 마을 교회 바로 옆에 가족 무덤으로 안장됐다. "신은 죽었다"며 기독교를 비판한 니체가 묻힌 곳이 교회 공간이라니 누구보다 섬세했던 철학자가 편히 잠들기보다 유령처럼 떠돌고 있지 않을까. 딴은 그가 태어난 곳도 목사의 사택으로 바로 옆에 자리하고 있다. 그나마 생가는 '니체 기념관'이 되었기에 위안으로 삼아야 할까.

니체를 헐뜯는 사람들은 그의 정신착란 원인이 매독이라고 부르댔다. 하지만 니체의 진료 기록을 연구한 최근의 과학적 논문들은 그의 사인을 뇌종양으로 분석하고 있다. 신경과학자들은 니체가 천천히 자라는 뇌종양으로 고통받았고, 그가 겪은 편두통과 시각 장애도 뇌종양으로 설명할 수 있다고 말한다. 종양이 뇌신경을 압박하면 시력과 시야 장애를 일으킬 수 있고 언어기능 영역에 발생하면 실어증이 나타난다.

니체의 삶을 톺아보았듯이 그의 삶은 평생 병증으로 이어졌다. 하지만 그 병세에 위축되거나 신병을 비관하지 않았다. 정반대였다. 오히려 그가 살고 있는 사회가 사람을 병들고 나약하게 만들었다고 진단하며 시대의 병증과 정면으로 마주했다. 니체는 유럽의 역사에서 지속되어왔던 형이상학, 도덕, 종교, 정치가 사람을 병들게 만들었다고 확신했다. 특히 고대로부터 이어온 병든 가치 체계의 최종적 결과물이 그 시대의 민주주의와 사회주의라고 판단했다. 그의 철학이 시대적 병증의 치료에 있었기에 병든 사람 못지않게 병든 사회를 비판했다.

니체를 사랑하는 적잖은 이들에게 생소할 수 있지만 작품 곳곳에 그의 사회철학과 정치철학이 또렷하게 담겨 있다. 니체 철학을 개인의 권력 욕망을 정당화하는 사상으로 이해하거나 반민주주의자 또는 파시스트라는 비난도 나왔지만, 그의 철학적 목표는 스스로 밝혔듯이 '삶의 건강성 회복'이다.

사람의 건강한 삶을 위한 시대의 병증 치료가 철학적 과제였던 만큼 니체가 진단한 병은 보수와 진보를 넘어서 있다. 병든 사람에 대한 경멸이 기독교와 형이상학에 뿌리내린 보수와 그 개개인에 대한 비판이라면, 그가 살던 시기의 자유주의적 민주주의와 사회주의에 대한 니체의 경멸은 진보에 대한 비판이다. 사람과 사회 두루 병들었고 보수와 진보를 모두 경멸한 니체의 자세는 더없이 오만하다고 여기기 십상이다. 하지만 니체는 그 오해를 단숨에 풀어줄 문장을 남기고 있다.

사랑하는 자는 창조하려 한다. 경멸하기 때문이다! 자신이 사랑했던 것을 경멸할 까닭이 없었던 자가 사랑에 대해 무엇을 알겠는가![19]

니체의 깊이를 실감할 매혹적인 물음이다. 그는 19세기 유럽의 근대사회가 보수든 진보든 병들었다고 진단했다. 니체는 그 대립을 넘어선 새로운 삶의 지평을 인류의 미래에 펼치고자 철학에 몰입했다. 그가 동시대는 물론 유럽의 근대 문명을 경멸하고 허무주의를 파헤치며 새로운 우주론을 편 출발점은 그를 문헌학자에서 철학의 길로 들어서게 한 쇼펜하우어 철학이다. 그래서다. 니체의 우주적 진실에 바투 다가서려면 쇼펜하우어를 건너뛸 수 없다. 니체 철학의 문제의식이 쇼펜하우어에서 싹텄기 때문이다. 다음 장에서 촘촘히 살펴보겠거니와 쇼펜하우어의 철학 또한 우주론에 터하고 있다.

철학의
출발점

세상은 곤궁과 비탄의 무대이며

적어도 우리에게 알려진 사실들로 판단컨대

가장 행복한 경우라 해도 무료함을 던져줄 뿐이다.

그 세상을 비추는 일밖에 하지 않는 별들, 방대한 우주,

무한한 공간에서 무수히 반짝이는 별들을 바라보면

우리는 미치고 싶은 기분이 든다.

쇼펜하우어

Friedrich Nietzsche

기독교와 휴머니즘을 비판한 우주론

니체에게 쇼펜하우어는 독창적 우주론에 근거해 유럽인들이 공감해온 '휴머니즘'을 정면으로 비판한 철학자다. 서양 철학자들 가운데 드물게 붓다 철학에 관심을 기울인 쇼펜하우어는 유럽 철학이 기독교적 편견에 사로잡혀 있다고 보았다. 그는 18세기 유럽에 퍼져 있던 계몽주의 철학도 그 편견에서 자유롭지 못하다며 자신에게 큰 영향을 끼친 칸트를 비판했다. 칸트와 계몽주의 사상가들의 철학은 기독교의 '세속 버전'에 지나지 않기에 같은 오류를 범했다는 것이다.

쇼펜하우어가 지적한 계몽주의와 기독교의 핵심적인 오류는 무엇일까. 인간중심주의다. 흔히 기독교는 신을 중심에 둔 반면에 근대 휴머니즘은 사람 중심이라고 도식적으로 생각하지만 조금 더 짚을 필요가 있다. 기독교에서 인간은 신이 창조했고 자유의지를 지닌 존재다. 신을 내세웠지만 실제로는 그 신을 통해 인간중심주의 세계관을 공고화했다. 계몽주의의 근대 휴머니즘에서 사람은 자기 결정권을 갖는다. 유럽의 중세를 지배한 기독교와 근대 계몽주의는 대립적으로 보이지만 공통으로 사람은 동물을 비롯한 여러 존재들보다 절대적 우위에 있다고 보았다.

하지만 쇼펜하우어에게 사람과 동물은 근본적으로 차이가 없다. 사람이 신의 비호를 받는 특별한 존재자가 아니라 동물이 그렇듯이 자연의 한 구성원임을 전제한 쇼펜하우어의 철학을 '서양 철학사의 최대 혁명'으로 평가하는 철학사 연구자도 있다. 그런 평가에 동의하지 않더라도 눈여겨볼 대목은 쇼펜하우어가 사람을 신이 아닌 우주의 지평에서 바라보았다는 점이다. 그의 저작에서 대표적인 대목을 살펴보자.

태양 아래서 벌어지는 온갖 종류의 곤궁, 고통, 고뇌를 계산하는 일이 대충 가능하다고 할 때 그 총합을 상상해보면, 태양이 지구나 달에 생명 현상을 일으킬 수 없고 지구와 달의 표면이 수정과 같은 상태에 있으면 훨씬 더 좋을 것이라고 생각될 것이다.

우리는 우리의 삶을 무無라는 축복받은 안정된 상태를 쓸데없이 방해하는 조그만 일화로 파악할 수 있다. 어쨌든 인생을 그럭저럭 감내하며 살아가는 자조차 오래 살수록 전체적으로 인생이란 환멸이자 속임수임을, 또는 사기라고까지는 하지 않더라도 커다란 기만의 성격을 띠고 있음을 분명히 깨달을 것이다.[20]

염세주의가 지독히 묻어난다. 19세기 우주과학의 성과에 기대어 아예 인류가 없는 태양계를 상정하며 지구의 표면이 흙이

나 물이 아닌 "수정과 같은 상태에 있으면 훨씬 더 좋"았을 것이라는 파격적 사유를 전개했다. 우주에서 인류의 출현과 그 역사조차 "무無라는 축복받은 안정된 상태를 쓸데없이 방해하는 조그만 일화"에 지나지 않는다. 그는 이러한 관점에서 인류가 살아가는 삶의 모습에 현미경을 들이민다.

세상사를 살펴보다가, 특히 인류와 그들의 하루살이 같은 덧없는 존재가 급히 교체되는 것을 살펴보다가, 희극에서 나타나는 것과 같은 인간 생활의 세부를 들여다보면 그것이 만들어내는 인상은, 현미경으로 봤을 때 섬모충이 우글거리는 물방울이나 눈에 보이지 않는 수많은 치즈벌레의 모습에 비유할 수 있다. 그것들이 열심히 활동하고 투쟁하는 모습은 우리를 웃음 짓게 한다. 한편으로는 그토록 좁은 공간에서 극히 짧은 시간 동안 그토록 왕성하고도 진지하게 활동하는 모습이 우스꽝스럽기 때문이다.[21]

우주에서 인류를 우글거리는 벌레들로 바라보는 철학적 관점은 거꾸로 사람이 별을 바라볼 때의 심경으로 이어진다.

세상은 곤궁과 비탄의 무대이며 적어도 우리에게 알려진 사실들로 판단컨대 가장 행복한 경우라 해도 무료함을 던져줄 뿐이다. 그 세상을 비추는 일밖에 하지 않는 별들, 방대한 우주, 무한한 공간에서 무수히 반짝이는 별들을 바라보면 우리는 미치고 싶은 기분이 든다.[22]

미치고 싶은 기분. 쇼펜하우어가 무한한 공간에서 무수히 반짝이는 별들을 바라볼 때 압도되는 느낌을 솔직하게 표현한 말이다. 그에 앞서 파스칼Blaise Pascal도 "무한한 공간의 영원한 침묵은 나를 두렵게 한다"고 고백한 바 있다.

쇼펜하우어에게 이 세상은 더도 덜도 아닌 '지옥'이다. 기독교가 이야기하듯 죄지은 자들이 사후에 가는 곳이 아니라 지금 우리가 살고 있는 여기가 지옥이라고 거침없이 단언한다.

세상이란 실은 지옥이다. 인간은 한편으론 들볶이는 영혼이고, 다른 한편으론 그 영혼 속의 악마이기도 하다.

이러다가 내 철학은 위로를 주지 않는다는 말을 다시 들을 수밖에 없을 것 같다. 세상 사람들은 단지 '주 하느님이 만물을 잘 만들었다'라는 말을 듣기를 원하는데 나는 진실을 말하기 때문이다. 그러니 당신이 교회에 다니더라도 철학자를 성가시게 하지는 마라! 적어도 철학자들이 자신의 학설을 여러분이 바라는 대로 맞추도록 요구하지 마라. 그러한 요구에 응하는 자는 사기꾼이거나 사이비 철학자다.[23]

니체 이전에 이미 기독교를 신랄하게 비판한 철학자가 쇼펜하우어다. 신이 내키는 대로 낙을 삼아 이처럼 곤궁하고 비참한 세상을 만들어놓고 '모든 것이 매우 좋았다'라고 자화자찬했는데 이것은 참아줄 수 없다며 분노마저 드러냈다. 구약성경의 창세기 1장 31절 "신이 지으신 그 모든 것을 보시니 보시기에 심히 좋았더라"를 두고 한 말이다. 교회에 동조하는 지식인들에 대해서도 "사기꾼 아니면 사이비 철학자들"이라 몰아쳤다.

쇼펜하우어의 인생론을 읽으면 새삼 그의 인생이 궁금해진다. 니체의 생애에서 엿보았듯이 철학자의 삶과 그의 철학이 무관하지 않기에 더욱 그렇다.

쇼펜하우어Arthur Schopenhauer, 1788~1860는 니체보다 60년 남짓 앞서 프로이센의 단치히(폴란드 북쪽 항구도시 그단스크)에서 네덜란드계 부유한 상인의 아들로 태어났다. 물질적으로 유복했지만 부모 사이에 불화가 잦았다. 사업을 벌인 아버지와 달리 어머니는 예술에 관심이 많은 작가였고 나이 차이도 컸다. 어머니는 남편과 아들에게 차가웠지만 아버지는 쇼펜하우어를 자신의 사업을 이어갈 후계자로 키우고자 했다. 아들이 세상을 폭넓게 보도록 프랑스와 영국으로 보냈다. 그 여행에서 쇼펜하우어는 프랑스어와 영어를 익히며 나름의 '귀족적 품성'을 갖췄다. 인문학을 더 공부하고 싶었지만 자신을 사랑하는 아버지의 뜻에 따라 사업을 배우기 시작했다.

그런데 열일곱 살에 아버지가 자살하는 충격적인 사건이 일어났다. 쇼펜하우어는 어머니를 원망했다. "아버지가 고독하게 지내는 동안 어머니는 연회를 베풀었다. 또한 아버지가 극심한 고통으로 괴로워하는 동안 어머니는 즐겁게 지냈다. 그것이 여인들의 사랑"[24]이라고 쓸 정도였다. 실제로 평생 여자를 혐오하며 결혼하지 않았다.

스물한 살이 된 1809년, 괴팅겐 대학 의학부에 입학했다. 의학 공부를 하던 중에 칸트 연구자의 강의를 듣고 철학의 길로 들어섰다. 철학사를 공부하며 칸트 못지않게 플라톤 철학에 끌렸다. 세상을 현실세계와 이상세계(이데아)로 나눈 플라톤은 우리가 살아가는 세상을 이데아의 모방으로 풀이했다. 플라톤을 공부하며 우리가 보고 있는 세계를 넘어 세상의 본질이 있다고 생각한 쇼펜하우어는 그 진리를 추구했다. 아울러 우리의 인식이 대상을 따르지 않고 거꾸로 대상이 우리의 방식에 따른다는 칸트 철학의 인식론을 받아들였다.

아버지의 유산으로 경제적 여유가 있던 쇼펜하우어는 베를린 대학으로 옮겨 철학 공부에 몰입했다. 1813년에 예나 대학에서 박사 학위를 받았다. 이어 5년의 연구 성과를 담아 『의지와 표상으로서의 세계』를 탈고했다. 그는 이 책이 '세계라는 수수께끼의 진정한 해결책이며 전적으로 새롭고 독창적인 사상으로서 이후 수많은 책들의 원천이 될 것'이라고 장담했다. 출판업자의 생각은 전혀 달랐다. 훌륭한 책이라며 파격적인 인세를 요구한 쇼펜하우어에게 팔리지 않아 파지가 될 수 있다고 면박을 주었다. 실제로 출판사에서는 책이 나가지 않자 50여 권만 남기고 전량 폐기했다.

모교인 베를린 대학 철학과의 강단에 섰을 때 쇼펜하우어는 서른두 살의 시간강사였다. 『의지와 표상으로서의 세계』가 학계는 물론 독자들에게 철저히 외면당했지만, 철학적 자부심이

컸던지라 프로이센 왕국의 대표적 철학자로 불린 헤겔^{Georg Wil-}^{helm Friedrich Hegel}과 정면 대결에 나섰다. 헤겔이 강의하는 시간에 맞춰 자신의 강의를 열었다. 헤겔의 합리주의 철학을 낮춰 보던 쇼펜하우어는 진지하게 철학을 공부하는 대학생들이라면 헤겔보다 자신을 선택하리라고 믿어 의심치 않았다. 하지만 쇼펜하우어가 부푼 기대감으로 들어선 강의실은 고작 다섯 명만 앉아 있었다. 거의 모두가 헤겔의 강의실로 몰렸다. 참담했지만 현실이었고 결국 그는 헤겔의 강의 시간과 맞물려 강의를 연 대가를 치러야 했다. 폐강이 그것이다.

쇼펜하우어는 주눅 들지 않았다. '강의실의 실패'를 자기 철학의 패배로 받아들이지 않았다. 폐강에 이른 까닭은 '밤이면 늑대로 변하는 사악한 교수들이 자신의 등장에 위기를 느껴 모함하고 방해를 놓았기 때문'이라 생각했다. 헤겔에 대한 비판의 수위도 한껏 높였다. '절대정신'을 내세운 헤겔의 철학은 '절대 허풍'의 헛소리에 지나지 않는다고 주장했다. '몽상적 이론으로 대중을 속여먹는 비열한 사기꾼', '정신병자의 수다이자 요술쟁이 주문', '종이를 허비하고 시간을 낭비하고 머리를 망치는 자'라고 공격했지만 헤겔은 아예 관심조차 보이지 않았다.

남성이 여성을 아름답게 보는 까닭

쇼펜하우어는 미련 없이 대학 강단을 떠났다. 『의지와 표상으로서의 세계』는 묻혔고 무명의 철학자는 아버지의 유산으로 생활하며 철학적 사색을 이어갔다. 그로부터 10년이 더 흐른 1831년에 유행한 콜레라로 헤겔이 숨졌다. 쇼펜하우어는 콜레라를 피해 프랑크푸르트에 정착했다. 은둔하며 고독을 즐긴 그에게 '고행 수도사'라거나 '염인주의자'라는 별명이 붙었다. 그러면서도 철학 교수들이 강단 철학으로 밥벌이를 하며 난삽한 용어로 대중을 현혹한다고 비판했다. '대학교에서 철학을 배우려는 것은 인생 낭비에 불과하다'고 주장했다.

1848년 혁명이 실패하면서 헤겔이 펼친 낙관적인 합리주의 철학에 대한 회의가 유럽 전역에 퍼져갔다. 동시에 염세적이고 비합리적인 쇼펜하우어의 철학이 관심을 끌기 시작했다. 마침 쇼펜하우어의 『소품과 부록*Parerga und Paralipomena*』이 1851년에 출간됐다. 본디 『의지와 표상으로서의 세계』(1819)가 새 판을 찍으면 덧붙여 실으려고 준비한 원고였는데 그 책이 30년 넘도록 묻히면서 아예 별개의 책으로 출간했다. 삶의 지혜를 주제로 한 아포리즘을 담은 『소품과 부록』은 독자들로부터 '행복론과 인생론'으로 폭넓은 사랑을 받았다. 그러자 잊혔던 『의지와 표상으로서의 세계』도 비로소 눈길을 끌기 시작했다.

학자들은 물론 많은 지식인들이 쇼펜하우어를 방문하거나 편지를 보냈다. 거의 광신적인 추종자도 나타났다. 만년의 쇼펜하우어는 자신의 이름을 보도한 신문 기사를 찾아 되풀이해 읽으며 즐거워했다.

무명의 철학자 시절에 갈망하던 명성을 얻기 시작했지만 이미 60대 후반에 들어선 그의 삶에 죽음의 그림자가 짙게 드리우고 있었다. 자신의 철학을 '타오르는 촛불'에 비유한 일흔두 살 철학자에게 예기치 않은 순간 심장마비가 찾아왔다. 독신으로 산 그의 모든 재산은 미리 작성해둔 유언장에 따라 1848년 혁명을 진압하는 과정에서 부상당한 군인들과 유족들을 돕는 단체에 기부됐다. 그를 돕던 가정부에게도 종신 연금과 은 식기를 주도록 배려했다. 프랑크푸르트 시립 묘지에 안장된 묘비에는 그의 뜻에 따라 검은 대리석에 생몰 연대도 없이 이름만 새겼다.

대표작 『의지와 표상으로서의 세계』에서 쇼펜하우어는 우리가 일상적으로 경험하는 모든 세계를 표상의 세계로 규정했다. 칸트의 영향을 받은 그에게 세계는 표상^{Vorstellung}이다.

'세계는 나의 표상이다.' 이 말은 삶을 살면서 인식하는 모든 존재자에게 적용되는 진리다. 하지만 인간만이 이 진리를 반성적, 추상적으로 의식할 수 있고,

인간이 실제로 이것을 의식할 때 철학적인 사려 깊음이 생긴다. 이 경우 인간은 태양과 대지를 아는 것이 아니라 태양을 보는 눈과 대지를 느끼는 손을 지니고 있음에 불과하다는 것, 인간을 에워싸고 있는 세계는 표상으로서만 존재한다는 것, 즉 세계는 다른 존재인 인간이라는 표상하는 자와 관계함으로써 존재한다는 것이 그에게 분명하고 확실해진다.[25]

표상의 세계는 인식하는 주관인 나에 의해 파악된다. 이성에 근거해 인식하는 주관에게 세계는 언제나 표상으로 나타난다. 그렇다면 표상의 뒤편에 자리한 세계의 진정한 본질은 무엇일까? 쇼펜하우어는 그것을 '의지'로 개념화했다. '의지'는 온 우주를 구성하는 원리로 모든 만물을 지금 그것으로 존재케 한다.

쇼펜하우어가 볼 때 사람의 이성은 표상의 세계를 파악할 수 있을 뿐 우리의 삶과 세계의 참된 본질을 알려주지 않는다. 그때까지 서양철학이 전제해온 이성에 대한 근본적 불신이자 비판이다. 우리가 표상의 세계로 파악하는 세계는 그 이면의 의지에 지배받고 있다. 삶과 역사, 자연현상 모두 의지의 드러남이다. 현실이 이성의 설명력을 언제나 뛰어넘는 이유다.

그가 표상의 세계와 의지의 세계를 구분한 것은 명백히 칸트철학의 영향이다. 쇼펜하우어도 물자체와 현상의 세계를 구분한 칸트를 높이 평가했다. 하지만 그에게 "물자체는 X"에 머물렀다며 칸트는 그것이 의지의 세계임을 몰랐다고 주장했다. 칸트가 세계를 본 기본 틀을 받아들이면서 물자체를 의지로 파악

니체 읽기의 혁명

해 자신의 철학을 독자적으로 전개한 셈이다.

칸트의 '물자체'를 '우주적 의지'로 파악한 쇼펜하우어는 온 우주를 구성하는 원리, 사물의 내적 원리인 의지가 맹목적으로 움직인다고 보았다. 그 의지를 '살려는 의지Wille zum Leben'로 개념화했다. 독일어 'Leben'에는 생존, 생명, 생활의 뜻이 두루 담겨 있다. '삶의 의지'나 '살아남으려는 의지' 또는 '생존하려는 의지'로 옮길 수 있다. 생존만이 목적인 그 의지는 "삶(생)의 맹목적 의지Blinder Wille zum Leben"다.

쇼펜하우어에게 생의 맹목적 의지는 자기 보존과 종족 보존의 욕망으로 나타난다. 모든 생명체에서 그 의지는 각 개체들로 하여금 자기 보존은 물론 끊임없이 '짝'을 찾아 성관계를 맺도록 몰아댄다. 종족을 보존하기 위해서다. 모든 생물체의 종족 보존 욕망의 밑절미에는 그 욕망을 통해 자신을 다양한 개체와 종족들로 표현하려는 의지가 있다고 보았다. "사실상 모든 목적의 부재, 모든 한계의 부재가 의지 자체의 성질에 속하는데 의지란 끝없는 분투"라 했고 "오로지 맹목적인, 저항할 수 없는 충동"이라고도 했다.

쇼펜하우어는 '연애의 형이상학'(『의지와 표상으로서의 세계』 제2권 44장)에서 의지를 좀 더 구체적으로 풀이한다. 남성과 여성 사이의 사랑이란 결국 서로의 몸에 대한 성적인 욕망의 표현이고 성욕의 본질은 다름 아닌 종족 보존 욕망이다. 그에게 몸Leib은 표상세계와 물자체가 겹치는 장소다. 인식 주관에게 몸은 외적으로 표상되는 대상인 동시에 내부에선 그 근원을 '욕구하는 의지'로 감각한다. 사랑에 빠진 두 남녀가 미처 깨닫지 못할 수 있지만, 상대의 아름다움에 대한 찬탄이나 배려는 '이성적인 주체의 의식적인 고려'가 아니라 '종족 번식이라는 본능적인 욕구의 작용'이다. 그래서 무람없이 주장한다.

키가 작고 어깨는 좁으며, 엉덩이가 넓고 다리가 짧은 여성이라는 족속을 아름다운 성이라고 일컬을 수 있는 것은 단지 성적 충동으로 남성의 지성이 흐려져서다.[26]

쇼펜하우어는 남녀 누구나 건강하고 아름다운 이성을 찾는데, 의식했든 아니든 그런 상대가 자신보다 더 나은 2세를 낳아주리라 기대해서라고 분석했다. 많은 이들이 이성과의 사랑을 찬미하지만 실은 몸 안에 숨어 있는 종족 보존 의지가 작용한 결과에 지나지 않는다. 종족 보존 욕망은 남성이 여성을 아름답게 바라보게 현혹함으로써 결혼으로 이끌고 그 여성과 자녀를 위해 평생 헌신하게 만든다며 다음과 같이 적었다.

자연은 연극에서 말하는 극적 무대 효과라고 불리는 것을 소녀에게서 노린다. 자연은 소녀의 나머지 일생을 희생한 대가로 그녀에게 짧은 기간 동안 넘칠 듯한 아름다움과 매력, 풍만함을 부여하는 것이다. 다시 말해 소녀는 그 기간에 어떤 남성의 환상을 완전히 사로잡아 그로 하여금 어떤 형태로든지 성

실하게 여자의 일생을 돌볼 수 있게 해준다.[27]

종족 보존 욕망의 맹목적 의지는 개체로 하여금 상대인 이성만이 아니라 자신의 자녀를 세상에서 가장 귀한 존재로 보이게 함으로써 헌신하게 만든다. 물론 모든 개체는 일차적으로 이기적인 존재이다. 바로 그렇기에 이기심을 넘어 종족 유지에 헌신하게 하도록 자녀에 대한 환상을 심어준다고 설명한다.

여기서 어른거리는 헤겔의 그림자를 발견할 수 있다. 개체를 현혹해 의지가 자신을 관철한다는 생각은 절대정신이 개별자를 이용해 자신의 의도를 끝내 이룬다는 '이성의 간지奸智' 개념을 떠올리게 한다. 그가 헤겔을 거의 증오했고 철학적 입장도 다르지만 그 또한 헤겔의 영향을 받은 셈이다. 결국 개체는 의지가 심어준 환상에 속아 종족에게 이로울 뿐 자신에게는 힘든 일까지 기꺼이 받아들이게 된다. 쇼펜하우어는 그래서 개체는 '종족의 노예'라고 보았다.

쇼펜하우어는 "인간을 포함한 지상의 생물에게는 한 가지 공통점이 있다. 동틀 무렵부터 부산하게 움직여야 한다"며 이를 다음과 같이 냉소한다.

(그렇게 일하는) 원인을 찾자면 생존을 위해서다. 더할 나위 없이 물질적인 활동이며, 극단적으로 말해서 배설 행위를 위한 사전 예비 동작과도 같다. 지상의 생물들은 배설을 위해 아침부터 저녁까지 거의 모든 시간과 정력을 '먹이'

에 소비한다. 먹이가 곧 목숨이기 때문이다.[28]

　　모든 동물이 자신을 유지할 먹이와 함께 자신을 이어갈 생명체에 정성을 쏟듯이 사람이라는 동물도 예외일 수 없다. 물자체로서 의지의 욕망은 무한하다. 그 표상인 세계도 마찬가지다. 쇼펜하우어는 끝없는 욕망을 모든 자연 현상에서 읽어낸다. 자신이 지닌 화학적 힘을 해방하고자 액체가 되려는 고체, 기체가 되려는 액체, 씨앗에서 시작해 뻗어나가려는 식물, 끊임없이 끌어당기는 중력이 그렇다.

　　하지만 욕망이 무한할 때 그만큼 결핍감에 시달릴 수밖에 없다. 욕망이 충족되지 못하면 고통스럽기 때문이다. 다른 동물과 달리 사람은 '추상적인 인식능력'이 있기에 더 고통스럽다. 동물은 '현실적인 감각이나 눈앞의 쾌락이나 고통에 따라서 행동'하지만 사람은 현실만이 아니라 과거와 미래까지 생각하며 고통을 느낀다.

　　그래서 '사람은 만물의 영장'이라는 말도 다르게 해석한다. '고통을 느낄 수 있는 능력이 가장 예민하게 발달해 있는 동물'로 새긴다. 사람은 그 고통에서 벗어나려고 줄기차게 노력하며 환경을 변화시켜왔지만, 욕망은 끝이 없기에 결핍감에 따른 고통 또한 끝이 없다. 모든 존재자가 충족되지 않은 욕망과 서로 간의 투쟁으로 고통에 시달리는데 그 가운데 사람이 가진 특유한 인식능력 때문에 가장 많이 고통 받는다고 강조한다.

니체 읽기의 혁명

지구를 떠도는 별들이 내린 마지막 결론

문제는 욕망을 충족하지 못하는 고통이 가장 큰 존재가 사람이라는 데 그치지 않는다. 최선을 다해 마침내 욕망을 이루면 행복할 수 있다. 하지만 사람은 곧 권태를 느낀다. 권태에서 벗어나려고 다시 새로운 욕망을 좇는데 그 과정이 고통스러울 수밖에 없다. 쇼펜하우어는 이를 간명히 정리했다. "인생은 고통과 권태 사이를 오가는 시계추와 같다."

맹목적 의지에 따른 욕망으로 고통→권태→고통→권태가 되풀이된다. 그래서 행복감을 느끼기 어렵다. 삶은 고통 아니면 권태다. 쇼펜하우어는 인생의 쓸쓸한 모습을 시계추와 함께 '모자이크'로도 풀이했다.

우리 인생의 여러 장면은 거친 모자이크 그림과 같다. 가까이서 보면 아무런 매력이 없고 멀리서 보아야 아름다움을 감상할 수 있다. 그 때문에 '열망하던 것을 얻으면' 그것이 공허한 것임을 알게 되어, 우리는 언제나 더 나은 것을 기대하며, 동시에 때로는 지나간 것을 후회하는 심정으로 그리워하기도 한다.[29]

어떤 사람은 더 많이 착취당하기 위해 최고 고등교육기관을

졸업하고, 어떤 사람은 팔다리가 부러질 때까지 기둥을 세운다.

대체 왜 우리는 노력하는가. 왜 청춘은 꿈을 꾸는가.

그들의 꿈은 어디를 배경으로 바래지고 있는가.

쇼펜하우어

인간은 일해야 한다. 자신에게 어울리는 노동에 뛰어들어야 한다.

노동은 인간에게 땀방울을 요구한다. 땀방울은 한 인간이

자기 자신의 의미에 대해 눈을 뜨게 만든다.

이것이 제대로 대접받지 못한다면 그 사회는 이미 죽어버린 사회다.

쇼펜하우어

그렇다면 인생은 하나의 끔찍한 형벌 아닐까. 쇼펜하우어는 "수천 년, 아니 수억 년 넘게 지구의 밤하늘을 떠도는 별들이 마지막에 내리는 결론"이라며 스스럼없이 말한다.

지상에 부러운 인간은 한 명도 없다는 것이다. 반대로 불쌍한 인간들은 헤아릴 수 없을 만큼 많다. 밤하늘의 별에게 인간의 생애는 등에 짊어지고 걸어가며 걸어갈수록 등허리가 휘어지는 노새의 짐이다. 인생 그 자체가 인간에게는 짐이다.[30]

쇼펜하우어 철학은 "어차피 죽음으로 끝날 인생"을 직시한다. 우리는 "인생이 가끔 던져주는 쾌락에 속아서 살아갈 뿐이다. 이러한 쾌락은 마치 거지에게 한 푼을 던져주고서 비참한 삶을 하루 더 연장해주는 적선과도 같다. 사람들은 하루살이 같은 목숨을 연명하기 위해 허덕인다"[31]고 조소했다.

많은 이들이 애지중지하는 가족도 쇼펜하우어에겐 전혀 따뜻하지 않다. 오히려 정반대다. "눈에 보이지 않는 유령이 우리를 공포로 몰아넣는 것이 아니라 나를 낳아주신 부모님이, 내가 사랑하는 아내와 남편이, 나를 쏙 빼닮은 천사 같은 아이가 내 인생이 끝나는 날까지 끈질기게 따라다니며 핍박하는 악령"[32]이라고 말한다. 이쯤이면 그의 철학은 단순한 염세 차원을 넘어섰다고 볼 수 있다. 가족에 대한 그의 생각을 마저 들여다보자.

문득 이런 생각을 해보았다. 인간의 성행위에서 생리적인 욕구와 쾌락이 사라진다면 세상은 어떻게 변할까. 성행위의 근본이 논리와 추리적 사고, 인류의 지속을 위한 사려깊은 행동으로 변질된다면 이 세상이 어떻게 될 것이냐는 의문이다.[33]

그가 그런 가정을 하는 까닭은 "과연 그 시점에서도 인류는 지금처럼 번영할 수 있을까?"를 따지고 싶어서다.

집집마다 아이들 울음소리가 문밖으로 새어 나올까? 갓난아기를 달래면서 그가 흘릴 눈물과 그가 떠받들어야 할 무거운 짐들과 강제로 끌려갈 수밖에 없는 이 악한 시대의 규범들에 분노하지 않을 수 있을까? 갓난아기의 어깨 위에 냉정하게 생존의 무게를 올려놓을 수 있는 부모가 있을까?[34]

쇼펜하우어는 "아마도 정상적인 사고방식의 부모라면, 최소한 자기 머리로 그동안의 힘겨웠던 시간들을 반추해볼 수 있는 부모라면, 감히 그 같은 범죄를 저지르려고 하지는 않을 것"이라고 자문자답한다. '범죄'라는 표현도 부족해서일까. "아무리 무자비한 인간일지라도 한 번쯤은 망설이게 될 것"이라고 덧붙였다. 압권인 문장이 이어진다.

그렇다면 이 세계의 존속은 논리와 추론이 사라진 무리들의 방종한 행위에 의해 이뤄지고 있다는 뜻이다. 인구의 증가와 국가의 팽창은 구성원들의 어리석고 무책임한 반인륜적 행위가 증가하고 있다는 뜻이다. 따라서 이 세계를 지속시켜주는 근간은 일종의 범법 행위라고 규정할 수 있으며, 범죄가 당연시되는 사회는 인간의 인식이 미치는 범위 내에서 지옥밖에는 없다. 그러므로 세계는 지옥이다. 지옥 같은 세계에서 인류는 서로 들볶고, 괴롭히고, 저주하고, 수탈하는 망령이다.[35]

쇼펜하우어는 그런 생각에 어떤 비판이 따를지 알고 있었다. 그 스스로 "나의 철학에는 위로가 없다며 세상 사람들은 비난할 것"이라고 쓴다. 그다음 문장이 단호하다.

당신들의 주문에 응할 만한 장사꾼은 대학 강단에 널리고 널렸다. 돈 몇 푼만 던져준다면 기대 이상으로 인류의 삶을 아름답게 포장해줄 사이비 철학자들이 널리고 널렸다. 그들을 찾아간다면 얼마든지 원하는 답을 얻을 수 있다. 철학 교수가 매년 발표하는 성선설을 내게 기대해서는 안 된다.[36]

맹목적 의지가 관철되어 사람이 살아가는 세계가 지옥이라면 차라리 자살을 선택해야 옳지 않을까. 실제로 쇼펜하우어 철학은 적잖은 청년들을 자살로 몰아갔다. "내가 서 있는 이곳이 과연 인간들의 세계인가, 혹은 들개들의 사냥터인가, 혼란스러울 때가 많다. 인간의 탈을 쓰고 군침을 흘리는, 그 핏발 선 맹수의 본능을 감추지 못하는 들개들과 함께 살아가느니 차라리 한 그루 나무 곁에서 생을 마감할 수 있으면 좋겠다"[37]고 쓴 것도 사실이다.

"자살을 결심한 사람은 두려움을 모른다"고도 했다. 그래서 "거리낌 없이 다리 위로 올라가고, 건물 꼭대기를 정원처럼 서성이고, 극약도 냉수와 함께 삼켜버린다. 몸에 석유를 뿌린 채 화로 속으로 뛰어들기도 하고, 총알이 비처럼 쏟아지는 전쟁터를 유유히 걸어 다닐 수도 있다. 그는 삶을 거부했기에, 삶으로부터 도피하는 것이 삶의 목적이기에, 죽음과 관계된 그 어떤 일도 두려워하지 않는다."[38]

하지만 쇼펜하우어는 거기서 그치지 않는다. 더 경청해보자. 그는 "약한 자의 숨통을 끊어놓아야 안심이 되는 먹이사슬에 포함되느니 한적한 시골로 내려가 남은 인생을 조용히 정리하는 편이 낫겠다는 생각이 든다"면서도 바로 이어 "그러나 이것은 용기가 아니다. 도피는 용기가 아니다. 총칼로 무장한 권력 집단에 굴복하느니 내가 가진 모든 것들을 버리고 동굴에 유리되겠다는 선각자적인 회피는 진정한 용기가 아니다. 도피가 용기라면 자살을 결심한 사람만큼 용감한 자는 없을 것"이라고 적었다.[39] 얼핏 보면 자살 예찬처럼 들리지만 그렇지 않다.

하지만 우리는 자살을 결심한 사람들을 용감하다고 말하지는 않는다. 그는 삶이 두려워 죽음을 선택한 것이기 때문이다.[40]

쇼펜하우어는 자살은 의지의 부정이 아니라고 단호하게 말한다. 자살은 오히려 의지를 강하게 긍정하는 현상이다. 자살하는 자는 삶의 필연적 실존 조건인 고통이 없는 삶을 원하기에 자신의 삶을 파괴할 뿐이라는 것이다. 의지의 개체적 현상을 소멸시키는 자살을 넘어 의지 자체를 넘어설 때 비로소 진정한 자유를 실현할 수 있다.

쇼펜하우어는 사람을 "욕구가 구체화된 존재이며 몇 천을 헤아리는 욕망 덩어리"라고 보았으면서도 사람이 그 굴레로부터 벗어날 수 있다는 희망을 노년에 이르러서도 완전히 접지는 않았다.

젊은 날의 희망도 산산이 깨어지고, 소년 시절의 꿈도 여름날의 오후처럼 찌들어버렸다. 잎의 죽음을 재촉하는 바람이 나를 향해 불어오고 있다. 그 바람이 어머니의 품처럼 따뜻하게 느껴질 때 나는 낙엽처럼 저물어갈 것이다. 하지만 그날이 오기 전까지 최선을 다하고 싶다. 낙엽처럼 힘없이 추락할 때 바람에 말하고 싶다. 나는 최선을 다했다고, 그러니 후회하지 않는다고. 너를 미워하지도 않는다고 말할 수 있기를 바란다.[41]

쇼펜하우어가 사람은 다른 동물보다 욕망이 더 크지만 동시에 고귀한 특성이 있다며 '산양'과 비교한 대목도 새겨볼 가치가 있다.

산양의 삶에서 기대할 수 있는 것이 무엇인가. 먹고 자는 데 필요한 식욕과 발정 난 하복부를 다스리는 음욕 외에는 어떤 것도 필요치 않다. 혹여 이런 것으로 만족하는 사람들이 세상에 어디 있겠느냐고 반문할지도 모르겠다. 그러나 많은 사람들이 먹고 자고, 자식을 낳아 기르는 데 인생의 대부분을 낭비하고 있다.

그렇다면 대체 산양의 생활과 사람의 인생이 어떻게 다르다는 것인가. 인간으로 태어난 이상 산양의 생활에 만족해서는 안 된다. 혹시 이런 삶에 만족하고 있다면 스스로의 고귀한 정체성을 훼손하고 있다는 반증이므로 지나간 시간들을 반성함이 마땅하다.[42]

> 동물과 다른 사람의 '고귀한 정체성'을 부각한 쇼펜하우어는 인류의 역사가 '원숭이와 산양의 삶, 식욕과 물욕과 색욕에만 머물던 생활에서 탈피하고자 노력해온 투쟁의 세월'임을 적극적으로 인정한다. 니체의 인간관과 이어질 수 있는 대목이다.

인간의 기능은 생식, 감각, 사유로 나뉜다. 생식은 식물도 하는 일이며, 감각은 동물에게도 있다. 하지만 사유는 오직 인간에게만 내재된 기능이다. 사유를 통해 인간은 인간다워지고, 사유를 인생의 본질로 삼았을 때 인간은 가장 인간다워진다. 따라서 행복은 사유다. 생각하며 사는 것이야말로 선한 삶이고, 삶을 생각하는 것이야말로 가장 행복한 순간이다.[43]

'작은 우주'의 근대국가 비판

쇼펜하우어가 남긴 글을 읽으면 그가 염세주의자였음을 곧바로 실감할 수 있다. 하지만 우리는 일반적으로 알려진 쇼펜하우어와는 다른 모습을 그의 글 가운데서 발견할 수 있다. 우주의 근원적 실재를 맹목적 의지로 파악한 그가 우리에게 '작은 우주'를 생성하라고 권하기 때문이다. 이를테면 다음과 같은 문장들이다.

우리의 지성은 별개의 '작은 우주^{小宇宙}'를 생성해야 한다. 우리의 삶이 생성과 소멸을 반복하는 우주의 원리를 뛰어넘어야 한다는 뜻이다.

인간이 작은 우주로서 맡은 바 임무를 다하기 위해서는 스스로 조물주의 위치에 올라서야 한다. 천지를 창조한 조물주로부터 부여받은 기본적인 여건에 만족하며 미소 지어서는 곤란하다. 각자의 삶에 필요하다고 생각되는 무수한 여건들을 만들어내야 한다.

조물주는 입법자인 동시에 입법의 실천가였다. 그러므로 조물주가 만들어낸 우주는 거대한 법률이다. 태양도 달도 별도 지구도 우주의 법칙 아래서 자유롭지 못하다. 이 법률을 거역했을 때 어떤 행성을 막론하고 멸망이라는 형벌을 피하지 못한다.

짐승과 인간 또한 이같은 법률에서 자유롭지 못하기는 마찬가지다. 다만 금수는 사리를 분별하지 못하는 가운데 본능적으로 마냥 따라간다는 우연의 행운이 뒷받침되고 있을 뿐이다.

만약 인간들 중 누군가가 이런 법칙을 깨닫지 못한 채 자신의 탄생은 아비와 어미의 색욕에서 비롯되었고, 인생은 먹고살기 위한 몸부림이며, 죽음은 한탄할 만한 일이라고 생각한다면, 이는 짐승과 다를 바 없다. 두 발로 걸음을 내딛고, 학업을 쌓고, 사회에서 칭송받는 위치에 있을지언정 그 내면의 사고방식이 이로부터 한 치의 발전이 없는 이상 그는 금수라 불려도 대항하지 못한다.[44]

어떤가. 사람도 다른 동물처럼 자기 보존을 위한 식욕과 번식을 위한 성욕이라는 맹목적 의지의 표상이지만, 자신의 작은 우주를 생성해낼 수 있고, 그래야만 한다고 주장하고 있는 것이다. 더구나 맹목적 의지와 다른 그 '작은 우주'에서 사람 스스로 '조물주의 위치'에 올라서야 한다고 역설한다. 스스로 그 위치에 올라서야 할 조물주는 '입법자인 동시에 입법의 실천가'임을 강조하는 대목도 니체의 '자기 입법' 개념을 연상케 한다. 쇼펜하우어가 니체에 끼친 영향이 의외로 깊음을 새삼 확인할 수 있다.

쇼펜하우어는 '작은 우주'를 생성하는 모습을 구체적으로 적었다.

인간이 우주의 법칙을 깨닫고 자신의 삶에 적용시킬 수만 있다면, 그 장단점을 파악하여 적절히 배합시킬 줄 알게 된다면, 그의 지위는 원숭이로부터 시작된 영장류의 일종이 아닌 우주를 창조한 조물주에 버금가는 자존자自存者가 될 것이다.[45]

> 쇼펜하우어에 따르면 바로 거기에 '철학의 목적'이 있다. "인간이 짐승의 개체로부터 벗어나게 된 까닭은 다른 짐승과 달리 우주의 질서에 의구심을 품었기 때문"이다.

그래서 어떤 사람들은 색욕을 피하고, 또 어떤 사람들은 배고픔을 인내하고, 또 어떤 이들은 죽기를 마다하지 않고, 또 어떤 선구자들은 분노와 투쟁과 욕망을 내어버렸던 것이다. 이 모든 과정은 짐승의 본능으로는 결코 해낼 수 없는 인간만의 고유한 특권이었다.[46]

> 쇼펜하우어의 '작은 우주'는 개인 차원에 그치지 않는다. 그의 글을 촘촘히 살피면 사회철학이라 할 만한 내용도 발견할 수 있다. 흔히 쇼펜하우어의 정치적 입장을 보수적, 더 심하게는 '반동적'으로 설명한다. 그럴 만하다. 쇼펜하우어는 당대의 혁명운동을 두려움과 경멸감으로 바라보았다. 1848년 혁명이 일어났을 때 그는 시위하는 민중에게 발포하는 군대에 다가가 '오페라용 망원경을' 건넬 정도였다. 그를 '반동적 자유주의자'로 분류하는 까닭이다. 하지만 그렇게만 볼 수 없는 글도 남겼다.

철학의 출발점 : 쇼펜하우어의 우주

그는 '공공복리'를 앞세우고 자신의 이익을 꾀하는 기득권 세력을 날 세워 꼬집었다.

날마다 눈을 떴을 때 온갖 불행과 마주하게 된다. (…) 극도의 긴장이 우리를 짓누르고 수많은 사람이 각자의 불안을 안고 협력한다. 그러나 속내는 공공의 복리가 아닌 개인의 이익을 위해 모인 것이다. 그들이 말하는 공공의 복리로 인해 하루에도 수만 명이 착취당하고, 희생당하고, 세계 밖으로 쫓겨나고 있다. (…) 기득권을 위해 교활한 전략에 속아 넘어간 무고한 시민들이 싸움터로 달려간다.

그리하여 우리는 그들의 배를 채우기 위해 망령된 상상을 희망이라 부르고, 착취된 지성을 청춘이라 부르며 온종일 피상적 현실을 표상으로 착각한 채 일과를 허비한다. (…)

청춘이 흘리는 피땀은 어디로 흐르는가. (…)

선한 자는 일한 만큼 정당한 대가를 받지 못하고, 방직기계 앞에서 하루를 수탈당하고, 기계에게 기술을 난도질당하고, 바다에서 선원들이 몇천 명씩 빠져 죽고, 벽돌을 등에 진 채 강물로 떨어져 익사하고, 검은 피부의 동족을 창살에 가둔다.

어떤 사람은 더 많이 착취당하기 위해 최고 고등교육기관을 졸업하고, 어떤 사람은 팔다리가 부러질 때까지 기둥을 세운다. 대체 왜 우리는 노력하는가. 왜 청춘은 꿈을 꾸는가. 그들의 꿈은 어디를 배경으로 바래지고 있는가.[47]

스스럼없이 젊은 세대를 '착취된 지성'으로 규정하거나 기득

니체 읽기의 혁명

권 세력이 '교활한 전략'으로 '그들의 배를 채우기 위해 망령된 상상을 희망'이라 부른다는 생각은 그 글을 쓸 때 활동하고 있던 노동운동가들의 주장과 다르지 않다. 쇼펜하우어는 사회에서 '강탈이 습관화'되었고 '수탈이 보편화'했다는 비판도 서슴지 않는다.

대부분의 사람은 일은 하기 싫지만 보상은 남보다 많기를 바란다. 은행에서 돈을 빌리고, 아는 사람 중에 출세한 인물이 있으면 어떻게든 그에게 붙어 사회적으로 높은 지위를 구걸하거나, 타인이 흘린 땀방울을 중간에 가로채거나, 최소한의 위험부담으로 최대의 성과를 내려고 한다. 좋게 말하면 행복해지기 위해서고, 나쁘게 말하면 강탈이 습관화된 결과라고 할 수 있다.

확실히 이 사회를 이끄는 덕목으로 수탈이 보편화되고 있다. 너나 할 것 없이 땀을 흘리지 않고 많은 것을 소유해야만 능력을 인정받는다고 생각한다. 그러나 실제로 땀 흘리지 않고 부를 축적하는 사람은 소수에 불과하다. 결과적으로 불로소득을 바라는 다수의 사람이 그 같은 삶의 자세로 인해 손해를 보고 있다는 뜻이다.

그런데도 이런 잘못된 폐단을 하루라도 빨리 깨달아 인격적인 가치를 증명하는 것이 인생의 덕목이라고 생각하려는 자는 극히 드물다.[48]

불로소득을 비판한 쇼펜하우어는 이어 노동의 중요성을 강조한다.

인간은 일해야 한다. 자신에게 어울리는 노동에 뛰어들어야 한다. 노동은 인간에게 땀방울을 요구한다. 땀방울은 한 인간이 자기 자신의 의미에 대해 눈을 뜨게 만든다. 이것이 제대로 대접받지 못한다면 그 사회는 이미 죽어버린 사회다.[49]

계급과 부에 대한 문제의식도 여러 문장에서 나타난다.

인생에서 가장 애처로운 시간은 먼 훗날, 관 속에 누울 날이 멀지 않았다는 것을 어렴풋이 깨닫게 되었을 때, 일생을 헛된 욕망을 좇느라 세월을 탕진했다는 것을 새삼 느끼고는 한 번 더 시간이 주어지기를 가만히 소망해보는 때다. 한 번만 더 동일한 시간의 삶이 주어진다면 보다 가치 있게 보낼 수 있을 텐데, 하고 후회할 때다. 이것이 오늘날 나와 그들의 운명이다. 교양과 계급을 막론하고, 부자와 가난뱅이에 상관없이, 이것이 오늘날 인간의 운명이다. 내가 진심으로 나의 생애를 사랑한다면 정해진 운명으로부터 멀어지도록 노력해야 할 것이다.[50]

계급과 부富는 존경의 대상이 아니다. 그가 지금 하는 일에 따라 존경과 멸시를 판단해야 한다. 그가 하는 일이 많은 사람을 유익하게 해주고 있다면 그는 존경받을 만한 인물이다. 하지만 세상은 오직 자기 자신만을 해방한 부자들을 존경하고, 우리의 생활을 존속시켜주는 농민과 노동인[51]의 수고는 천시한다. 가진 자들의 머릿속에는 노동인들에게 더 많은 노동을 전가하는 계획밖에 들어 있지 않다. 국가는 노동인의 생활을 부유하게 해주기 위해서는 어쩔 수 없다고 말하는데, 결과적으로 노동의 대가는 국가와 소수의 정치가와 기업가의 몫으로 떨어지고, 노동인에게는 힘든 과정만이 남겨진다.[52]

쇼펜하우어의 비판적 사회 인식은 마침내 그가 살고 있는 시대를 노예제사회라고 고발한다.

우리 시대는 여전히 다수의 노예와 소수의 지배자로 구별되고 있다. 노예제도는 서구 사회의 기반을 조성한 플라톤과 아리스토텔레스의 인간적 도덕 감성에 어긋나는 개념이다. 하지만 플라톤과 아리스토텔레스는 노예제도의 비인간성을 지적하지 않았다. 왜 그랬을까? 노예제도를 부정하게 되면 그들이 누리는 자유로운 지성의 생활이 윤택해지지 못하기 때문이다. 노예의 복종 없이는 그들이 지적인 삶이 지속될 수 없기 때문이다.
노예제도는 일부 권력자들이 노동으로부터 자신을 해방시키고자 폭력과 술수를 동원해 타인에게 자신의 몫을 떠넘긴 데서 시작되었다.
노약자와 병자를 대신해 타인이 감당해야 할 노동의 몫을 맡아주는 것이라면 모를까 편파적인 위계와 선대로부터 물려받은 가문의 문장을 앞세워 그가 감당해야 할 노동의 몫을 힘없고 가난하고 병든 타인에게 떠넘기는 것은 인류의 보편적 윤리 잣대로 판단했을 때 중범죄에 해당한다. 따라서 사회 구성원에게 일률적으로 노동의 양이 분배되지 않는 사회는 노예제라고 불러야 할 것이다.[53]

다른 사람에게 자신이 할 노동을 떠넘기는 행태를 중범죄로

비판하고 당대에 스스로 진보했다고 주장하는 유럽의 국가들
을 위선적인 '노예제 국가'라고 가차없이 단정하는 글도 썼다.

국가가 전면에 나서서 세금과 의무라는 명분으로 다수의 노동력을 착취하고, 노동의 결과물을 앉아서 가져가는 유럽 각국은 정치적으로 진보했다고 자신하는 그들의 위선과 달리 여전히 전근대적인 탄압을 일삼은 노예제 국가다. 이들 국가에는 타인의 노동을 착취하는 것이 그들의 우수성을 증명하는 사회적 성취라고 착각하는 인간들이 많다. 그리고 한편에서는 그들의 착취에 순순히 응하는 것이 국민의 의무이며 국가의 존속에 필요한 행위라고 믿는 다수가 존재한다.[54]

과연 염세주의 철학자이자 '반동적 자유주의자'라는 비판마
저 받는 철학자의 글이 맞나 싶다. 부자들에 대한 구체적 비판
도 서슴지 않았다.

더럽고 부끄러운 업종에 종사하고 있어도 수치는 아니다. 인간의 수치는 할 일 없이 빈둥거리며 사람들 앞에서 거들먹거리는 저 뻔뻔스러운 부자들의 삶이다. 부자는 호화로운 저택과 마차, 값비싼 음식 재료들로 우리를 속이려 든다. 이렇게라도 자신들을 포장하지 않으면 세상 사람들의 경멸을 받게 된다는 것을 알고 있기 때문이다.[55]

쇼펜하우어는 천민자본주의의 도래를 마치 예견한 것처럼

니체 읽기의 혁명

'현금주의'에 매몰된 일그러진 사회 현실을 신랄하게 고발했다.

무지한 자가 부유한 사람이 되었을 때 비로소 무지는 인간의 품격을 떨어뜨린다. 가난한 사람은 자신의 가난과 궁핍에 얽매인다. 그의 경우에는 성과가 지식을 대신하므로 가난한 자는 성과를 내겠다는 생각에 몰두한다. 반면 무지한 부자는 단지 자신의 욕망에 따라서만 살아가며, 그런 자는 짐승과 같다. 우리는 이런 사실을 매일같이 목격할 수 있다.[56]

지독한 염세주의자가 의료를 비롯해 사회복지 제도의 필요성을 말한 다음 대목도 흥미롭다. 의사와 목사가 '돈'을 추구하는 세태에 준엄한 논고도 담겨 있다.

의사, 간호사, 목사는 정상인이 아닌 심신이 상처받은 자들을 위해 존재하는 직종이다. 다시 말해 이들은 정상 범주에서 이탈한 자들을 보듬고 치유할 의무가 있지만 현실을 목격하건대 오직 의료비와 현금을 지출할 능력이 되는 일부 계층을 상대하기 위한 사업 확충에만 몰두하고 있다. 이는 분명 잘못이다. 의사와 간호사와 목사가 의술과 간호와 신앙을 통해 피폐해진 이웃의 삶을 치유함으로써 보람을 느끼지 못하고 봉사의 금전적 대가를 추구한다면 이것은 용서할 수 없는 죄악이다. 그리고 더욱 근본적인 문제는 의료와 신앙에 소모되는 비용과 고통을 약한 자들에게 떠맡기는 사회의 안일함이다.[57]

쇼펜하우어는 "선의의 구성원이 당하는 고통에 대해 아무런 책임감도 느끼지 못한다면 그 사회는 회복되기 힘든 질병에 오염된 거대한 병원"이라 단정하며 "개인이 자초한 불행이든, 환경에서 비롯된 불행이든 고통받는 소수의 나약한 세대에게 현재와 미래에 대한 최소한의 기대를 베푸는 것은 국가 사회의 의무가 아닌 건강한 다수의 의무"라고 적었다.

제국주의 물결이 온 세계에 넘쳐날 만큼 자본의 논리가 극심할 때도 반동적 자유주의자로 불리는 철학자조차 의사의 직업 윤리와 사회복지를 어떻게 생각했는지 새겨볼 일이다. 물론 쇼펜하우어는 진보적 철학자는 아니다. 기본적으로 염세의 틀을 벗어나진 못했다. 『소품과 부록』 머리말을 다음과 같은 볼테르 Voltaire의 말을 인용하며 맺었다.

우리는 이 세상에 태어났을 때와 똑같이 어리석고 불량한 상태로 이 세상을 떠날 것이다.[58]

염세적이고 보수적인 철학자 쇼펜하우어가 유럽의 근대국가를 노예제 국가라며 사회복지를 옹호한 모습은 새겨볼 대목이다. 민중이 살아가는 삶의 현실을 있는 그대로 인식할 때는 보수와 진보의 차이가 무색해진다는 방증 아닐까.

쇼펜하우어 사후 맹목적 의지가 삶을 지배한다는 사유는 프로이드 Sigmund Freud 심리학에 영감을 주었다. 프로이드는 쇼펜하우어의 "무의식적인 '의지'가 정신분석에서 말하는 정신적 충동과 같은 말"이라며 "사람들에게 여전히 과소평가되는 성적 본능의 의미를 거듭 강조하여 상기시켜주었다"고 높이 평가했다. 삶에 이유도 목적도 없다는 쇼펜하우어의 생각은 사람을 '던져진 존재'로 인식하거나 삶의 부조리를 직시한 실존주의 철학에 영향을 끼쳤다.

러시아에도 쇼펜하우어 철학이 퍼졌다. 톨스토이^{Lev Tolstoy}는 "지금 인류 중에서 가장 천재적인 인물"이 쇼펜하우어라며 "그의 글을 읽으면서 왜 이름이 세상에 알려지지 않았는지 이해할 수 없다. 아마 사람들이 흔히 말하듯 세상에는 바보들만 있기 때문인가"라고 의아해했다. 톨스토이의 서재에 걸린 단 하나의 초상화가 쇼펜하우어였다는 말도 전해진다.

하지만 무엇보다 쇼펜하우어의 영향을 받은 철학자가 니체다. 쇼펜하우어를 통해 철학의 길에 들어선 니체는 '앞으로 쇼펜하우어가 헤겔보다 더 유명해질 것'이라고 전망했다. 물론 니체는 쇼펜하우어 몰입에 머물지 않았고 자신의 사유를 전개하면서 염세적 세계관과 전혀 다른 철학을 정립했다. 다만 니체의 저서 곳곳에서 우리는 쇼펜하우어의 흔적을 예상보다 더 많이 발견할 수 있다. 그럼 니체가 자신이 철학하는 출발점이었던 쇼펜하우어 철학을 얼마나 받아들였고 어떻게 넘어섰는지 살펴보자.

3 우주론

: 힘에의 의지와 영원회귀

모든 것은 가고, 모든 것은 되돌아온다. 존재의 바퀴는

영원히 돌고 돈다. 모든 것은 죽고, 모든 것은 다시 소생한다.

매 순간 존재는 시작된다. 모든 여기를 중심으로

저기라는 공이 굴러간다. 중심은 어디에나 있다.

영원이라는 오솔길은 굽어 있다.

『차라투스트라는 이렇게 말했다』, 제3부, 건강을 되찾고 있는 자.

Friedrich Nietzsche

형이상학적 이분법과 신의 죽음

대학생 니체는 우주의 본질이 '맹목적 의지'이고 사람의 삶이 고통 아니면 권태라는 쇼펜하우어 글을 읽으며 멈칫했다. 미처 의식하지 못했지만 엄연한 사실처럼 다가왔다. 사람의 삶은 헛됨과 무의미의 고통에서 벗어날 수 없거니와 그 끝에는 죽음이 기다리고 있을 뿐이라는 쇼펜하우어의 주장을 곱씹었다.

심지어 쇼펜하우어는 사람이 "자연에서 하나의 오점에 지나지 않는다"며 인류가 걸어온 길, 역사 또한 "길고 무겁고 혼란스러운 꿈일 뿐"이라고 썼다. 그렇기에 개개인의 "인생행로는 대체로 희망에 우롱당하며 죽음을 껴안고 춤추게 되어 있다"고 냉소했다.

다만 앞서 짚었듯이 염세에 마냥 머물지 않고 맹목적 우주와 다른 '작은 우주'를 제안하며 사람은 다른 동물과 달리 "지성의 힘"을 지녔다고 주장했다. 그 힘이 "의지의 등불이자 안내자"가 될 수 있다고 본 쇼펜하우어는 고통과 권태를 오가는 삶의 굴레에서 벗어날 방법을 제시했다. 그 해법이 니체의 반감을 거세게 불러일으켰기에 새겨볼 필요가 있다.

먼저 미적인 관조다. 아름다움을 관조함으로써 고통을 잊을 수 있다는 주장이다. 미적 경험 속에서 주체는 무관심한 관조자, 곧 자신의 개별성을 넘어서서 순수한 인식주체, 주체 아닌 주체가 되어 "객관을 비치는 거울"로 존재한다. 그때 비로소 의지와 표상으로서의 세계 전체를 직관할 수 있다. 개체로서의 자신을 잊은 상태, 이해관계를 떠나 무심한 상태, 의지의 사역으로부터 자유로워지면서 찾아오는 평안과 행복감을 예술의 미적 쾌감으로 보았다.

그러나 쇼펜하우어에게 미적 관조의 평안은 일시적이다. 세계를 미적으로 내다봄으로써 순간적으로 또는 잠시 잠기는 위안이다. 완전한 자기 체념을 갖춘 성자가 아니라면 인간은 짧은 미적 관조에 이어 다시 주관성의 감옥, 이기적 의지의 속박으로 돌아가게 마련이다.

하지만 미적인 관조 체험이 무의미한 것은 아니다. 잠시나마 '나'를 벗어나는 경험을 통해 주체의 죽음이나 도취적 쾌감이 주는 위로와 평안에 젖어듦으로써 무아無我, Selbstlos의 삶으로 들어가는 계기가 마련된다. 그때 연민 또는 동정Mitleid의 윤리를 내올 수 있다. 불교 철학의 영향을 받은 쇼펜하우어는 개개인이 고통을 겪는 과정에서 다른 사람들도 그럴 수 있다는 생각을 얼마든지 할 수 있고 결국 남의 처지를 헤아리게 되어 우리 모두가 하나임을 직관할 수 있다고 보았다. 그때 사람들 사이에 맹목적 의지에 따른 투쟁이 잦아들면서 서로의 고통이 줄어든다는 논리다.

　쇼펜하우어는 연민 또한 일시적이기에 가장 좋은 해법은 고통 완화가 아니라 완전 소멸이라고 주장했다. 어떻게 해야 할까. 쇼펜하우어가 제시한 궁극적 해법은 "맹목적 의지의 부정"이다. "모든 의욕을 부정하고 포기하는" 금욕을 의미한다. 쇼펜하우어에겐 "의욕하지 않는 것", 곧 금욕적인 삶이 맹목적 의지의 '비참한 세계'로부터 벗어나는 유일한 길이다. 그 길에서 삶의 의미와 진정한 행복을 찾을 수 있다.

의지의 자유로운 부정이나 포기와 함께 이 모든 현상도 이제 없어진다. 목표도 휴식도 없는 계속된 소동과 혼잡이 없어지고, 단계적으로 이어지는 여러 형식의 다양성이 없어지며, 의지와 더불어 그 전체 현상이 없어지고, 최종적으로 이 현상의 일반적 형식인 시간과 공간도, 그 현상의 궁극적인 기본 형식인 주관과 객관도 없어진다. 의지가 없으면 표상도 세계도 없다.[59]

　니체는 "의지는 이제 삶을 외면한다"거나 "자신이 삶의 긍정으로 인정하는 쾌락에 몸서리"치며 "자발적인 단념, 체념, 참된 평정과 완전한 무의지의 상태에 이른다"는 쇼펜하우어의 '결론'에 결코 동의할 수 없었다. 쇼펜하우어의 현실 인식은 물론 해법으로 제시한 길 또한 삶에 아무런 의미가 없다는 허무주의로 귀결된다고 보았다. 미적 관조나 연민, 금욕도 그 바탕은 허무라고 판단한 니체는 자신을 "유럽 최초의 완전한 허무주의자"

이자 "허무주의를 이미 자신의 내부에서 끝까지 체험해본 자"
라고 공언했다.[60] 니체는 그 '체험'을 "신은 죽었다"로 간명하게
간추렸다.

　동아시아 문화권과 달리 유럽 문화권에서 '신의 죽음'이 주는
충격은 클 수밖에 없다. 신의 은총과 부활을 확고히 믿으며 의
지해 살아온 사람들에게 신의 죽음은 허무감으로 이어진다. 쇼
펜하우어가 사람이 동물과 다를 바 없이 식욕과 성욕이라는 맹
목적 의지에 사로잡혀 평생을 고통 아니면 권태로 살아간다고
주장했기에 더 그랬다.

　쇼펜하우어의 기독교 비판을 받아들인 니체는 그것을 '신의
죽음'이라는 개념 아래 종교를 넘어 철학의 영역으로 넓혔다. 신
의 죽음을 '선고'한 『차라투스트라는 이렇게 말했다』를 살펴보
자. 니체는 1부의 머리말에서 '성자'와 차라투스트라 사이의 대
화를 소개한다. 아직도 인격신을 믿는 성자가 말한다.

"그렇다면 나는 무엇 때문에 숲속으로 그리고 광야로 갔던 것이지? 사람들을
너무나도 사랑했기 때문이 아니었던가?
나는 이제 신을 사랑하노라. 사람은 사랑하지 않노라. 내게 사람은 너무나도
불완전한 존재다. 사람에 대한 사랑은 나를 죽음으로 내몰고 말리라." (…)
홀로 남게 되자 차라투스트라는 마음속으로 말했다. "어찌 이런 일이 있을 수
있단 말인가! 저 늙은 성자는 자신의 숲속에 파묻혀 신이 죽었다는 소문을 아
직 듣지 못했나보다!"[61]

늙은 성자는 신의 죽음을 부정하는 '성자'들이 여전히 활동하고 있음을 상징한다. 그들은 사람을 사랑하지 않는다며 신을 사랑한다고 밝힌다. 그에게 사람은 "너무나도 불완전한 존재"일 뿐더러 자신을 파멸시키는 존재이다. 실제로 오늘날에도 사람을 사랑하지 않고—심지어 살상하며—신을 사랑하는 숱한 유일신 신도들이 있다.

'목사의 아들' 니체는 불완전한 존재인 사람과 완전한 존재인 신을 구분하는 사유를 작심하고 비판한다. 기독교만 조준하지 않았다. 기독교와 플라톤 철학의 연관성을 파헤친다. 세계를 이데아와 현상으로 나누는 형이상학적 이분법이 그것이다. 플라톤의 이분법적 철학적 사유가 서양인의 삶과 문화에 폭넓게 영향력을 끼치는 결정적 계기가 기독교의 등장이다. 그에게 기독교는 "대중을 위한 플라톤주의"로 철학적 이분법의 완벽한 종교적 형태다.

형이상학적 이분법은 철학과 종교를 통해 유럽 전반의 정신적 토대로 작동해왔다. 니체는 의지와 표상을 구별한 쇼펜하우어 철학도 그 연장선으로 형이상학적 이분법의 하나라고 판단했다. 바로 그 지점에서 니체는 쇼펜하우어와 갈라선다.

따라서 신이 죽었다는 선언은 단지 기독교 유일신의 사망 선고가 아니다. 니체에게 그것은 '유럽의 정신적 토대를 무너트리는 역사적 사건'이다. 니체가 일차적으로 겨냥한 것은 기독교 성직자들이다. 그들을 "갇혀 있는 자들이요, 낙인찍혀 있는 자들"

이라고 고발한다.

저들이 구세주라고 부르고 있는 바로 그가 저들을 질곡 속으로 몰아넣은 것이다.

거짓 가치와 황당한 언설의 질곡 속으로 말이다! 아, 누군가가 나타나 저들을 저들이 말하는 구세주의 손에서 구원해주면 좋으련만!

바다가 저들을 사납게 들까불고 있을 때, 저들은 자신들이 어떤 섬에 상륙했다고 믿었었다. 그러나 보라, 그것은 잠자고 있던 괴물이었으니!

거짓 가치와 황당한 언설. 이들이 죽을 운명을 타고난 존재에게는 더없이 고약한 괴물들이다. 저들 속에 재앙이 긴 잠을 자며 기다리고 있으니.

그러다가 끝내 등장, 잠에서 깨어나 그 위에 오두막집을 지어놓고 사는 자들을 삼켜버릴 것이다.

오, 사제들이 지은 이 오두막집들을 보라! 저들은 감미로운 향으로 가득한 저들의 동굴을 교회라 부르지.

오, 이 날조된 광채여, 이 후덥지근한 대기여! 여기, 영혼이 그 자신의 높이로 비상하는 것을 용납하지 않는 곳이여! (…)

저들은 저들을 인정하지 않고 괴롭혀온 존재를 신이라 불러왔다. 진정, 저들이 하는 경배 속에는 영웅적인 것이 많이도 깃들어 있었다!

그리고 저들은 그 사람을 십자가에 못 박는 것 말고는 달리 저들의 신을 사랑할 줄 몰랐다! (…)

나로 하여금 저들이 말하는 구세주를 믿게 할 생각이라면 저들은 한층 더 아름다운 노래를 불러야 할 것이다. 그의 제자들이 한층 더 구원받은 자들처럼 보여야 할 것이다! (⋯)

이들 구세주의 정신은 틈새투성이다. 이들 틈새 하나하나에 저들은 저들의 망상을, 저들이 신이라고 부르는 메우개를 채워 넣었던 것이다.[62]

    니체는 기독교 성직자들이 예수가 가르친 '사랑을 통한 구원' 대신에 신앙을 통한 구원, 부활과 심판에 대한 종말론을 도입했다고 보았다. 더구나 교회라는 조직을 만들어 예수의 뜻을 변질시켰다고 비판했다.

    그렇다면 사제들은 왜 그랬을까. 왜 예수의 이름으로 그의 가르침에 어긋나는 언행을 한 것일까. 니체는 사제들의 권력 추구 성향으로 풀이했다. 민중에게 신에 대한 복종을 가르치면서 실은 자신에게 순종하라고 강요해왔다는 예리한 통찰이다. 실제로 유럽의 중세에서 교황을 정점으로 한 성직자들은 지배계급의 일원으로서 권력과 부를 누렸다.

    니체는 또 가상으로 '교황과 대화'를 나누어 창조주인 신의 모순을 드러낸다. 그 대화에서 교황 스스로 신을 비난하며 다음과 같이 고백한다.

"세 눈 아래에서 이야기이지만(그는 한쪽 눈이 멀어 있었다) 신에 관한 일에서라면 내가 차라투스트라보다야 더 해박하지. 당연히 그래야지.

나의 사랑은 오랜 세월에 걸쳐 그를 모셨고, 나의 의지는 그의 의지를 모두 따랐었지. 유능한 하인이라면 다 안다. 주인이 자기 자신에게조차 숨기고 있는 많은 것까지.

그는 자신의 모습을 드러내지 않는, 비밀스러움으로 가득 찬 신이었다. 진정, 그는 그의 아들에게까지도 샛길로 왔던 것이지. 그래서 그의 신앙의 문턱에 간음이란 것이 자리하게 된 것이지.

그를 사랑의 신으로 찬양하는 자는 사랑이 무엇인지를 제대로 평가할 줄 모르는 사람이다. 판관까지 되고자 한 것이 이 신이 아니었던가? 그러나, 사랑하는 자라면 보수와 되갚음이라는 것을 초월하여 사랑하기 마련이거늘.

동방 출신의 이 신은 젊은 시절 가혹했으며 복수심에 불타고 있었다. 그런 그가 자신이 좋아하는 자들을 기쁘게 할 생각에서 지옥이란 것을 만들어내었던 것이다.

그러나 그도 (…) 끝내는 늙어 기력을 잃고 지쳐 측은해하는 마음을 갖게 되었던 것이지.

세상에 지치고 의욕을 잃은 채 힘없이 자신의 난로 모퉁이에 앉아 힘 빠진 두 다리를 두고 서글퍼하던 어느 날 그는 너무나도 큰 연민의 정에 질식을 하고만 것이다."[63]

교황은 신이 자신의 모습을 보여주지 않았고, 사랑을 실천하는 대신 판관이고자 했으며, 동정녀 수태나 지옥 같은 허구를 가르치고, 사람을 동정하듯 대했다고 토로한다. 니체는 교황이 결국 신앙을 잃고 실직했다고 풍자했다. 교황을 굳이 "한쪽 눈이 멀어 있는" 존재로 묘사한 까닭은 그가 문제의 핵심을 보지 못하고 있어서다. 교황에게 '신의 죽음을 직접 목격했느냐'고 반

문한 니체는 교회가 부르대는 계시 사상의 모호성을 지적하며
직접 신을 겨냥한다.

나는 맑은 눈으로 바라보고 정직한 말을 하는 것 모두를 좋아한다. 그러나 늙은 사제여, 그대도 알고 있겠지만 그대에게는 그대의 천성과 같은 어떤 것이, 사제의 천성과 같은 어떤 것이 있었다. 다의적이었다는 말이다.

불명료하기까지 했다. 우리가 그를 제대로 이해하지 못한다 하여 분을 참지 못하고 얼마나 화를 내던가! 그렇다면 그는 왜 좀 더 분명하게 말하지를 않았나?

그것이 우리의 귀 탓이었다면 그는 왜 우리에게 그를 제대로 알아들을 수도 없는 귀를 준 것이지? 좋다! 우리의 귀에 진흙이 들어 있어 그랬다면, 누가 그 것을 우리의 귓속에 넣은 것이지?

솜씨를 제대로 익히지 않은 탓에 이 옹기장이가 실수를 많이도 했던 것이다! 그러고는 마음에 차지 않는다 하여 자신이 만든 그릇들과 창조물에 화풀이를 했던 것이다. 좋은 취향에 거스르는 죄렷다.

경건함 속에도 좋은 취향이라는 것이 있기 마련이다. 그런 취향이 마침내 나섰다. '그런 신이라면 사라져라! 신이 없는 것이 차라리 낫다. 차라리 자신의 손으로 운명을 개척할 일이며, 차라리 바보가 되고, 차라리 나 자신이 신이 될 일이다!'[64]

니체는 신비한 계시라는 이름 아래 사람을 유한한 존재이자
신의 뜻을 알 수 없는 죄인으로 규정한 기독교를 가차 없이 비

판한다. 사람은 신의 뜻을 알 수 없다고 부르대는 동시에 예수와 성서, 사제를 통해 알 수 있다고 주장하는 것은 모순이다. 창조주인 신이 완전자라면 사람을 자신의 뜻을 이해하는 자로 창조했을 텐데 그렇지 않은 신은 '실수를 많이 한 옹기장이'에 지나지 않는다는 것이다.

결국 신이 죽음에 이른 원인은 기독교 자체, 더 구체적으로 콕 집는다면 계시 사상을 고안해낸 사제 집단에 있다. 그래서 교황을 자신이 속한 사제 집단의 문제점을 인식하지 못하는 '외눈'으로 그렸다. 니체에겐 율법이나 성서는 물론 '신의 뜻'까지 사제가 그것을 내세워 권력을 잡고 계속 유지하려는 속셈에 지나지 않았다.

니체는 자기 자신 외의 다른 신을 거부하는 유일신을 '신의 자기모순'으로 이해한다. 유일신이라면 아예 다른 신이 있을 수 없기에 굳이 '유일'을 내세울 이유가 없기 때문이다. 더구나 그것은 신성이 아니라 한낱 시기와 질투에 지나지 않는다.

한물간 저 신들은 이미 오래전에 끝장이 나고 말았다. 진정, 나무랄 데 없고 즐거운 신들의 끝장을 맞이했던 것이다!
저들이 "황혼 속으로 서서히 사라져" 죽음에 이른 것은 아니다. 그것은 실로 거짓말이다! 오히려 너무 웃다가 그만 죽고 만 것이다!
이 일은 더없이 신을 부인하는 말, 즉 "신은 유일하다! 너는 나 외에 다른 신을 믿지 말라!"는 말이 어떤 신의 입에서 나왔을 때 일어났다.

니체 읽기의 혁명

신의 늙은 그림 – 바르트(수염을 달고 있는, 분노한 늙은이), 질투심 많은 자는 제정신이 아니었던 것이다.

그러자 그때 모든 신들은 웃어댔고, 저들의 의자 위에서 몸을 뒤흔들면서 외쳐댔다. "유일신은 존재하지 않고, 신들이 있을 뿐이라는 것, 이것이야말로 신성이 아닌가?"

귀 있는 자 들을지어다.[65]

      니체가 살던 19세기 후반의 유럽은 이미 세속화가 빠르게 진행되던 시기였다. '신은 죽었다'는 말이 간결하게 압축하고 있듯이, 초월적이고 절대적인 기준은 사라졌다. 서양인들은 오랫동안 기독교와 형이상학적 이분법의 세계관에 길들었다. 대다수가 그 믿음으로 삶에 목적과 의미를 지닐 수 있었다. 그런데 형이상학과 종교가 구속력을 상실함으로써 그에 의존하던 삶이 방향성과 의미를 잃어버리는 상황과 마주쳤다. 허무가 그것이다.

허무 불감증과 은폐된 허무

니체는 신의 죽음으로 오랜 세월 서양인들의 삶을 지배해오던 절대적 가치가 사라졌음에도 허무감 없이 살아가는 사람들을 외면하지 않았다. 그들을 위해 광인의 이야기를 창작했다. 『즐거운 학문』에 삽입한 '광인의 우화'가 그것이다.

광인. 그대들은 밝은 대낮에 등불을 켜고 시장을 달려가며 끊임없이 "나는 신을 찾고 있노라! 나는 신을 찾노라!"라고 외치는 광인에 대해 들어본 일이 있는가? 그곳에는 신을 믿지 않는 많은 사람들이 모여 있었기 때문에 그는 큰 웃음거리가 되었다. 신을 잃어버렸는가? 그들 중 한 사람이 이렇게 물었다. 신이 아이처럼 길을 잃었는가? 다른 한 사람이 말했다. 신이 숨어버렸는가? 신이 우리를 두려워하고 있는가? 신이 배를 타고 떠났는가? 이민을 떠났는가? 이렇게 그들은 웃으며 떠들썩하게 소리쳤다.[66]

우화에서 광인은 대낮에 등불을 켜고 흥분된 언어로 신을 찾고 있노라고 외쳐댄다. 고대 그리스에서 대낮에 등불을 들고 참된 사람을 찾은 디오게네스의 일화에서 착상했을 터다. 신을 찾

는 사람을 광인으로 설정한 것도 니체답다. 광인의 외침에 시장
에 있는 사람들은 비웃으면서 "신이 아이처럼 길을 잃었는가?"
라고 말하며 조롱하기까지 한다. 동시대인들이 신의 죽음에도
전혀 흔들림 없이 살아가는 현실을 담은 우화다. 그래서 니체는
광인으로 하여금 그들 한가운데로 뛰어들어 신의 죽음에 담긴
의미를 "꿰뚫는 듯한 눈길로" 소리치게 한다.

"신이 어디로 갔느냐고? 너희에게 그것을 말해주겠노라! 우리가 신을 죽였
다. 너희들과 내가! 우리 모두가 신을 죽인 살인자다! 하지만 어떻게 우리가
이런 일을 저질렀을까? (…) 이제 지구는 어디를 향해 가고 있는 것일까? 우리
는 어디를 향해 가고 있는 것일까? 모든 태양으로부터 떨어져 나온 지금? 우
리는 끊임없이 추락하고 있는 것이 아닐까? (…) 아직도 위와 아래가 있는 것
일까? (…) 허공이 우리에게 한숨을 내쉬고 있는 것이 아닐까? 한파가 몰아닥
치고 있는 것이 아닐까? 밤과 밤이 연이어서 다가오고 있는 것이 아닐까? 대
낮에 등불을 켜야 하는 것이 아닐까? 신을 매장하는 자들의 시끄러운 소리가
들리지 않는가? 신의 시체가 부패하는 냄새가 나지 않는가? 신들도 부패한
다! 신은 죽었다! 신은 죽어버렸다! 우리가 신을 죽인 것이다! 살인자 중의 살
인자인 우리는 이제 어디에서 위로를 얻을 것인가? 지금까지 세계에 존재한
가장 성스럽고 강력한 자가 지금 우리의 칼을 맞고 피를 흘리고 있다. 누가 우
리에게서 이 피를 씻어줄 것인가? 어떤 물로 우리를 정화시킬 것인가? 어떤
속죄의 제의와 성스러운 제전을 고안해내야 할 것인가? 이 행위의 위대성이
우리가 감당하기에는 너무 컸던 것이 아닐까? 그런 행위를 할 자격이 있으려

우주론   : 힘에의 의지와 영원회귀

면 우리 스스로가 신이 되어야 하는 것이 아닐까? 이보다 더 위대한 행위는 없었다. 우리 이후에 태어난 자는 이 행위 때문에 지금까지의 어떤 역사보다도 더 높은 역사에 속하게 될 것이다!"[67]

광인은 여기서 입을 다물고 청중들을 다시 바라본다. 청중들은 의아한 눈초리로 말없이 광인을 보았다. 돌연 광인이 등불을 땅바닥에 내던졌다. 등불이 산산조각 나고 불이 꺼져버리자 그가 말했다.

"나는 너무 일찍 세상에 나왔다. 나의 때는 아직 오지 않았다. 이 엄청난 사건은 아직도 진행 중이며 방황 중이다. 이 사건은 아직 사람들의 귀에 들어가지 못했다. 천둥과 번개는 시간이 필요하다. 별빛은 시간이 필요하다. 행위는 그것이 행해진 후에도 보고 듣게 되기까지 시간이 필요하다. 사람들에게 이 행위는 아직까지 가장 멀리 있는 별보다도 더 멀리 떨어져 있다. 하지만 바로 그들이 이 짓을 저지른 것이다!"[68]

광인은 여러 교회에 뛰어들어 신의 진혼곡을 부른다. 밖으로 끌려 나와 심문을 받았을 때 광인은 "이 교회가 신의 무덤과 묘비가 아니라면 도대체 무엇이란 말인가?"라고 부르댄다.

우화에서 광인은 사람들에게 "우리가 신을 죽인 살인자"라고 말하며 '신의 죽음'을 알리지만 시장의 많은 사람들은 별다른 반응이 없다. 그저 바라볼 뿐이다. 절규하는 광인과는 달리 '신의 죽음'이라는 사건에 불안해하거나 절망에 사로잡히기는커녕 아예 관심이 없다. 왜 그런 것일까? 왜 시장의 사람들은 허무주의에, "구멍 뚫린 허무의 감정"에 빠져들지 않는가?

기실 그 이유는 간명하다. 이미 많은 사람들이 신을 믿지 않고 있었다. 니체가 살던 19세기 후반의 유럽에선 과학이 발전함에 따라 인격신이 설 자리가 좁아졌다. 기독교가 지배해온 서양 문화 전반에 걸쳐 과학화와 탈신비화가 진행됨에 따라 가치 판단의 절대적 기준으로서 삶에 목적과 의미를 부여하던 신은 영향력을 상실하고 있었다. 그 흐름은 니체 사후에도 이어져 21세기인 현재 유럽과 미국에서 기독교 인구는 급격하게 줄어들었다.

그럼에도 허무감 없이 살아가는 사람들이 많은 것은 신의 죽음과 그 의미를 직시하지 않거나 외면했기 때문이다. 신의 죽음을 선언한 니체 철학의 연장선에서 우리는 그것을 '허무 불감증'으로 진단할 수 있다.

신의 죽음을 받아들여 더는 유일신을 믿지 않게 된 사람들은 '신적인 초월적 가치'를 대체한 절대적 또는 보편적 가치를 추구하며 허무감을 잊었다. 신이 죽은 빈자리에 기존의 종교를 대체하는 가치가 '대체 종교^Ersatz religion'로 들어선 셈이다. 실제로 많은 사람들이 대체 종교에서 삶의 의미를 찾으며 허무의 늪에서 벗어났다. 과학의 발전으로 인격신의 존재에 회의가 짙어졌지만 허무가 두려워 신을 부여잡은 사람들 사이에도 대체 종교는 퍼져 있다. 니체가 신을 대체한 국가주의를 비판한 까닭이다.

민주주의, 사회주의, 민족주의, 반유대주의를 반대한 이유도 그 것을 대체 종교로 판단해서다.

니체가 활동하던 19세기에 유럽 국가들은 제국주의로 치달 아 지구 곳곳을 침략해 식민지를 수탈하고 있었다. 자신이 속한 나라를 '위대한 제국'으로 추앙하며 기꺼이 헌신하는 '애국심' 에서 삶의 의미를 찾는 사람들이 많았다. 허무가 두려워 신의 죽 음을 부정한 기독교인들도 앞장섰다. 쇼펜하우어조차 유럽의 국가들을 '노예제 국가'라고 비판했음에도 그랬다. 니체는 사회 주의도 개개인이 자신의 삶을 국가에 의존하려는 흐름으로 보 았다.

기실 국가만 '신'을 대체한 것은 아니다. 니체 사후인 20세기 와 21세기에 걸쳐 사람들이 신을 대체해 의존하는 대상은 국가 못지않게 '돈'으로 나타났다. 학계에서도 '물신주의'라는 말이 퍼져갔듯이 돈(자본)을 신처럼 섬기며 부의 축적에서 삶의 의미 를 느끼는 사람들이 눈덩이처럼 불어났다.

영국 철학자 아이리스 머독Iris Murdoch은 현대인에게 "신이 차 지했던 형이상학적 자리를 비집고 들어간 다양한 대체자"로 "이 성, 과학, 역사"를 꼽으며 그들 또한 '그릇된 신'이라고 주장했 다.[69] 이는 현대의 가장 심각한 문제를 신의 죽음이 아니라 '너 무 많은 신의 난립'이라고 파악한 파울 틸리히Paul Tillich의 신학 과도 이어질 수 있다. 무수히 많은 대체 종교가 퍼져 있는 셈이 다. 국가나 자본 못지않은 대체 종교가 '스포츠'다. 종교사회학자들이 분석하듯이 스포츠 행사는 종교적 제의와 닮은꼴이다. 올림픽 개막식이 대표적이다. 대회장은 제사장이고, 성화의 봉송과 점화 과정에서 여사제나 여신이 나타난다. 성화대 불이 대회 내내 타오르는 가운데 경기장에 모인 사람들은 간절히 응원하는 '찬송가'를 소리 높여 부르며 공동체에 소속된 느낌에 환희를 만끽한다. 비단 올림픽만이 아니다. 월드컵에서 골을 넣었을 때 관중들은 하나가 되어 소리를 지르고 흥분과 광란에 휩싸인다. 음악은 물론 폭죽까지 터지면서 종교적 카타르시스를 넘어서는 체험을 한다. 축구장에서 종종 불거지는 난동과 상대방을 겨냥한 집단 폭력에선 '십자군'의 과거를 떠올릴 수도 있다.

더구나 자본이 '프로'라는 이름으로 깊숙이 개입함에 따라 축구는 물론 야구나 농구 심지어 골프까지 인종과 국가, 계급을 초월한 대체 종교로 자리 잡았다. 경기장은 그들의 성전이며, 경기는 하나의 종교 의례로서 세상의 속박으로부터 벗어나는 '해방' 의식이 된다. 문제는 그 해방이 '거짓 해방'이라는 데 있다. 오히려 자본주의 체제에서 자신의 삶이 억압당하는 일상을 망각하게 함으로써 '속박'을 영구화한다. 개개인의 몸을 단련하는 체육 고유의 의미는 '프로 스포츠'의 열광에 휩싸여 실종된 지 오래다.

스포츠는 물론 자본주의적 상업 문화와 대중매체를 통한 대중문화가 넘쳐나면서 사람들은 '신의 죽음'과 무관하게 얼마든지 행복하게 살고 있다. 관광 여행이 성지순례를, 대중가요가 찬

송가를, 연예인이 성직자를 대체하고 있다. 텔레비전과 영화, 스포츠를 통해 등장하는 '대중 스타'들이 많은 이들에게 '우상적 신앙' 또는 '궁극적 관심'의 대상이다. 드라마나 영화의 촬영지는 '성지'가 되어 '순례자'들이 찾는다. 대중 스타들은 부의 축적은 물론 '종교적 권력'마저 소유한다.

소비를 대체 종교로 신앙하는 사람들도 있다. 소비 문화를 지향하며 살아가는 사람을 일러 '소비하는 사람', 호모 콘수무스 Homo Consumus라고 부른다. 그들은 종교가 아니라 소비가 행복한 삶을 준다고 믿는다. 그때 사제는 광고다.

하지만 대체 종교는 말 그대로 종교를 대체한 것으로 허무주의 극복이 아니라 허무의 은폐 또는 회피다. 대체 종교를 지닌 사람들은 자신이 추구하는 가치가 참으로 의미 있는 것인지 성찰하지 않는다. 니체가 외친 '신의 죽음'을 곰곰 되새겨보아야 할 이유다. 니체는 광인의 우화 바로 앞 대목에서 다음과 같이 적었다.

무한한 수평선. ─우리는 육지를 떠나 출항했다! 우리는 다리를 건너왔을 뿐만 아니라, 우리 뒤의 육지와의 관계를 단절했다! 그러니 우리의 배여, 앞을 바라보라! 네 곁에는 대양이 있다. 대양이 항상 포효하는 것은 아니며 때로 그것은 비단과 황금, 재화의 꿈처럼 그곳에 펼쳐져 있다. 하지만 언젠가 이 대양이 무한하다는 것을, 그리고 무한보다 더 두려운 것은 없다는 것을 깨달을 때가 올 것이다. 오, 한때 자신을 자유롭다고 느끼다가 이제 새장의 벽에 몸을 부딪고 있는 새여! 마치 육지에 자유가 있었다는 듯 향수가 너를 사로잡는다면 그것은 슬픈 일이로다! "육지"는 이제 없다![70]

　　대체 종교의 가치는 '대중'이라는 무리에 들어가 있을 때 의미를 줄 수도 있겠지만 거기서 나와 정작 개개인이 자신과 마주할 때는 한계를 드러낼 수밖에 없다. 이를테면 축구나 야구 경기에 흥분하거나 승리에 환희를 느꼈지만 경기장 밖을 나오면 감흥이 시나브로 사라진다. 말 그대로 대체 종교는 '인스턴트 종교'이기 때문이다. 사람의 삶이 의미 없다는 허무감을 종교적 향수나 대체 종교가 언제까지 은폐 또는 회피할 수 없다.

　　21세기인 지금도 삶의 의미를 묻는 물음에 사뭇 초연한 듯 보이지만 내심 인생의 공허감에 젖어 있는 사람들이 많다. 중년, 노년 세대로 갈수록 그 비율은 커진다. 다름 아닌 '허무 불감증'과 '은폐된 허무'의 뒤늦은 귀결이다. 우리가 '허무의 시대'를 진단하고 치료제를 내놓은 니체를 진솔하게 만나보아야 할 이유다. 허무의 심연에 자신이 살아갈 철학을 세우려면 더욱 그렇다. 니체는 그 방법으로 우리를 우주로 이끈다.

우주는 시작도 끝도 없는 거대한 힘

우주에서 사람의 위치를 니체는 어떻게 생각했을까. 바젤 대학 교수 시절인 1872년에 쓴 「비도덕적 의미에서의 진리와 거짓에 관하여」라는 글에서 이렇게 적었다.

수많은 태양계에서 쏟아부은 별들로 반짝거리는 우주의 외딴 어느 곳에 언젠가 영리한 동물들이 인식이라는 것을 발명해낸 별이 하나 있었습니다. 그것은 '세계사'에서 가장 의기충천하고 또 가장 기만적인 순간이었습니다. 그렇지만 그것도 한순간일 뿐이었습니다. 자연이 몇 번 숨 쉬고 난 뒤 그 별은 꺼져갔고, 영리한 동물들도 죽을 수밖에 없었습니다.[71]

짧은 우화이지만 섬뜩한 느낌이 길게 남는다. 사람의 인식이 얼마나 보잘것없는가를, 지구는 물론 해가 언젠가 종말을 맞는다는 분명한 사실을 깨우쳐준다. 니체가 지어낸 이 우화에서 우리를 더 스산하게 만드는 것은 이어지는 문장들이다.

그러나 그것만으로는 인간의 지성이 자연 내에서 차지하는 우월성이 얼마나 가련하고 무상하며, 얼마나 무목적적이고 자의적인가를 서술하기에는 충분하지 않다. 인간이 존재하지 않았던 영겁의 시간이 있었다. 또 인간의 존재가 다시 끝난다고 하더라도 아무런 일도 일어나지 않을 것이다. 왜냐하면 인간의 지성은 인간의 생명을 넘어서는 어떤 사명도 가지고 있지 않기 때문이다. 그 지성은 인간적일 뿐이다. 오로지 인간 지성의 소유자와 생산자만이 마치 세계의 축이 인간 지성을 중심으로 도는 것처럼 그것을 숭고하게 받아들일 뿐이다. 그러나 만약 우리가 모기들과 의사소통을 할 수 있다면, 우리는 그들 역시 이와 같은 파토스를 가지고 하늘을 날고 있으며 자신의 내면에서 움직이는 세계를 중심으로 느낀다는 사실을 알게 될 것이다.[72]

사람의 지성이 생명을 넘어서는 어떤 사명도 가지고 있지 않다는 니체의 언명은 마치 자신이 우주적 진리를 파악했다는 듯이 두툼한 저서를 남긴 철학자들에 대한 통렬한 비판이다. '모기와의 의사소통'이라는 비유도 인간중심주의의 오류를 깨우치려는 의도가 분명하다. 니체는 철학자들의 '자부심'을 과대망상으로 보았다.

모든 짐꾼이 자신의 일을 칭찬해줄 사람을 필요로 하듯이, 자부심이 가장 강한 인간인 철학자는 우주의 눈들이 사방에서 망원경을 통해 자신의 행위와 사유에 맞추어져 있다고 생각한다.

지성이 이 모든 일을 해낸다는 것은 기이한 일이다. 불행하고 연약하기 짝이 없는 존재들을 한 순간이나마 실존할 수 있도록 오로지 보조수단으로 이들에

게 부여된 저 지성이 말이다.[73)

　　니체는 사람의 오만이 "눈과 감관을 덮어 현혹시키는 안개"
라며 "인식 자체에 관해서도 가장 듣기 좋은 가치 평가를 함축
함으로써 이 존재들로 하여금 실존의 가치에 관해 착각하게 만
든다"고 주장했다. 그 결과다. 니체에게 "인식의 가장 일반적인
효과는 착각"이다.

　　그래서 '표상' 개념도 쇼펜하우어와 다르다. 니체는 지성이
"개체 보존을 위한 수단"으로서 자신의 "주된 힘을 표상을 통해
전개한다"고 생각했다. 표상이 어떻게 개체 보존을 위한 수단일
까. 니체에 따르면 표상은 "뿔을 갖거나 또는 맹수의 예리한 이
빨을 가진 자들과 생존을 위해 투쟁할 능력이 없는 약하고 건장
하지 못한 개체들이 스스로를 보존하는 수단"이다.

표상의 기술은 인간에게서 정점에 이른다. 여기에는 기만, 아첨, 거짓과 사기,
등 뒤의 험담, 체면 차리는 행동, 휘황찬란한 꾸밈 속에서의 삶, 가면 속의 존
재, 은폐의 규약, 다른 사람들과 자신 앞에서의 연극, 간단히 말해 허영심이라
는 불꽃을 향한 나방의 끊임없는 날갯짓은 이제 너무나 당연한 규칙이 되어,
어떻게 저 진지하고 순수한 진리를 향한 충동이 사람들 가운데서 생겨날 수
있었는가 하는 것보다 더 불가해한 것은 없다. 인간들은 환상과 꿈의 영상에
깊이 빠져 있으며, 그들의 눈은 오직 사물의 표면 위에서만 미끄러지고 맴돌
면서 '형식들'을 본다. 그들의 지각은 어느 곳에서도 진리에 이르지 못하고 오

직 자극을 수신하는 것으로 만족할 뿐이다.[74]

　　니체의 냉철한 사유는 사람의 인식능력을 극한까지 추궁한
다. 사람은 "밤마다 아니 평생 동안 꿈속에서 속는다"고 주장한
뒤 대놓고 묻는다.

인간은 도대체 자기 자신에 대해 무엇을 아는가! 그렇다, 인간은 한 번이라
도―조명이 있는 유리 상자에 누워서―자기 자신을 완전히 지각할 수 있단
말인가? 자연은 인간에게 그를 에워싸고 있는 대부분의 것과 그의 몸에 관해
서조차도 숨겨, 꾸불꾸불한 내장과 혈액의 빠른 흐름과 복잡하게 얽혀 있는
힘줄의 요동에서 멀리 떨어져 있는 저 거만하고 요술 같은 의식 속으로 추방
해 가두어놓고 있지 않은가! 자연은 열쇠를 던져버렸다. 언젠가 작은 틈새를
통해 의식의 방에서 내려다볼 수 있었던 저 숙명적인 호기심은 얼마나 고통
스러운가. 이제 이 호기심은 감지한다. 인간이 무자비한 것, 탐욕적인 것, 만
족할 줄 모르는 것, 잔인한 것 위에―이를 모르고 있다는 사실에도 무관심한
채―쉬고 있다는 것을. 이는 인간이 흡사 호랑이 등 위에서 꿈을 꾸며 매달려
있는 것과 같다.[75]

　　바로 그렇기에 '진리'에 대해서도 회의적이다. 개념들이 형성
될 때부터 문제가 발생한다고 보았다. 현대 언어철학의 문제의
식을 선구한 다음 글을 읽어보자.

모든 낱말은 그것이 전적으로 개별화된 일회적 원체험에—개념이 생성되는 것은 이 원체험의 덕택이다—대한 기억으로 기능하기보다는, 어느 정도 유사하기는 하지만 엄밀히 말해서 결코 동일하지 않은, 즉 온통 상이한 경우들에 상응해야 함으로써 곧 개념이 된다. 모든 개념은 동일하지 않은 것을 동일하게 만듦으로써 생성된다. 어떤 나뭇잎이 다른 잎과 전혀 같지 않은 것이 확실하지만, 나뭇잎이라는 개념은 이와 같은 개별적 차이들을 (…) 망각함으로써 형성되는 것이 확실하다. (…)

개별적인 것과 현실적인 것을 무시하는 것이 우리에게 형상을 제공하듯이 마찬가지로 개념을 준다. 이에 반해 자연은 어떤 형상과 개념, 따라서 어떤 종種도 알지 못하며 단지 우리에게 접근 불가능하고 정의할 수 없는 X만을 알고 있을 뿐이다. (…)

그렇다면 진리는 무엇인가? 유동적인 한 무리의 비유, 환유, 의인관들이다. 간단히 말해서 시적, 수사학적으로 고양되고 전용되고 장식되어 이를 오랫동안 사용한 민족에게는 확고하고 교의적이고 구속력이 있는 것으로 여겨지는 인간적 관계들의 총계이다. 진리는 환상들이다. 진리는 마멸되어 감각적 힘을 잃어버린 비유라는 사실을 우리가 망각해버린 그런 환상이며, 그림이 사라질 정도로 표면이 닳아버려 더 이상 동전이기보다는 그저 쇠붙이로만 여겨지는 그런 동전이다.[76]

　　니체는 '진리'란 단지 삶을 위한 '유용한 가상'에 지나지 않는다고 강조한다. 여기서 허무를 다시 불러낸다. "진리가 존재하지 않는다는 것, 사물의 절대적 성질이란 없다는 것, '사물 자체'

란 없다는 것―이것 자체가 허무주의이고, 그것도 가장 극단적인 허무주의"라고 주장한다. 남김 없는 허무, 허무의 극한에 이른 셈이다. 니체는 자신을 "유럽 최초의 완전한 허무주의자", "허무주의를 이미 자신의 내부에서 끝까지 체험해본 자"로 자임한다. 바로 그 극한에서 니체는 새로운 우주관을 제시한다. 힘에의 의지로서 우주, 영원회귀의 우주가 그것이다.

니체는 쇼펜하우어의 우주론에 동의할 수 없었다. 쇼펜하우어가 플라톤 이래 유럽 문화의 낡은 틀을 벗어나지 못해 세계를 이분법으로―의지와 표상으로―보았다고 판단했기 때문이다. 아울러 '인생은 고통과 권태를 오가는 시계추'라는 주장도, 그것을 벗어나기 위해 금욕을 주창한 해법도 니체에겐 삶의 의미를 찾지 못한 허무주의에 지나지 않았다.

니체는 오랜 사유 끝에 쇼펜하우어의 맹목적 의지와 다른, 정반대라 할 수 있을 우주관을 내놓았다. 그 핵심 개념이 '힘에의 의지'와 '영원회귀'다. 먼저 힘에의 의지부터 살펴보자.

'힘에의 의지der Wille zur Macht'는 니체 철학에 많은 오해를 불러일으킨 개념이다. 한국의 적잖은 철학 교수들이 필자로 참여한 『철학 사전』은 이를 '권력에의 의지'로 번역해 다음과 같이 풀이한다. "니체의 용어. '의지'가 세계의 기초라는 그의 철학을 바탕으로 한다. 권력에의 의지를 다윈의 진화론에 의거, 자기 생존의 유지 및 그것을 위한 투쟁으로 파악하고 남보다 우수하고 남을 지배하는 것으로 해석하였다. 즉 권력에의 의지는 종속이

나 협동을 물리치고 남을 지배하는 권력을 지향한다."[77]

　너무나 일면적인 풀이, 더 나아가 잘못된 해석이다. 일제강점기에 니체 철학이 들어올 때 일본어 번역 '권력 의지'를 그대로 따랐다. 권력과 힘 모두 영어로 'power'이고 독일어로는 'Macht'이다. 니체는 'der Wille zur Macht' 개념에서 'Macht'를 물리적 힘과 지배하는 권력 의미를 모두 담아 쓰고 있기에 딱히 '권력 의지'라는 번역이 틀렸다고 할 수는 없다. 하지만 'Macht'를 권력으로 보더라도 니체의 언어에선 일반적으로 쓰이는 권력의 의미와 다르거니와 "남보다 우수하고 남을 지배하는" 관계보다 자기와의 관계에 방점이 있다. 2000년대 들어와 니체 연구자들이 대체로 '힘에의 의지'(더러는 '힘으로의 의지')로 번역하는 까닭이다. 니체가 제시한 힘에의 의지는 쇼펜하우어가 주장한 '맹목적 의지'를 정면으로 비판하는 개념이다. 니체의 설명을 먼저 짚어보자.

쇼펜하우어는 높은 지성 상태를 의지로부터의 벗어남이라고 해석했다. 그는 위대한 정신이 속박에서 풀려날 때에 도덕적 편견들로부터 자유로워진다는 것을, 천재의 이러한 전형적인 비도덕성을 보려고 하지 않았다. 그가 유일하게 경외했던 것, 곧 '탈아Entselbstung'의 도덕적 가치를 그는 가장 정신적인 활동인 '객관적' 주시의 조건이라고 인위적으로 설정했다. (…)
나는 의지의 부정을 가르치는 철학을 영락과 비방을 가르치는 것으로 간주한다.[78]

우주를 맹목적 의지로 규정한 뒤 그 의지를 부정하는 철학에 공감할 수 없었던 니체는 "쇼펜하우어가 공상했던 정신의 절정은 모든 것이 아무런 의미도 없다는 인식", 곧 허무주의에 이른다고 주장했다. 의지의 본디 속성을 잘못 판단했기에 그 의지를 부정하는 '탈아脫我'로 고통스러운 삶에서 해방될 수 있다는 염세적 논리를 폈다고 보았다. 그 결과 쇼펜하우어는 서양의 전통적인 도덕적 존재론으로 돌아가면서 "완고한 도덕적 인간으로 등장한다"고 비판했다.

니체가 쇼펜하우어와 달리 "의지의 본디 속성"으로 제시한 것이 바로 '힘에의 의지'다. 니체는 그것을 우주의 본질이자 "존재의 가장 내적 본성"으로 풀이했다. 힘에의 의지를 설명하며 거침없이 '본성'이라 규정한 것은 그만큼 우주적 보편성을 부각하려는 의도다. "존재의 가장 내적 본성이 힘에의 의지"이기에 "누가 힘을 원하는가?"라는 물음은 "불합리한 질문"이라고 주장한다. "존재하는 것 자체가 힘에의 의지"이기 때문이다.

니체에게 힘에의 의지는 "유일한 실재"다. 우주를 맹목적 의지로 인식한 쇼펜하우어를 비판하며 힘에의 의지는 결코 '자기 보존'이 아니라고 강조한다. 니체는 "생존에의 의지? 나는 그 대신 언제나 힘에의 의지를 발견했을 뿐이다"[79]라고 주장한다. 굳이 대비하자면 쇼펜하우어가 살려는 의지에서 자기 보존 의지와 번식 의지를 읽는다면, 니체는 더 높은 무엇이고자 하는 의지를 발견한다. 니체는 힘에의 의지가 곧 우주라고 보았다.

우주론 : 힘에의 의지와 영원회귀

그대들은 또한 내게서 "세계"란 무엇인지 알고 있는가? 내가 그대들에게 이 세계를 내 거울에 비추어 보여주어야만 하는가? 이 세계는 곧 시작도 끝도 없는 거대한 힘이며, 커지지도 작아지지도 않으며, 소모되지 않고 오히려 전체로서는 그 크기가 변하지 않지만, 변화하는 하나의 확고한 청동 같은 양의 힘이며, 지출과 손해가 없지만, 이와 마찬가지로 증가도 수입도 없고, 자신의 경계인 "무"에 의해 둘러싸여 있는 가계 운영이며, 흐릿해지거나 허비되어 없어지거나 무한히 확장되는 것이 아니라, 일정한 힘으로서 일정한 공간에 끼워 넣어지는 것인데, 이는 그 어느 곳이 "비어" 있을지도 모르는 공간 속이 아니라, 오히려 도처에 있는 힘이며, 힘들과 힘의 파동의 놀이로 하나이자 동시에 "다수"이고, 여기에서 쌓이지만 동시에 저기에서는 줄어들고, 자기 안에서 휘몰아치며 밀려드는 힘들의 바다며 (…) 영원한 자기 창조와 영원한 자기 파괴라고 하는 이러한 나의 디오니소스적인 세계, 이중적 관능이라는 이러한 비밀의 세계, 이러한 나의 선악의 저편의 세계, (…) 그대들은 이러한 세계를 부를 이름을 원하는가? 그 모든 수수께끼에 대한 하나의 해결을?[80]

그 물음에 니체 스스로의 답이 널리 알려진 다음 명제다.

이러한 세계가 힘에의 의지다. 그리고 그 외에 아무것도 아니다! 그대들 자신 역시 이러한 힘에의 의지다. 그리고 그 외에 아무것도 아니다![81]

니체가 서술했듯이 "시작도 끝도 없는 거대한 힘"에의 의지인 우주는 "데카르트의 역학적 기계론은 물론이고, 그렇다고 베르그송^{Henri-Louis Bergson}에서처럼 신비적인 생명의 힘을 상정하는 생기론이나 물활론을 전적으로 받아들이는 것도 아니다. 대립성에 기초하여 끌어당기고 밀쳐내는 작용/반작용의 무한한 과정이 '물질'의 내적인 구조를 이루는 요소들 내에서 창조적 역동성을 촉발시키는 것"이다. 한마디로 니체에게 우주는 '자기 스스로를 탄생시키는 예술작품'이다.[82)]

힘에의 의지는 사람이나 물리적 세계를 막론하고, 모든 존재를 포괄하는 근본적 힘으로 또렷하게 등장한다. 그에게 살아 있는 모든 것은 변화하는 것이고, 이 변화와 생성을 가능하게 해주는 것이 바로 힘, 이기고자 하고 그 이상을 원하며 더 강해지고자 하는 의지의 힘이다. "모든 생기, 모든 운동, 모든 생성"을 "단계와 힘의 관계를 확정하는 것으로, 싸움으로" 파악한 니체는 "생명체를 발견할 때마다 나는 힘에의 의지도 함께 발견했다. 심지어 누군가를 모시고 있는 자의 의지에서조차 나는 주인이 되고자 하는 의지를 발견했다"고 강조했다. 여기서 '주인이 되고자 하는 의지'는 자기 힘으로 길을 열어가고 싶은 의지를 뜻한다. 니체는 힘에의 의지를 "주인이 되기를 원하고, 그 이상이 되기를 원하며, 더욱 강해지기를 원하는" 의지로도 풀이했다.

니체는 "모든 것은 되어간다. 영원한 사실이란 없다"며 일체가 생성의 과정에 있다고 보았다. 서양철학의 주된 흐름은 플라톤 이래 생성을 불완전한 세계, 모순의 불완전한 그림자로 보았지만, 니체는 "불변하는 것, 숨겨져 있는 신들, 물자체"를 최고

우주론 : 힘에의 의지와 영원회귀

이 순간으로 하여금 앞으로 일어날 모든 사물을

자기 자신에게 끌어당길 수 있도록 모든 사물이

이렇듯 단단하게 연결되어 있는 것이 아닌가?

그리하여, 그 자신까지도?

『차라투스트라는 이렇게 말했다』, 제3부, 곡두와 수수께끼에 대하여.

Friedrich Nietzsche

의 가치로 삼아온 형이상학자들의 근본적인 믿음을 "심적인 엉터리 발상"이라 비판했다. 그들의 심리학은 인간이 생성과 변화에서 불확실성과 불안을 느낀다며 그와 반대되는 존재의 세계를 중시할뿐더러 일치하기를 소망한다. 하지만 니체에게 그것은 "최고의 행복에 이르는 기묘하고도 우스운 방법"에 지나지 않는다. 그래서 가치와 진리의 원천으로 "저편의 또 다른 세계라는 것을 꾸며낸 것은 고통과 무능력, 그리고 더없이 극심하게 고통스러워하는 자만이 경험하는 그 덧없는 행복의 망상"이라고 지적한다.

존재와 변화는 니체에게 모순이 아니다. 존재와 생성은 힘에의 의지로 하나가 된다. 모든 존재는 변화하기에 니체의 철학에서 오직 힘에의 의지가 유일한 실재가 된다. 생성은 존재보다 "더 깊고 더 풍부한 가치"를 지닌다. "모든 생성은 무죄Unschuld des Werdens"라고 한 까닭이다. 그래서 니체의 철학을 연구자들은 '생기존재론'이나 '발생적 존재론'으로 풀이한다.

유일한 실재로서 힘에의 의지는 영원히 생성한다. 여기서 우리는 힘에의 의지와 함께 니체 우주관의 고갱이인 영원회귀와 만날 수 있다.

영원히 변화하고 되돌아가는 우주

영원회귀. 니체가 제시한 '같은 것의 영원한 회귀^{Ewige Wiederkehr des Gleichen'} 개념의 줄임말이다. 생성 철학의 완성이자, 장엄한 우주론의 고갱이다. 니체 자신이 영원회귀를 "사유 중의 사유 Der Gedanke der Gedanken"라 자부했다. 대표작 『차라투스트라는 이렇게 말했다』의 근본 사상도 영원회귀 우주론이다. 니체가 내력을 이야기하겠다며 밝혔듯이 "도달될 수 있는 최고의 긍정 형식"으로서 영원회귀는 알프스 아래의 호수를 바라보며 산책할 때 번개처럼 영감으로 엄습했다. 니체는 그날부터 몇 달 전까지 돌아보며 전조가 있었다는 말을 자서전에 남겼다.

회고해 보면, 나는 내 취향, 특히 내 음악적 취향의 급작스럽고도 심층적이며 결정적인 변화를 그 전조로 발견하게 된다. 『차라투스트라는 이렇게 말했다』 전체는 음악으로 생각되어도 될 것이다. 확실히 예술 안에서의 부활을 들을 수 있었고, 그 부활에 대한 전제 조건이었다. 내가 1881년 봄을 지낸 베네치아에서 멀지 않은 레코아로라는 작은 산간 온천에서 나는 (…) 음악이라는 불사조가 한 번도 보여주지 않았던 그 가볍고도 찬란한 깃털로 우리를 스쳐 날

아가는 것을 발견했다.[83]

　　니체는 오전 오후의 두 산책길에서 『차라투스트라는 이렇게
　　말했다』의 1부 전체가 떠올랐다고 회고했다. "차라투스트라 자
　　신이 하나의 유형으로서 떠올랐다. 정확히는 그가 나를 엄습했
　　다." 니체는 그때 엄습해 온 영감을 자서전에서 사뭇 상세히 서
　　술했다.

이 19세기 말에 강력한 시대의 시인들이 영감이라고 불렀던 개념을 명확히
파악하는 사람이 있을까? 만일 없다면 내가 그것을 기술해보겠다. 자기 안에
미신의 찌꺼기를 아주 미미하게라도 갖고 있는 자는 실제로 영감이 어떤 막
강한 힘의 단순한 화신에 불과하고 입에 불과하며 매개에 불과하다는 생각을
물리칠 수 없다. 계시 개념은 말할 수 없을 정도로 확실하고 미묘하게 무언가
가 갑자기 보이고 들리며, 무언가가 누군가를 그 심층에서부터 흔들어놓고
전복시킨다는 의미를 갖는데, 이것은 단순히 어떤 사실을 기술하는 것에 불
과하다. 말하자면 사람들이 듣기는 하지만 찾지 않고, 받아들이기는 하지만
누가 거기 있는지 묻지 않으며, 어떤 생각이 마치 번개처럼 어떤 형식을 취할
까 주저하지 않고서 필연적으로 번쩍 떠오르고, 거기서는 선택의 여지는 없
다는 사실을. 그 엄청난 긴장이 눈물의 강으로 터져버리며, 발걸음이 자기도
모르게 격렬했다가 늦추어졌다가도 하는 황홀경, (…) 모든 것이 고도로 비자
발적으로 생기지만, 폭풍과도 같은 자유로운 느낌, 무조건성, 힘, 신성함에서
생기는 것 같다. (…) 모든 것이 가장 가깝고 가장 옳으며 가장 단순한 표현으

로 스스로를 보여준다.[84]

산책 중에 기쁨의 눈물을 흘리기도 했던 니체는 "정말 사물이 스스로 다가와 비유가 되는" 순간에 영감을 체험했다고 적었다. 스스로 밝힌 글에서 나타나듯이 영원회귀 사상은 과학적 탐구의 결과가 아니다. 산책길에 어느 순간 떠오른 직관 또는 통찰이다.

『차라투스트라는 이렇게 말했다』에서 영원회귀 사유는 '곡두(환영)와 수수께끼에 대하여', '건강을 되찾고 있는 자', '몽중보행자의 노래'라는 제목의 글에서 도드라지게 나타난다. 영원회귀 사유가 가장 또렷하게 드러난 대목을 짚어보자. 동굴에서 머물던 차라투스트라는 잠자리에서 벌떡 일어나 동물들에게 "일어나라! 일어나라! 무덤들조차도 귀 기울이기에 족할 만큼 뇌성이 울리고" 있다고 불러 모은다(제3부, '건강을 되찾고 있는 자').
이어 동물로 하여금 말하게 한다.

모든 것은 가고, 모든 것은 되돌아온다. 존재의 바퀴는 영원히 돌고 돈다. 모든 것은 죽고, 모든 것은 다시 소생한다. 존재의 해[年]는 영원히 흐른다.
모든 것은 꺾이고, 모든 것은 다시 이어진다. 똑같은 존재의 집이 영원히 지어진다. 모든 것은 헤어지고, 모든 것은 다시 만나 인사를 나눈다. 존재의 바퀴는 영원히 자신에게 신실하다.
매 순간 존재는 시작된다. 모든 여기를 중심으로 저기라는 공이 굴러간다. 중

심은 어디에나 있다. 영원이라는 오솔길은 굽어 있다.[85]

　　　모든 순간에 존재가 시작된다는 말에서 니체가 존재를 생성
　　으로 봄을 새삼 확인할 수 있다. 존재의 바퀴, 곧 생성의 바퀴가
　　영원히 돌고 돈다면 그 '중심'은 어디에 있을까.

그대는 생성의 거대한 해[年], 거대한 해라는 괴물의 존재에 대해 가르치고 있
다. 그것이 다시 출발하여 내달리기 위해 모래시계처럼 늘 되돌려져야 한다
는 것이지. (…)

그대, 더 없이 참을성 있는 자여!

'나 이제 죽어 사라지노라. 한순간에 나 무로 돌아가리라. 영혼이란 것도 신체
와 마찬가지로 결국 죽을 수밖에 없으니.' 그대는 이렇게 말하리라

'그러나 내가 얽혀 있는 원인의 매듭은 다시 돌아오리라. 돌아와 다시 나를 창
조하리라! 나 자신이 영원한 회귀의 여러 원인에 속해 있으니.

나 다시 오리라. 이 태양과 이 대지, 이 독수리와 이 뱀과 함께. 새로운 생명이
나 좀 더 나은 생명, 아니면 비슷한 생명으로 다시 오는 것이 아니다.

나 더없이 큰 것에서나 더없이 작은 것에서나 같은, 그리고 동일한 생명으로
영원히 되돌아오는 것이다. 또다시 만물의 영원한 회귀를 가르치기 위해서
말이다.

또다시 위대한 대지와 위대한 인간의 정오에 관해 이야기하고, (…)[86]

　　　존재의 바퀴, 존재의 해, 존재의 집이 '영원히 돌고, 흐르며,

지어지는 것'이 바로 생성의 존재, 힘에의 의지로서 그의 우주 관이다. 니체는 "힘들의 세계는 감소하는 법이 없다"며 이렇게 말한다.

그렇지 않으면 무한한 시간 속에서 무력해졌을 것이고 사라졌을 것이다. 힘들의 세계는 정지하는 법도 없다. 그렇지 않으면 다 성취되었을 것이며, 존재자의 시계는 멈추었을 것이다. 따라서 힘들의 세계는 결코 균형에 이르는 법이 없고, 한시도 휴식하는 법이 없으며, 그 힘과 운동은 매사마다 똑같이 크다. 이 세계가 어떤 상태에 도달할 수 있든지 간에, 거기에 이미 도달했음에 틀림없고, 그것도 한 번이 아니라 무수히 그랬을 것이다. 이 순간도 마찬가지다. 이미 한 번 있었고, 여러 번 있었으며, 그렇게 다시 돌아올 것이다. 모든 힘들은 지금과 똑같이 분배돼 있다. 이 순간을 낳은 순간도, 그리고 현재 이 순간의 아이로 태어난 그 순간도. 오, 사람아! 너의 삶 전체는 마치 모래시계처럼 되풀이하여 다시 거꾸로 세워지고 몇 번이고 되풀이하여 끝날 것이다. 네가 생겨난 모든 조건들이 세계의 순환 속에서 서로 다시 만날 때까지, 그 사이의 위대한 순간의 시간, 그다음에 너는 모든 고통과 모든 쾌감과 모든 기쁨과 모든 적과 모든 희망과 모든 오류와 모든 풀줄기와 모든 태양 빛을 다시 되찾을 것이다. 모든 사물의 연관 전체를 되찾을 것이다. 네가 하나의 낟알로 들어 있는 이 고리는 항상 다시 빛난다. 그리고 인간 존재 전체의 모든 고리 속에는 항상 어떤 순간이 있는데, 이것은 처음에는 단 한 사람에게, 그다음에는 많은 사람에게, 그리고 결국 모든 사람에게 가장 강력한 생각, 즉 모든 것의 영원회귀라는 사상이 떠오르는 순간이다. 인류에게 이때는 매번 정오의 순간이 된다.[87]

우주 곧 힘에의 의지를 "자기 안에서 휘몰아치며 밀려드는 힘
들의 바다"로 표현한 니체는 곧장 그것을 영원회귀와 맞물려 설
명한다. '영원한 자기 창조와 영원한 자기 파괴'라고 말한 '디오
니소스적 세계'의 모습은 다음과 같다.

영원히 변화하며, 영원히 되돌아오고, 엄청난 회귀의 시간과 더불어, 자신의
형태가 빠져나가는 썰물과 밀려들어 오는 밀물로, 가장 간단한 것으로부터
가장 복잡한 것으로 움직이면서, 가장 고요한 것이나 가장 단단한 것, 가장 차
가운 것으로부터 가장 작열하는 것이나 가장 조야한 것, 가장 자기 모순적인
것으로 움직이고, 그다음에는 다시 충일한 것에서 단순한 것으로, 모순의 놀
이로부터 조화의 즐거움으로 되돌아오고, 이러한 동일한 스스로의 궤도와 시
간 속에서도 여전히 스스로를 긍정하면서, 영원히 반복해야만 하는 것으로서
스스로를 축복하면서, 어떠한 포만이나 권태나 피로도 모르는 생성이다.[88]

서양철학의 전통이랄까 주류는 카오스(혼돈)와 코스모스(조
화)를 대립적으로 보지만 니체의 우주론은 전혀 아니다. 카오스
와 코스모스는 통합되어 우주는 영원히 변화하면서, 영원히 되
돌아간다. "자기를 영원히 되돌아와야만 하는 것으로서, 생성으
로서, 만족하지 않는 것으로서, 싫증을 내거나 지치지도 않고"
돌아간다. 영원회귀라는 개념이 뜻하듯이 시작도 끝도 없거니
와 무無가 되지도 어떤 실체를 지니지도 않고 다만 '거대한 힘'
으로서, 생성으로서 존재한다.

모든 것이 생성이고 영원히 회귀한다면 그만큼 삶의 모든 순간이 중요하다. '곡두와 수수께끼에 대하여'에서 니체는 차라투스트라의 입으로 '난쟁이'에게 영원회귀를 이렇게 역설한다.

너는 내 심연의 사상을 모른다. 그것을 참고 견뎌내지도 못한다! (…)
여기 성문을 가로질러 나 있는 길을 보라! (…) 그것은 두 개의 얼굴을 갖고 있다. 두 개의 길이 이곳에서 만나는 것이다. 그 길을 끝까지 가본 사람이 아직은 없다.
뒤로 나 있는 이 긴 골목길. 그 길은 영원으로 이어진다. 그리고 저쪽 밖으로 나 있는 저 긴 골목길. 거기에 또 다른 영원이 있다.
이들 길은 예서 맞부딪치고 있다. 서로 반목하고 있는 것이다. 그렇게 여기, 바로 이 성문을 가로질러 나 있는 길에서 만나고 있는 것이다. 그 위에 성문을 가로질러 나 있는 길의 이름이 씌어 있구나. '순간'이라는.[89]

그러자 난쟁이가 중얼거린다. "곧바른 것은 전부 거짓이다. (…) 모든 진리는 휘어져 있고, 시간 역시 일종의 둥근 고리다." 그 말에 차라투스트라는 화를 내며 "너무 쉽게 생각하지 말라!"고 경고한다. 영원회귀 사유가 자신의 삶에 던지는 의미를 성찰하지 않고 한낱 정보나 머릿속 지식으로 가볍게 생각하지 말라는 뜻이다. 영원회귀에 대한 문장을 눈으로 읽음으로써 그 사상을 숙지한 듯이 착각하는 독자라면 되새길 대목이다. 니체는 이어 체화해야 할 영원회귀 사유를 구체적으로 펼친다.

만물 가운데서 달릴 줄 아는 것이라면 필히, 이미 언젠가 이 골목길을 달렸을 것이 아닌가? 만물 가운데서 일어날 수 있는 일이라면 필히, 이미 언젠가 일어났고, 행해졌고, 지나가버렸을 것이 아닌가?

그리고 만약 모든 것이 이미 존재했었다면, 난쟁이여, 여기 이 순간이라는 것을 어떻게 보는가? 성문을 가로질러 나 있는 이 길 또한 이미 존재했었음에 틀림없지 않은가?

이 순간으로 하여금 앞으로 일어날 모든 사물을 자기 자신에게 끌어당길 수 있도록 모든 사물이 이렇듯 단단하게 연결되어 있는 것이 아닌가? 그리하여, 그 자신까지도?

만물 가운데서 달릴 줄 아는 것이라면 언젠가 이 기나긴 골목길 저쪽으로도 달리지 않을 수 없기 때문이다!

그리고 달빛 속에서 기어가고 있는 이 더딘 거미와 이 달빛 자체, 함께 속삭이며, 영원한 사물들에 대해 속삭이며 성문을 가로질러 나 있는 길에 앉아 있는 나와 너, 우리 모두는 이미 존재했음에 틀림없지 않은가?

그리고 되돌아와 우리 앞에 있는 또 다른 저 골목길, 그 길고도 소름 끼치는 골목길을 달려 나가야 하지 않는가. 우리는 영원히 되돌아올 수밖에 없지 않은가?[90)]

　　과거와 미래가 순간으로 이어지며 모든 것이 연결되어 되돌아온다는 생각은 선뜻 받아들이기 어렵고 무슨 형벌처럼 다가온다. 그래서다. 니체는 '양치기와 뱀의 우화'를 창작해낸다.

진정, 그때 내가 보았던 것, 그와 같은 것을 나 일찍이 본 적이 없다. 나 몸을 비틀고 캑캑거리고 경련을 일으키며 얼굴을 찡그리고 있는 어떤 젊은 양치기를 본 것이다. 입에는 시커멓고 묵직한 뱀 한 마리가 매달려 있었고.

내 일찍이 한 인간의 얼굴에서 그토록 많은 역겨움과 핏기 잃은 공포를 본 일이 있던가? 그는 잠에 빠져 있었던 것인가? 뱀이 목구멍으로 기어들어가 꽉 물고 있는 것을 보니.

나는 손으로 뱀을 잡아당기고 또 잡아당겼다. 소용없는 일이었다! 아무리 잡아당겨도 뱀은 꼼짝하지 않았으니. 그때 내 안에서 "물어뜯어라! 물어뜯어라!" 부르짖는 어떤 것이 있었다!

"대가리를 물어뜯어버려라, 물어라!" 내 안에서 나의 전율, 나의 증오, 나의 역겨움, 나의 연민, 내게 있는 좋고 나쁜 것 모두가 한목소리로 부르짖어댄 것이다.[91]

니체는 이어 수수께끼를 건넨다. "목구멍 속으로 뱀이 기어든 그 양치기는 누구"인지, "더없이 묵직하고 더없이 시커먼 온갖 것이 그 목구멍으로 기어 들어가게 될 그 사람은 누구"인지 묻는다. 니체는 수수께끼를 풀어주지 않는다. 다만 양치기의 행동을 소개한다.

양치기는 내가 고함을 쳐 분부한 대로 물었다. 단숨에 물었다! 뱀 대가리를 멀리 뱉어내고 그는 벌떡 일어났다.

이제 더 이상 양치기나 여느 사람이 아닌, 변화한 자, 빛으로 감싸인 자가 되

니체 읽기의 혁명

어 그는 웃고 있었다! 지금까지 이 땅에 그와 같이 웃어본 자는 없었으리라! 오, 형제들이여, 나 사람의 웃음소리가 아닌 그 어떤 웃음소리를 들었던 것이다.[92]

니체는 뱀이 꼬리를 물고 원을 그리는 형상을 제시한 바 있다. 영원회귀의 상징이다. 영원회귀 우주론을 마주할 때 양치기처럼 캑캑거리고 경련을 일으키거나 얼굴을 찡그릴 수 있다. 하지만 그것을 담대하게 받아들일 때 양치기는 지금까지와 다른 사람, 빛에 둘러싸여 인간의 웃음을 넘어선 웃음을 지을 수 있다.

그런데 니체가 '같은 것의 영원회귀'를 분명히 밝혔음에도 적잖은 연구자들이 '서로 구별이 불가능한 동일한 사물의 여러 번에 걸친 회귀'가 아니라고 주장한다.[93] 물론 그들도 니체가 '동일한 형상, 동일한 삶, 모든 사물의 영원회귀, 거미와 달빛의 회귀'라고 적은 문장들을 외면하진 않는다. 다만 그것을 '동일성의 회귀와 비슷한 뉘앙스를 풍기며 말하는 부분'쯤으로 여긴다. 심지어 니체에게 '동일성의 회귀는 전혀 고려의 대상이 아니다'라고 단정하는 연구자도 있다. 그들은 '동일성의 회귀'가 아니라 힘에의 의지가 영원히 회귀한다고 강조한다. 그렇게 이해해야 힘에의 의지로서 생성의 모든 순간 및 생성의 총체적 과정에 필연성을 확보할 수 있다고 주장한다.

하지만 과연 그럴까. 힘에의 의지가 영원히 변화하며 회귀한다는 명제와 같은 것의 회귀는 양립 불가능할까? 니체의 영원회귀를 두고 숱한 연구들이 나와 있고 지금도 진행 중이다. 그 해석이 반드시 일치할 필요는 없고 그것이 바람직하지도 않다. 모든 철학은 그 철학을 읽는 사람에 의해 얼마든지 새롭게 해석될 수 있다. 그 해석이 철학과 삶을 새롭게 보게 한다면 좋은 일이다. 영원회귀의 우주론도 마찬가지다. 다만 힘에의 의지가 영원히 회귀하는 것으로만 니체의 우주론을 이해할 때, 같은 것의 회귀를 부정할 때 자칫 더 중요한 지점을 놓칠 수 있다. 같은 것의 영원회귀라는 우주론이 사람 개개인의 삶에 주는 의미는 장을 달리해 논의해보자.

4 **인생론**

: 비루한 삶과 고귀한 삶

누구나 죽음을 대단하게 받아들인다. 그런데도 죽음은 아직도

축제가 되지 못하고 있다. 사람들이 어떻게

이 더없이 아름다운 축제를 벌여야 할지를 아직

배우지 못한 것이다.

『차라투스트라는 이렇게 말했다』, 제1부, 자유로운 죽음에 대하여.

Friedrich Nietzsche

죽음은 허무 아닌 아름다운 축제

영원회귀는 죽음이 필연인 사람에게 뜬구름 잡는 사유처럼 들리기 십상이다. 자신의 죽음에 마치 달관한 듯 살아가는 사람들도 많기에 더 그렇다. 니체는 "누구나 죽음을 대단하게 받아들인다"면서도 삶에서 그 '대단한 죽음'을 의식하지 않은 채 살아가는 사람들을 눈여겨보았다. 딴은 자본주의 사회에서 생존경쟁에 내몰려 있기에 자신이 언젠가 죽음을 맞는다는 필연을 의식하기 어려울 수도 있다. 니체는 죽음을 망각한 사람들의 풍경을 『즐거운 학문』에서 구체적으로 서술했다.

죽음에 대한 생각. ─골목길들, 욕구들, 목소리들이 빚어내는 이 혼란의 한가운데에서 살아가는 것이 내게 우울한 행복을 만들어주고 있다. 얼마나 많은 향락과 초조와 갈망이, 얼마나 많은 목마른 삶과 인생의 도취가 매 순간 생겨나고 있는가! 하지만 이 모든 소란을 일으키는 사람들, 살아 있는 사람들, 삶에 목마른 사람들에게 이제 곧 정적이 찾아올 것이다. 각자의 뒤에는 그의 그림자, 그의 어두운 동반자가 서 있다! 언제나 그것은 이민자를 실은 배가 출항하기 전의 마지막 순간과도 같다. 사람들은 이전 어느 때보다 할 말이 많은 데, 시간은 급박하게 다가오고, 대양과 그의 침묵이 참을성 없이 이 모든 소란의 뒤편에서 자신의 먹이를 그리도 탐욕스럽고, 그리도 확고하게 기다리고 있다. (…) 죽음과 죽음의 정적만이 이 미래에서 유일하게 확실하고, 모두에게 공통된 것이다! 이 유일한 확실성과 공통성이 인간에게 아무런 힘도 미치지 못하고, 조금도 자신을 죽음의 형제로서 느끼게 만들지 못한다는 사실은 그 얼마나 기이한 일인가![94]

이 글만이 아니다. 니체는 차라투스트라를 빌려 사람들이 "빠른 것, 새로운 것, 이상한 것"을 즐기면서 죽음 그 자체로부터 도피하고 그것을 잊으려는 의지를 지닌다고 주장했다. 그만큼 죽음이 사람에게 '치명적 사실'이라는 방증이기도 하다.

톺아보면 서양 철학사에서 죽음은 출발부터 주요 문제였다. 소크라테스는 죽음을 "병든 삶으로부터의 쾌유"라 했고 "철학은 죽음을 수련하는 것"이라고 말했다. 니체는 소크라테스의 죽음관이 기독교의 영혼불멸설로 이어져 폭넓게 퍼졌다고 보았다. 유럽이 중세철학에서 벗어나 사람의 주체성을 중시하는 근대철학을 열었지만, 여전히 죽음은 사람의 한계를 규정하거나 삶을 부정하는 계기로 논의되어왔다. 니체에게 큰 영향을 끼친 쇼펜하우어의 철학도 그 연장이다.

쇼펜하우어는 모든 종교와 철학이 "죽음의 확실성에 대한 해독제"이자 '위안자'를 자임해왔다고 주장했다. 고대 그리스철학과 기독교의 영혼 불멸에 대한 믿음으로 죽음의 공포를 달랠 수 있었다는 것이다. 하지만 쇼펜하우어는 이를 '막연한 예감'에서 비롯된 잘못된 믿음이라 비판했다. 공포로부터의 단순한 도피일 뿐만 아니라 죽음을 인식함으로써 얻을 수 있는 통찰을 가로막기 때문이다.

쇼펜하우어는 "죽음이야말로 본래적으로 영감을 주는 천재 혹은 철학의 뮤즈"라고 역설했다. 그가 말한 죽음의 통찰은 사람을 포함한 모든 생명체가 "의지의 한갓 물질화에 지나지 않는다"는 깨우침에서 비롯한다.

죽음의 필연성은 무엇보다도 인간이 단순한 현상이지 물자체, 즉 참된 존재자는 아니라는 사실에서 도출할 수 있다. 인간이 물자체라면 소멸할 리 없기 때문이다. 하지만 현상들의 토대가 되는 물자체가 이러한 종류의 현상들 속에서만 자신을 나타낼 수 있다는 것은 물자체의 속성에서 비롯된 결과다.[95]

쇼펜하우어 철학처럼 개개인이 '의지의 한갓 물질화'라면, 그리고 "의지는 나의 개별적 동일성에는 전혀 무관심하고, 단지 자체의 무의미한 재생산을 위해 나의 개별적 동일성을 이용할 뿐"이라면, 사람의 삶이 지향해야 할 궁극적 목적은 현실 세계에 있을 수 없다. 진정한 존재가 아니기 때문이다. 사람은 자신 안에 있는 맹목적인 삶의 의지를 부정함으로써 '개별화의 속박'에서 벗어날 수 있다. 그것이 삶의 고통에서 자신을 구제하는 길이다. 니체가 쇼펜하우어의 예술론을 비판한 것도 같은 맥락이다. 쇼펜하우어는 삶의 현실을 부정적으로 바라보듯이 예술도 단순히 '작품 관람'으로 바라봄으로써 그것을 창작하거나 감상하는 사람의 관점을 놓쳤다고 판단했다. 니체가 보기에 쇼펜하우어가 미적 경험으로 제안한 삶의 '무심한 관조'는 가능하지도 않을뿐더러 자기 망각의 도취에 지나지 않는다. 그것도 일시적 진정제 또는 마취제일 뿐이다.

예술 경험의 효과를 삶의 진정제가 아니라 촉매제로 본 니체는 쇼펜하우어를 겨냥해 "삶의 궁핍으로 고통 겪는 자"가 '병든 몸을 위한 예술과 철학'을 만들어냈다고 각을 세웠다. 쇼펜하우어와 정반대로 "삶의 충만으로 고통 겪는 자"의 예술, '건강한 몸을 위한, 삶의 촉매제'로서 도취의 예술을 제시했다.

니체에게 예술의 도취적 쾌감은 관조에서 나오지 않는다. 창작하는 행위, 창조에서 오는 미적 경험이다. 예술의 도취를 '자기 망각 속에서의 주체적인 것의 소멸'로 보는 점에서 쇼펜하우어와 생각이 같지만 그 '소멸'을 전혀 다르게 풀이한다. 쇼펜하우어에게 그것은 관조와 연민, 금욕으로 이어지지만 니체에겐 서양 근대철학이 부각해온 이성적 주체의 소멸을 뜻한다. 그 소멸의 빈자리에 차오르는 것이 힘에의 의지다. 고양되고 충만한 느낌, 창조의 즐거움이다.

니체와 쇼펜하우어의 기독교 비판 논리도 사뭇 다르다. 니체는 플라톤적 이원론이나 기독교가 사람에게 자연스러운 욕망을 억압하라고 강요해왔다며 분개한다. 이를테면 몸을 지닌 사람의 자연스러운 열정인 성욕이나 지배욕을 승화시키지 않고 악으로 단죄했을 뿐만 아니라 심지어 거세하려 했다고 비판했다.

더구나 오랜 세월에 걸쳐 기독교인들이 믿고 있는 부활—자신의 죽음을 이겨낼 수 있는 희망—은 바울의 날조라고 비판했다. 바울은 예수가 살아 있을 때 어떤 삶을 살았는가보다 '신의 아들'로서 그의 무한한 권능을 강조했다. 니체에게 예수는 종교로 제도화된 기독교의 교리처럼 신의 권능으로 구원하기 위해서가 아니라 우리가 어떻게 살아야 하는가를 보여주려고 죽음을 선택한 사람이다. 예수가 인류에게 남긴 것은 특정한 교리가 아니라 창조적인 삶이고 그것이 다름 아닌 복음, '기쁜 소식'이다. 더구나 예수는 자신만 신의 아들로 여기지 않았다. 모든 사람이 신의 아들이라 했고 죽은 뒤 천국에 간다는 말도 하지 않았다. 예수의 천국은 우리 마음의 특정한 상태를 상징한다. 그럼에도 바울과 숱한 기독교인들이 예수가 상징 또는 은유로 한 말을 문자 그대로 받아들였다. 니체가 전체 역사에서 '유일한 기독교인'이 있는데 바로 예수라고 주장한 까닭이다.

니체는 바울의 사례에서 보듯 '신이 종교를 내려준 것이 아니라 사람이 종교를 만들어낸 것'으로 확신했다. 따라서 신이 은총이나 벌을 준다는 이야기는 유치한 관념에 지나지 않았다. '신이 사람을 만든 것이 아니라 사람이 신을 만들었다'는 포이어바흐^Ludwig Feuerbach의 주장과 어금버금하다.

니체와 거의 같은 시대에 영국에서 사유한 철학자 허버트 스펜서$^{Herbert Spencer}$는 "인간은 삶이 무서워서 사회를 만들었고 죽음이 무서워서 종교를 만들었다"고 주장했다. 죽음의 공포를 달래주는 기독교를 비판한 쇼펜하우어의 금욕적 해법은 스스로 적극 시인했듯이 불교의 영향을 받았다.

하지만 니체는 기독교에서 말하는 부활이나 쇼펜하우어가 주장한 금욕으로는 죽음의 허무에서 벗어날 수 없다고 판단했다. 쇼펜하우어의 관조적 치유와 정반대로 힘에의 의지를 역설하며 창조적 삶을 제안했다.

그런데 삶을 긍정하거나 힘에의 의지를 고양해서 과연 죽음의 허무를 벗어날 수 있을까. 니체는 그렇다고 대답한다. 앞서 인용한 "누구나 죽음을 대단하게 받아들인다"는 문장 바로 다음에 "그런데도 죽음은 아직도 축제가 되지 못하고 있다. 사람들이 어떻게 이 더없이 아름다운 축제를 벌여야 할지를 아직 배우지 못한 것"이라고 적었다.

그렇다면 니체에게 죽음은 어떻게 축제, 그것도 아름다운 축제가 될까. 그 근거가 영원회귀다. 니체의 우주론에서 '같은 것의 회귀'를 더 깊이 새겨야 할 이유가 여기에 있다.

영원회귀 철학과 현대 우주과학

니체는 "죽음의 형제"인 인간에게 영원회귀의 의미를 생생하게 전하려고 악마를 불러낸다. "어느 낮이나 어느 밤에 한 악마가 가장 고독한 고독감에 잠겨 있는 너에게 살며시 다가와 다음처럼 말한다면 어떻게 하겠는가" 묻는다.

"네가 지금 살고 있고, 살아왔던 이 삶을 너는 다시 한 번 살아야만 하고, 또 무수히 반복해서 살아야만 할 것이다. 거기에 새로운 것이란 없으며, 모든 고통, 모든 쾌락, 모든 사상과 탄식, 네 삶에서 이루 말할 수 없이 크고 작은 모든 것들이 네게 다시 찾아올 것이다. 모든 것이 같은 차례와 순서로—나무들 사이의 이 거미와 달빛, 그리고 이 순간과 바로 나 자신도. 현존재의 영원한 모래시계가 거듭해서 뒤집혀 세워지고—티끌 중의 티끌인 너도 모래시계와 더불어 그렇게 될 것이다!"[96]

독자 스스로 니체의 그럼 '어떻게 하겠는가'라는 물음에 답해 보고 읽어가기 바란다. 니체는 이어 "그대는 땅에 몸을 내던지며, 그렇게 말하는 악령에게 이를 갈며 저주를" 퍼부으리라 짐

인생론 : 비루한 삶과 고귀한 삶

작한다. 니체가 『즐거운 학문』에서 '가장 무거운 무게'라는 표제 아래 쓴 '악령의 소곤거림'은 되새김할수록 아찔할 수 있다. 기실 지금의 삶을 영원히 되풀이하며 살아야 한다면, 게다가 모든 순간이 순서까지 한 치의 오차 없이 반복된다면 어떨까. 엄청난 중압감으로 악령의 저주처럼 다가오지 않을까. 목구멍까지 뱀에 물린 양치기의 얼굴을 새삼 떠올릴 수도 있다. 니체는 "그러한 생각이 그대를 지배하게 되면, 그것은 지금의 그대를 변화시킬 것이며, 아마도 분쇄시킬 것"이라고 단언하듯 적었다.

악령까지 끌어들여 독자로 하여금 문제를 무겁게 받아들이게 한 니체가 우리에게 진정으로 묻고 싶은 것은 단 하나다. 바로 '삶이 영원히 되풀이되더라도 지금처럼 살 것인가'이다.

니체에게 같은 것의 회귀는 '단순한 반복'의 문제가 아니다. 더구나 니체는 '죽은 채로 사는 삶'을 비판했다. 그가 보기엔 이미 많은 사람들이 '기꺼이' 죽은 자의 상태로 살고 있다. 삶다운 삶을 살지 못하는데 그 삶을 영원히 되풀이할 때 어떻게 하겠느냐는 니체의 물음은 당신이 그런 삶을 살아서는 안 된다는 '충격 요법'이다.

"너는 이 삶을 다시 한번, 그리고 무수히 반복해서 다시 살기를 원하는가?"라는 질문은 모든 경우에 최대의 중량으로 그대의 행위 위에 얹힐 것이다! 이 최종적이고 영원한 확인과 봉인 외에는 더 이상 아무것도 요구하지 않기 위해서는, 어떻게 그대 자신과 그대의 삶을 만들어가야만 하는가?[97]

니체 읽기의 혁명

니체가 독자에게 건네는 '가장 무거운' 물음이다. 우리는 그 질문에 대답하기 앞서 그의 영원회귀 우주론이 얼마나 실재에 부합하는지 살필 필요가 있다. 니체가 그랬듯이 우리 또한 삶의 무게를 실어 답하기 위해서라도 전제가 되는 영원회귀론이 얼마나 타당한가를 먼저 짚어야 한다.

『차라투스트라는 이렇게 말했다』 출간 이후 '같은 것이 되돌아온다'는 영원회귀 우주론에 대해 많은 사유와 연구들이 이어졌다. 지금까지 철학자와 과학자들의 연구를 크게 세 갈래로 나눌 수 있다.

첫째, 물리적 우주가 아니라 세계에 대한 철학적 해석이라는 갈래다. 영원회귀 사유는 객관적인 진리를 담은 과학일 수 없고, 허무적 시대를 살아가는 사람에게 실재에 대한 새로운 해석으로 의미를 부여하는 도구적 개념일 뿐이라는 것이다. 이들은 영원회귀 사유를 자연과학적으로 받아들이는 것은 니체 철학의 오독이라고 주장한다.

둘째 갈래는 영원회귀 사유를 의미 없다거나 한낱 동화로 보는 흐름이다. 니체 개인의 '영감'에서 비롯된 극단적인 주장이기에 객관적으로 여길 만한 내용을 발견할 수 없다는 것이다. 과학적으로 설명이 가능하지 않고 철학적으로도 얻을 것이 없는 사유'라고 단언한다. 모든 사건이 아무런 의미도 갖지 못한 채 영원히 회귀한다는 사유는 기껏해야 소음과 분노를 이야기할 뿐인 동화에 지나지 않는다고 주장한다.

셋째 흐름은 물리적 우주론으로 보는 관점이다. 영원회귀를 니체 자신이 진지하게 여겼던 우주론으로 간주하며, 수학적·물리학적 개연성을 갖는 '증명 가능한 진리'라고 주장한다.

여기서 둘째 흐름은 무시해도 좋을 듯하다. 영원회귀 우주론이 무의미하다거나 동화 같은 이야기로 보는 것도 자유이겠지만, 니체를 그렇게 혹평해서 얻을 것은 없다. 첫째와 셋째 흐름을 가르는 것은 물리적 우주론과 니체 우주론 사이의 적합성이다. 그런데 이 문제가 '그렇다, 아니다'로 갈라서 볼 사안일까. 21세기인 지금도 과학과 철학이 공존하듯이 반드시 둘 가운데 하나일 필요도 이유도 없다.

니체는 영원회귀 우주론을 내놓기 전에 당대의 자연과학의 성과를 놓치지 않고 살폈다. 그의 우주론이 물리적 우주론과 전혀 무관하지 않다는 뜻이다. 지인들과 나눈 편지를 살펴보면 그가 물리학계의 새로운 연구 결과에 민감하게 반응하며 관련 저서들을 구해 읽었음을 알 수 있다. 19세기에 물리학과 천문학은 빠르게 발전했다. 천문학자 윌리엄 허셜Frederick William Herschel이 이미 18세기 말과 19세기 초에 걸쳐 자신이 직접 제작한 망원경으로 밤하늘의 은하수를 면밀히 관측하고 그것이 띠 모양으로 펼쳐져 있는 숱한 별들의 무더기라는 사실을 알아냈다. 코페르니쿠스의 전환에 직면해 가까스로 자신을 추스른 인류에게 허셜은 그 태양마저 우주의 중심이 아니라는 엄청난 충격을 주었다. 니체가 영원회귀를 구상한 밑절미에 허셜의 망원경이 열어젖힌 물리적 우주가 자리하고 있는 것이다.

언뜻 생각하기엔 같은 것이 영원히 되풀이된다는 주장은 터무니없어 보인다. 그런데 우주가 무한하고 시간도 영원히 멈추지 않는다면 어떨까. 같은 것이 되돌아올 가능성이 아무리 작더라도 언젠가 일어나지 않겠는가. 광막한 우주에서 끝없이 구성되고 해체되고 재구성되는 물질의 조합으로 똑같은 '사건'이 언젠가 어디선가 되풀이될 수 있다. 그 가설이 전혀 허튼소리라고 누가 장담할 수 있는가. 수십 년을 넘어 수만 년, 아니 수억 년은 물론 수경 년, 그 이상으로 사람이 상상할 수 있는 시공간을 넘어 말 그대로 영원무궁한 차원을 상정할 때, 니체가 말한 '같은 것의 영원한 회귀'는 번개처럼 번쩍이며 엄습한 영감, 19세기 과학적 발견에 기초한 철학적 통찰일 수 있다.

그런데 니체 사후인 20세기 들어 우주에 대한 과학적 발견은 가히 눈부시게 전개됐다. 영원회귀가 물리적 우주인가 아닌가를 따지려면 현대 우주과학이 탐색한 우주의 모습, 니체가 살아 있을 때 미처 몰랐던 과학적 발견을 간략히 살펴볼 필요가 있다.

허셜의 망원경이 대기권 밖에서 우주를 관측하는 허블 망원경으로 발달하면서 인류는 자신이 살고 있는 은하 바깥에 또 다른 은하가 많다는 사실을 알게 되었고, 종래 '안드로메다 성운'으로 부르던 곳도 별개의 은하임을 인식하게 되었다. 지구가 돌고 있는 해와 같은 별이 우리 은하에만 최소 1천억 개가 있다는 사실, 안드로메다 은하에는 그보다 많은 별이 있다는 사실, 1천억 개의 별을 거느리고 있는 은하(소우주)들이 우주에 1천억 개 넘게 있다는 사실도 발견했다. 실로 지구에 발을 딛고 살아가는 사람으로선 실감하기 어려운 어마어마한 규모다. 니체를 비롯한 20세기 이전의 철학자들이 미처 몰랐던 우주의 모습을 현대인들은 인식하고 있는 셈이다.

1천억 개의 태양(별), 다시 1천억 개의 은하를 떠올리면 우주는 별들로 가득하리라 상상할 수 있다. 하지만 우주는 거의 진공이다. 1천억 개 이상의 은하들은 우주에 골고루 퍼져 있지 않고, 띄엄띄엄 떨어져 있다. 우주과학자들은 우주에 있는 물질들이 월드컵 축구경기장만 한 공간에 좁쌀 하나 정도로 설명한다. 흩어져 있는 그 좁쌀들이 우주 공간의 별과 같다는 뜻이다. 실제로 해를 중심으로 반경 40조 킬로미터 안에는 어떠한 별도 없다.

별은 죽음을 맞을 수밖에 없는 인류에게 '영원'의 상징처럼 빛났다. 별들을 바라보는 마음, 별을 칭송하는 노래들이 동서양에 퍼져 있거니와 니체도 책 곳곳에서 별을 이야기했다. 하지만 우주과학은 별도 죽는다는 사실을 확인했다. '성간물질$^{Interstellar\ Medium}$'의 밀도가 높고, 온도가 상대적으로 낮은 곳에서 별이 태어난다. 그 조건에서 성간물질이 쉽게 결합하며 압축될 수 있고 마침내 '원시별$^{proto\ star}$'이 탄생한다. 원시별의 중력으로 성간물질이 계속 모여들어 압축되면 중심 온도가 더 높아가고 그만큼 주변의 물질들도 더 끌어들인다. 대다수 별들은 '일생'의 대부분을 중심부에서 수소를 헬륨으로 전환하며 보낸다. 우리의 별, 해 또한 그 단계에 있다. 어느 정도의 질량을 갖추지 못하면 수소가 핵융합을 할 만큼의 온도에 이르지 못해 별이 되지 못하고 그 주위를 돌아다니는 떠돌이별(행성)에 그친다. 인류가 살고 있는 지구가 그렇다.

언젠가 별 내부의 수소가 바닥나면 사람이 그렇듯이 별도 죽음을 맞는다. 장구한 우주 속에서 살핀다면 별의 일생 또한 짧다. 지금 밤하늘에 빛나는 모든 별들은 단지 '시간' 문제일 뿐 언젠가 사라질 수밖에 없다.

현대 천문학은 우주의 기원까지 밝히고 있다. 138억 년 전 대폭발에서 찾는 빅뱅$^{Big Bang}$ 이론이 그것이다. 우주과학자들은 우주의 팽창을 풍선에 비유한다. 아직 불지 않은 풍선에 점들을 찍고 그것을 은하라고 가정하면, 풍선에 바람을 불어 넣을 때 모든 점들 사이의 거리는 부풀어가는 만큼 멀어질 수밖에 없다. 현재 우주과학계의 가장 유력한 가설인 빅뱅이 사실이라면 그 끝은 어떻게 될까. 우주가 무한히 팽창할지, 팽창을 멈추고 다시 수축할지는 대폭발의 강도가 좌우한다. 어떤 힘보다 강력한 대폭발이었다면, 비록 은하들의 중력이 팽창하는 속도를 줄일 수 있겠지만, 팽창 자체는 막을 수 없어 끝없이 늘어난다. 그렇지 않다면 은하들의 중력으로 팽창 속도가 줄어들다가 마침내 멈추거나 수축할 수 있다. 은하들을 밀어내고 있는 것으로 알려진 '암흑에너지'도 변수가 될 수 있다.

과학자들은 더 커다란 천체 망원경, 더 정밀한 관측으로 답할 문제라고 하지만 과연 사람이 그 운명을 정확히 파악할 수 있을까? 빅뱅 이론에 회의적인 과학자들도 있다. 백뱅 이전에는 무엇이 있었는가라는 물음이 자연스럽게 제기될 수밖에 없기 때문이다. 물론 그 문제에 빅뱅 이론이 답을 못하는 것은 아니다. 빅뱅으로 시간과 공간이 생겨났기에 그 이전에는 '바깥'도 없고 '먼저'라는 개념도 존재하지 않는다는 설명이 그것이다. 하지만 '선문답' 같은 과학적 설명에 의문은 꼬리를 물고 이어진다. 팽창하는 우주의 저 끝에는 대체 무엇이 있단 말인가? 빅뱅 이전의 세계, 그 무$_無$의 세계, 알 수 없는 세계는 어떤 세계인가? 어떤 세계이기에 빅뱅을 일으켰는가?

그 물음을 풀기 위한 우주과학자들의 연구는 '다중우주'로 나타났다. 다중우주^{multiverse}는 우리가 살고 있는 우주 외에도 다른 우주들이 존재한다는 가설이다. 빅뱅을 만들어낸 에너지가 우리 우주가 시작되기 전부터 존재했으리라 본 과학자들은 우리가 알고 있는 우주와 전혀 다른 우주의 존재 가능성을 생각하기 시작했다.

다중우주론에 따르면, '우리 우주'는 다중우주의 일부다. 우리 우주의 빅뱅 이전에도 이미 여러 차례의 빅뱅이 있었고, 앞으로도 무수히 빅뱅이 일어날 수 있다. 새로운 우주가 끊임없이 탄생해 펼쳐진다는 이론이다. 우리의 별인 해와 같은 별이 빅뱅 이론으로 밝혀진 숫자만 1천억×1천억 개인데, 다중우주론은

니체 읽기의 혁명

그 우주가 그저 숱한 우주의 하나일 뿐임을 주장한다.

그렇다면 무수히 많은 우주의 시공간에서 똑같은 일이 반복될 수 있지 않을까. 원자와 분자의 한정적인 배열이 반복될 수밖에 없기에 우리와 비슷한 생명체는 물론, 똑같은 존재를 만들어낼 수 있다는 것이다. 그 지점에서 '평행우주parallel universe'가 등장한다. 지금 여기와 똑같은 상황이 벌어지는 우주가 있다는 가설이다.

니체 사후 지금까지 발전해온 우주과학으로 모든 것이 영원히 되돌아온다는 영원회귀의 철학적 사유는 새롭게 조명될 수 있다. 지구 비슷한 행성이나 외계 생명체가 존재할 가능성이 크게 높아짐으로써 영원회귀가 물리적 우주에서 진실일 가능성이 19세기에 비해 보다 커졌다. 다중우주와 평행우주에서 볼 수 있듯이 현대 우주과학의 '최첨단 가설'들은 영원회귀의 철학적 사유와 '친화적 가설'이다. 그에 따라 '모든 것이 영원히 되돌아오더라도 너는 생을 사랑할 것인가'라는 니체의 철학적 물음은 한층 새로운 의미를 지니게 된다. 이쯤 해서 니체의 『유고』에 담긴 문장을 더 깊이 성찰할 수 있다.

아득하고 낯선 천상의 행복과 은총과 은혜를 꿈꾸며 학수고대하지 말고, 다시 한 번 더 살고 싶어하며, 영원히 그렇게 살고 싶은 것처럼 그렇게 살 것! 우리의 사명은 매 순간 우리 가까이 다가온다.[98]

춤추는 별 하나를 탄생시키기 위해 사람은 자신 속에

혼돈을 지니고 있어야 한다.

『차라투스트라는 이렇게 말했다』, 차라투스트라의 머리말, 5.

아득하고 낯선 천상의 행복과 은총과 은혜를 꿈꾸며

학수고대하지 말고, 다시 한 번 더 살고 싶어하며,

영원히 그렇게 살고 싶은 것처럼 그렇게 살 것!

우리의 사명은 매 순간 우리 가까이 다가온다.

『유고(1881년 봄~1882년 여름)』, 11[161].

Friedrich Nietzsche

더러는 '모든 것이 똑같이 영원회귀 한다는 우주론적 진술'과 '영원히 똑같이 살고 싶도록 살아야 한다는 실존적 윤리'는 서로 어긋난다는 주장도 펴지만 딱히 그렇게 볼 일은 아니다. 무릇 필연을 인식했을 때, 우리는 자유로울 수 있다. 쉬운 비유로 말하자면 맑은 아침 날 집을 나설 때 오늘 오후에 비가 쏟아진다는 일기예보를 들은 사람은 우산을 챙겨서 자유롭겠지만, 날씨의 필연을 알지 못한 사람은 아무래도 자유로울 수 없는 이치다.

니체에게 "필연적인 것은 단순히 견디어낼 것이 아니라 오히려 숨기지 않고 이것을 사랑하는 것이다." 지금의 삶이 영원히 회귀 되는 것이 필연이라면 그래도 좋을 만큼 창조적으로 살아가겠다고 얼마든지 결기를 세울 수 있다. 니체의 '사랑'은 경멸스러운 자기의 창조적 극복이기에 더 그렇다.

더러는 과거를 똑같이 반복한다는 철학은 무의미하다는 주장을 편다. 니체가 "자신이 단 한 번, 유일무이한 존재로 세상에 존재한다는 것을, (⋯) 누구나 다 알고 있다"[99]고 적은 문장을 내세우기도 한다. 그런데 그 문장이 나오는 『반시대적 고찰』을 쓸 때 니체의 사유는 아직 영원회귀에 이르지 못했다. 그로부터 10년 남짓 철학적 사유를 전개하던 니체가 실스마리아에서 가슴 벅찬 영감이 찾아왔을 때 스스로 밝혔듯이 영원회귀 우주론은 자신에게도 새로운 창조적 사유였다.

니체의 영원회귀 사유를 굳이 20세기 후반의 철학자인 질 들뢰즈Gilles Deleuze의 '동일성'이나 자크 데리다Jacques Derrida의 '차연' 개념에 가둘 이유도 없다. 기실 들뢰즈의 동일성 비판이나 데리다의 차연 개념이야말로 니체의 철학에서 착상했다고 보아야 한다. 니체는 "영원히 변화하고 영원히 되돌아가는 회귀"라고 적었듯이 변화와 회귀를 서로 어긋난다고 판단하지 않았다.

니체에게 사람은 고정된 실체가 아니기에 동일성에 갇혀 있을 수도 없거니와 자신의 삶 안에서 수많은 '나'를 만나며 '전투'를 벌인다. 창조적 의지로 살아가는 그 순간마다 여러 차이 또는 변화가 일어난다. 그 차이와 변화의 삶 또한 과거에 일어난 모습이기에 모순이라고 반문할 수 있겠지만 영원회귀 우주론에서 무수히 많은 '나'는 무수히 되돌아온다. 변화와 차이로 자신을 창조적으로 구성(또는 재구성)한 삶이—자신이 기억하지 못하지만—언젠가 어디선가에서 또 있었다면, 과거의 그 시공간에서도 자신이 아름답게 살았다는 뜻이기에 오히려 더 큰 환희를 느끼게 된다. 그 즐거움을 니체는 이렇게 말했다.

해가 갈수록 나는 삶이 더 참되고, 더 열망할 가치가 있고, 더 비밀로 가득하다는 것을 발견하고 있다. 위대한 해방자가 내게 찾아온 그날 이후로! 삶이—의무나 저주받은 숙명이나 기만이 아니라—인식하는 자의 실험이 될 수 있다는 저 사상이 나를 찾아온 그날 이후로![100]

『즐거운 학문』과 『차라투스트라는 이렇게 말했다』를 통해 '같은 것의 영원회귀'를 충분히 설명한 니체는 자서전 『이 사람을 보라』에서 "실재에 대해 가장 가혹하고도 가장 무서운 통찰"
이자 "가장 심연적인 사유"라며 "모든 심연 속으로 나는 내 축
복하는 긍정의 말을 가져간다"고 자부했다.[101]

파스칼은 '무한한 공간의 영원한 침묵이 우리를 두렵게 한다'
라고 고백했지만, 우주를 힘에의 의지로 본 니체에게 '시작도
끝도 없는' 영원한 회귀는 두려움은커녕 즐거운 축제이자 축복
이다.

종말인과 위버멘쉬, 누구로 부활할까

니체는 삶을 '인식하는 자의 실험'으로, 영원회귀를 '하나의 사상적 실험'으로 보았다. 딴은 철학적 우주론만이 아니다. 모든 과학적 우주론도 새로운 발견이 이뤄지기 전까지의 가설이고 잠정적 진리다. 다만 평행우주론이나 다중우주론이, 다중우주론보다 빅뱅우주론이 더 유력한 가설이다. 빅뱅우주론은 지금까지 과학적 연구 성과에 근거한 잠정적 결론이지만 다중우주론이나 평행우주론은 이견이 적잖은 가설에 머물러 있다.

과학적 가설이 실험과 관측에 근거한다면 철학은 직관과 통찰에 근거한다. 과학적 가설은 언제나 반증 가능성에 열려 있지만 철학적 제안은 과학적 발견 이후에도 생명력을 지닐 수 있다. 그만큼 과학적 탐구는 한계가 또렷하다는 뜻이기도 하다. 철학이 물리적 우주론에 머물지 않고 형이상학적 사유를 펼치는 이유다. 다만 21세기 들어 과학적 존재론과 인식론을 바탕으로 앞으로 전개될 과학의 발전에 열려 있는 철학적 인식론도 나왔다.[102]

영원회귀 우주론은 엄밀한 과학 방법론에 근거한 가설이 아니지만 19세기 물리학에 기초한 철학적 제안이다. 같은 것이 되풀이해서 되돌아온다는 말은 다시 말하면 모든 순간, 모든 사람이 언젠가 어디선가 부활한다는 의미다.

사람이 사유하며 살아온 시간이 우주는 물론 지구의 생성과도 감히 견줄 수 없을 만큼 짧기에 영원회귀와 부활의 장엄한 가설은 낯설 수 있다. 더욱이 생존경쟁에 내몰린 일상에서 내일조차 생각할 수 없고 각자도생으로 하루하루 살아가는 사람들에게 부활은 뜬금없는 소리로 들릴 수도 있다. 사람이 사유하는 경계가 길어야 '백년대계'이기에 더 그렇다. 기실 사람이 선사시대를 벗어나 역사시대로 들어온 것이 5천 년 안팎이지만, 영원회귀를 사유할 때 시간대는 5만 년도, 5억 년도 아니다. 말 그대로 아득한 영원이다. 무한한 시공간에서 지금의 나와 똑같은 삶이 전개될 가능성, 언제일지 어디서일지 모르지만 되풀이될 가능성을 니체는 통찰했고 그것을 영원회귀로 개념화했다.

그렇다면 찬찬히 짚어보자. 다만 시간과 공간의 문제일 뿐 자신과 똑같은 존재가 똑같은 삶을 살아간다면 우리는 그것을 무엇으로 표현해야 적실할까. '부활' 아닐까. 현대 우주과학에 기대어 니체가 제안한 영원회귀 우주론을 '삶의 부활' 개념으로 해석하는 까닭이다.

영원회귀에서 부활을 읽는 풀이가 낯설 수 있겠지만 니체의 문장들을 새겨보면 오히려 그것을 부활로 풀이하지 않는 것이 의아할 정도다. 물론 니체는 영원회귀를 '삶의 부활'로 개념화하지 않았다. 서양 문화의 기독교 전통을 근본적으로 바꾸겠다고 선언한 니체로선 자신의 철학을 은유적이라도 '부활'이라는 말에 담고 싶지 않았을 터다. 바울 이래 교회가 강조해온 부활 신앙을 누구보다 각을 세워 비판했기에 더 그럴 수 있다.

하지만 '지금 살고 있는 삶을 다시 살아야 한다'는 명제를 우리는 얼마든지 '삶의 부활'로 간추릴 수 있다. 그때 니체가 제시한 영원회귀의 의미도 단숨에 파악할 수 있다. 『차라투스트라는 이렇게 말했다』를 음악으로 비유한 니체가 영원회귀 사유의 징조를 자서전에 기록하며 "예술 안에서의 부활"이나 "음악이라는 불사조"를 거론한 사실에 주목할 필요도 있다. 물론 '부활의 철학' 또는 '철학적 부활론'이라 할 수 있는 '삶의 영원회귀'는 기독교의 종교적 부활과 개념이 다르다. 세 가지 또렷한 차이가 있다.

첫째, 부활한 자신이 부활했음을 인식하는지 여부다. 기독교의 부활에선 자신이 죽은 뒤에 '천국'에 부활했음을 의식하지만 영원회귀의 부활은 그렇지 않다. 언제 어디서 똑같은 존재가 나타날지 모른다. 그 점에서 평행우주론보다 유연하다. 그렇게 나타난 존재는 자신이 과거에도 똑같은 삶을 살았다는 사실을 모른다. 기억이 없으니까 늘 새로운 삶을 살아가는 셈이다. 니체에게 망각은 창조의 밑절미다.

둘째, 부활의 주재자다. 종교적 부활을 주재하는 존재는 신이다. 하지만 영원회귀의 부활은 신을 상정하지 않는다. 부활에 별

니체 읽기의 혁명

개의 존재자나 존재가 없다. 굳이 주재자를 찾는다면 우주 그 자체다.

셋째, 부활 이후다. 기독교에서 부활하면 현세의 몸과 달리 '썩지 않는 신령한 몸'으로 영원히 살게 된다. 하지만 영원회귀 철학의 부활은 다르다. 자신과 똑같은 삶이 다시 나타나고 다시 소멸하며, 언젠가 어디선가 다시 나타난다. 몸의 영원한 부활이 아니라 영원한 삶의 부활이다.

종교적 부활과 세 가지 또렷한 차이가 있지만 영원회귀 철학은 같은 것의 회귀임을 분명히 함으로써 부활을 함축하고 있다. 삶의 한 순간 한 순간에 선택한 차이와 변화도 각각 되풀이됨으로써 우주의 무궁무진한 시공간에서 여러 갈래의 삶으로 변화하며 되돌아오게 된다. 비록 기억이 없기에 의식하지 못할망정 개개인이 죽음으로 영원히 사라지는 것이 아니라 다시 나타나 같은 삶을 살아간다는 의미는 예사롭지 않다.

여기서 니체가 건넨 '가장 무거운 물음'을 다시 불러와 새겨보자. "너는 이 삶을 다시 한번, 그리고 무수히 반복해서 다시 살기를 원하는가?" 니체는 이 물음이 주는 엄청난 무게감이 지금 어떤 삶을 살고 있느냐에 따라 다르다고 강조한다. 그 무게를 감당하지 못하는 삶과 기꺼이 긍정하는 삶을 가른다. 두 가지 삶 또는 두 인간 유형은 우리에게 다소 낯선 번역어로 알려진 '인간말종'과 '초인'이다.

먼저 니체가 대다수 사람을 지칭한 '인간말종'부터 짚어보자.

인간말종은 니체가 쓴 'der letzte Mensch'를 번역한 말로 '종말인', 영어 번역어로는 '최후의 인간^{the last man}', 의미를 부각해 '비천하기 짝이 없는 인간' 들로 옮겨졌다. 최근에는 다소 투박하지만 '종말인' 번역이 자리 잡고 있다. 중요한 것은 그 개념으로 니체가 어떤 말을 했는가에 있다. 『차라투스트라는 이렇게 말했다』의 머리말을 짚어보자.

보라! 나 너희에게 종말인을 보여주겠으니.
'사랑이 무엇이지? 창조가 무엇이지? 동경이 무엇이지? 별은 무엇이고?' 종말인은 이렇게 묻고는 눈을 깜박인다.
대지는 작아졌으며 그 위에서 모든 것을 작게 만드는 저 종말인이 날뛰고 있다. 저들 종족은 벼룩과도 같아서 근절되지 않는다. 종말인이 누구보다도 오래 산다.
'우리는 행복을 찾아냈다.' 종말인들은 이렇게 말하고 눈을 깜박인다.
저들은 살기 힘든 고장을 버리고 떠나갔다. 따뜻한 기운이 필요했기 때문이다. 사람들은 아직도 이웃을 사랑하며 이웃의 몸에 자신의 몸을 비벼댄다. 따뜻한 기운이 필요하기 때문이다.
병에 걸리는 것과 의심을 품는 것이 저들에게는 죄스러운 것이 된다. 그리하여 사람들은 아주 조심조심 걷는다. 아직도 돌에 걸리거나 사람에 부딪혀 비틀거리는 자는 바보다!
때때로 마시는 얼마간의 독, 그것은 단꿈을 꾸도록 한다. 그리고 끝내 많은 독을 마심으로써 편안한 죽음에 이를 수도 있다.¹⁰³⁾

니체 읽기의 혁명

냉소가 가득하다. 니체가 종말인으로 표현한 사람들이 살아
가는 삶의 모습은 비루하다. 영원회귀 우주론을 전개한 철학자
답게 종말인 설명을 '별'로 시작한다. 종말인을 풀이한 인용문
바로 앞에서 니체는 "슬픈 일이로다!"라고 탄식하며 "사람이 더
이상 별을 탄생시킬 수 없게 될 때가 올 것"이라고 썼다.

종말인은 특정한 사람이 아니다. 흔히 말하는 '대중'의 범주
와 거의 같다. 그 대중을 바라보는 관점에 차이가 있을 따름이
다. 니체가 보기에 대중은 창조적 모색 없이 눈을 깜박거릴 뿐
'동경'할 대상도 없고 '별'도 잊었다. 종말인이 누구보다도 오래
산다는 문장은 냉소의 정점이다. '건강 관리'를 최우선으로 삼
은 현대인들을 떠올리면 지나친 걸까. 더구나 그들은 '행복'을
가장 중시하며 거기에 안주한다. 니체는 그들이 일하는 모습까
지 '종말인'의 증거로 제시한다.

사람들은 아직도 일에 매달린다. 일 자체가 즐거운 소일거리이기 때문이다.
그러면서도 그런 소일거리로 인해 몸을 해치는 일이 없도록 조심한다.
사람들은 더 이상 가난해지거나 부유해지려 들지 않는다. 그 어느 것이든 너
무나도 귀찮고 힘든 일이니. 누가 아직도 다스리려 하는가? 누가 아직도 따르
고 있는가? 그 어느 것이든 너무나도 귀찮고 힘든 일이거늘.[104]

종말인이 '가난해지거나 부유해지려 들지 않는 사람'이라는
말에선 안정을 추구하는 중산층이 떠오를 수 있다. 무언가를 해

보려는 의지 없이 자신에게 주어진 일만 하며 다른 것은 귀찮아한다. 다스리려 나서지도 않고 따르려고 하지도 않는다. 이 대목의 21세기 일본판은 '소확행'이 아닐까. 소소하지만 확실한 행복, 일본 작가 무라카미 하루키村上春樹를 매개로 한국의 젊은 세대 사이에 퍼진 생각이다. 무라카미 하루키는 1986년 출간한 『랑게르한스섬의 오후』라는 수필집에서 "갓 구운 빵을 손으로 찢어 먹는 것, 서랍 안에 반듯하게 접어 넣은 속옷이 잔뜩 쌓여 있는 것, 새로 산 정결한 면 냄새가 풍기는 하얀 셔츠를 머리에서부터 뒤집어쓸 때의 기분" 들을 '행복'으로 정의했다.

니체의 찬웃음이 이어진다. 종말인을 사정없이 '가축의 무리'로 몰아세운다.

돌볼 목자는 없고 가축의 무리가 있을 뿐! 모두가 평등하기를 원하며 실제 평등하다. 어느 누구든 자신이 특별하다고 느끼는 사람은 제 발로 정신병원으로 가기 마련이다.

'옛날에는 세상이 온통 미쳐 있었지.' 더없이 영민한 자들은 이렇게 말하고는 눈을 깜박인다.

사람들은 총명하여 일어난 일들을 모두 기억하고 있다. 그러니 사람들이 하는 조소에 끝이 없을 수밖에. 사람들도 다투기는 하지만 이내 화해한다. 그렇지 않으면 위에 탈이 나기 때문이다.

사람들은 낮에는 낮대로, 밤에는 밤대로 자신들의 조촐한 환락을 즐긴다. 그러면서도 건강은 끔찍이도 생각한다.

'우리는 행복을 찾아냈다.' 종말인들은 이렇게 말하고는 눈을 깜박인다.[105]

　　니체는 종말인의 삶을 경멸한다. 종말인은 "자기 자신을 경멸할 수 없는 존재"이기에 더욱 그렇다. 스스로를 경멸할 수 없다는 것은 자신에 대해 회의하지 못한다는 뜻이다. 회의가 없으면 자기 극복이 있을 수 없다. 자신의 결점에 변명으로 일관하고 종교에 기대 고통을 회피하며 그때그때 쾌락적 위안을 추구한다. 현재 모습에 스스로 만족한 채 최소한의 노력만 기울인다. 순화되고 길들여져 어리석은 자기만족에 빠진 채 평균적인 잣대를 가지고 사는 대중이나 무리의 일부가 된다. 니체에게 그들은 "가장 경멸스러운 인간의 모습", "경멸스럽기 짝이 없는 모습"이다.

　　종말인은 창조적 삶을 살 수 없고, 자기를 극복하는 과정도 경험할 수 없으며, 스스로 명령하고 평가하는 삶을 살 수 없는 사람을 상징한다. 새로운 가치를 추구하지도 목표도 설정하지 않는다. 병든 삶, 허무적 세계다. 허무주의가 내면을 파고들어 터잡으면 자기 극복에 나서지 않는다. 니체는 그들이 비루한 삶을 우주에서 영원히 되풀이할 때 스스로 어떻게 여길까를 묻는다. 그때 영원회귀의 부활은 저주가 된다.

　　하지만 종말인만 있는 것은 아니다. 니체는 '초인'을 제안한다. '위버멘쉬Übermensch'의 번역어다. 말 그대로 '넘어선über 사람mensch'이다. 처음 니체 철학이 한국에 소개될 때 '초인'으로 옮겼다. 딱히 틀린 번역은 아니지만 자칫 죽은 신의 자리를 대신하는 절대적이고 초월적인 존재로 오해될 우려가 있다. 영미권에서도 그런 오해 가능성 때문에 'superman'으로 영역되어온 말을 'overman'으로 바꾸었다. 국내 연구자들이 '극복인'으로 번역하기 시작한 것과 같은 맥락이다. 지금은 독일어에 담긴 뜻을 그대로 살려내기 어렵다며 아예 독어 그대로 '위버멘쉬'로 옮기는 추세다. 다만 그 경우에 종말인과 짝을 이루기 어색하다. 그럼 니체 자신은 위버멘쉬(극복인)를 어떻게 풀이했는지 짚어보자.

나 너희에게 극복인을 가르치노라. 사람은 극복되어야 할 그 무엇이다. 너희는 사람을 극복하기 위해 무엇을 했는가?
지금까지 존재해온 모든 것들은 자신 이상의 것을 창조해왔다. 그런데도 너희는 이 거대한 밀물을 맞이하여 썰물이 되기를 원하며 사람을 극복하기보다는 오히려 짐승으로 되돌아가려 하는가? (…)
너희는 벌레에서 사람에 이르는 길을 걸어왔다. 그러나 너희는 아직도 많은 점에서 벌레다. 너희는 한때 원숭이였다. 그리고 사람은 여전히 그 어떤 원숭이보다도 원숭이다운 원숭이다.
너희 가운데 더없이 지혜로운 자라 할지라도 역시 식물과 유령의 분열이자 튀기에 불과하다. 그렇다고 나 너희에게 유령이나 식물이 되라고 분부하고 있는 것인가?
보라, 나 너희에게 극복인을 가르치노라!
극복인이 대지의 뜻이다. 너희 의지로 말하도록 하라. 극복인이 대지의 뜻이

되어야 한다고!

형제들이여, 간청하노니 대지에 충실하라. 하늘나라에 대한 희망을 설교하는 자들을 믿지 말라! 그런 자들은 스스로가 알고 있든 모르고 있든 독을 타는 자들이다.

그런 자들은 생명을 경멸하는 자들이요, 소멸해가고 있는 자들이자 독에 중독된 자들인바 이 대지는 그런 자들에 지쳐 있다. 그러니 저들이 저 하늘나라로 떠나만 준다면!

지난날들에는 신에 대한 불경이 가장 큰 불경이었다. 그러나 신은 죽었고 그와 더불어 이들 불경을 저지른 자들도 죽어 없다. 이 대지에 불경을 저지르고 저 알 길이 없는 것의 오장육부를 이 대지의 뜻보다 더 높게 평가하는 것, 이제는 그것이 가장 두려워해야 할 일이다![106]

니체는 이어 "영혼이 신체를 경멸하며 깔보았"던 서양철학의
전통과 달리 몸을 더 중시하며 극복인을 다시 불러온다.

그러나 형제들이여, 너희 또한 내게 말해보아라. 너희의 신체는 너희의 영혼에 대해 무엇을 일러주고 있지? 너희 영혼이야말로 궁핍함이요, 더러움이며 가엾은 자기만족이 아니냐?

진정, 사람은 더러운 강물이렷다. 더럽히지 않고 더러운 강물을 모두 받아들이려면 사람은 먼저 바다가 되어야 하리라.

보라, 나 너희에게 극복인을 가르치노라. 극복인이야말로 너희의 크나큰 경멸이 가라앉아 사라질 수 있는 그런 바다다.[107]

그가 삶의 목표로 제시한 인간상으로서 극복인은 흔히 오해하듯이 뾰족하거나 중뿔난 사람이 아니다. 대지와 바다처럼 드넓다. 다만 종교나 철학에서 제시하는 초월적인 희망은 거부한다. 니체가 자서전에서 "모든 존재자의 최고"로 소개한 차라투스트라의 노래는 극복인이 살아가는 '고귀한 삶'의 모습을 이렇게 그린다.

가장 긴 사다리를 가지고 있으며 가장 깊은 심연까지 내려갈 수 있는 영혼,
자기의 내면으로 더없이 뛰어들고, 그 속에서 방황하며 배회할 만큼 더없이 포괄적인 영혼,
기쁜 나머지 우연 속으로 추락하는 가장 필연적인 영혼,
생성 속으로 가는 존재하는 영혼, 의욕과 요구 속으로 자기를 원하는 존재하는 영혼,
스스로에게서 도망치고, 더없이 큰 원환 안에서 자기를 따라잡는 영혼,
어리석음이 가장 달콤하게 말을 거는 더없이 현명한 영혼,
내부의 모든 것이 흐름과 역류, 썰물과 밀물을 지니고 있는 자기 자신을 가장 사랑하는 영혼.[108]

극복인은 자신의 삶을 사랑하며 살아가는 사람, 그래서 자신이 세운 목표와 사명에 따라 살아가며, 그에 따른 자신의 몰락마저도 사랑할 줄 아는 사람이다. 있는 그대로 모든 것을 긍정할 줄 알아서 고통마저도 자신이 성장하는 기회로 받아들인다.

외부의 힘이나 절대자에게 결코 의존하지 않는다. 힘을 모아 자신의 삶에서 스스로 가치를 창조한다. 삶이 부조리하거나 고통스럽다고 종교나 대체 종교로 도피하지 않는다. 그것을 스스로 이겨내는 삶에서 의미를 찾는다. 부조리도 고통도 기꺼이 자신의 성장을 위한 자극제로 삼는 사람이 극복인이다.

니체는 '실존의 결실과 향락을 수확하는 비결'을 제시한 바 있다. "그대들의 도시를 베수비오 화산가에 세우"고 "그대들의 배를 미지의 바다로 내보내"고, "그대들 자신과의 싸움 속에서 살라!"는 것이다. 기존의 강자를 넘어서려는 선택과 그에 따른 고통마저 이겨낼 때 그리고 그 과정을 즐길 때, 니체는 그를 극복인이라 부른다. 미숙했던 생각은 강자들과 맞선 투쟁 과정에서 다듬어진다. 심지어 오만해 보일 수 있더라도 자신만의 가치관을 세운다. 물론 그 가치관이 다른 사람의 그것과 얼마든지 비슷해질 수 있다. 하지만 그렇더라도 자신이 선택하고 만들어온 가치이기에 주체적 삶을 살아갈 충분한 힘이 된다.

더러 니체가 말하는 극복인을 '영웅'으로 오해한다. 니체가 살아 있을 때 이미 그런 오해를 많이 받은지라 스스로 자신이 말하는 극복인은 결코 영웅도 천재도 아니라고 밝혔다.

'위버멘쉬'라는 말은 최고로 잘되어 있는 인간 유형에 대한 명칭이며, '현대'인, '선한' 자, 그리스도교인과 다른 허무주의자들과는 반대되는 말이다. 도덕의 파괴자인 차라투스트라의 입에서 이 말이 나오면, 아주 숙고할 만한 말이

된다. 그런데 거의 모든 곳에서 그 말의 가치가 차라투스트라의 형상에서 드러나는 것과는 정반대의 의미로 순진하게 이해되고 있다. 말하자면 반은 '성자'고 반은 '천재'인, 좀 더 고급한 인간의 '이상적'인 유형으로서 말이다. 또다른 어떤 멍청이 학자는 나를 다윈주의자가 아닌가 의심하기도 했다. 부지불식간에 등장하는 칼라일의 그 대단한 허위 속에 있는 '영웅 숭배'를 내가 그토록 악의에 차서 거부했었는데도, 이것을 심지어는 『차라투스트라』에서 다시 발견하기조차 했다.[109)]

니체는 물리적·물질적 힘의 추구만으로 극복인이 될 수 없다고 보았다. '창조적 힘'을 반드시 갖춰야 한다. 니체 연구자들에 따르면 니체는 그의 이상에 근접하는 사람으로 볼프강 괴테 Johann Wolfgang von Goethe 를 상정했다. 『파우스트』의 작가 괴테는 삶을 긍정했고 창조적이었으며 그의 관용도 약함에서 나온 것이 아니라 강함에서 나왔다는 것이다. 딴은 파우스트의 "멈춰라 순간이여! 너무나 아름답구나!"라는 외침에서 영원회귀의 '순간'이 겹쳐 오기도 한다. 물론 모든 사람이 괴테를 이상형으로 좇을 필요는 없고, 니체가 바라는 바도 아니다. 자기가 살아가는 영역에서 스스로를 극복하며 창조적 삶을 살아간다면 그가 곧 극복인이다.

종종 오해받지만 니체의 이웃 사랑 비판은 '이웃을 사랑해서는 안 된다'가 결코 아니다. '이웃보다 먼저 사랑할 대상이 있다'는 주장이다. 이웃 사랑이나 형제애, 연민이나 관용을 내세울 때 자신과의 끊임없는 긴장과 싸움을 통해 자기를 극복하려는 힘에의 의지가 약화할 수 있다고 보았기 때문이다.

너희는 너희 자신으로부터 도피하여 이웃에게 달아난다. 그러고는 그런 행동을 하나의 미덕으로 삼고 싶어한다. 그러나 나 너희의 "타인 지향하는 것"의 정체를 꿰뚫어 보고 있다.[110]

니체가 자신만을 사랑하라는 이기적 사랑을 권하는 것이 아님은 다음 대목에서 나타난다.

이웃에 대한 사랑보다 더 숭고한 것은 더없이 먼 곳에 있는 사람과 앞으로 태어날 미래의 사람들에 대한 사랑이다. 사람에 대한 사랑보다 더 숭고한 것이 주어진 과업과 유령에 대한 사랑이고.
형제여, 네게 달려오고 있는 이 유령은 너보다 아름답다. 왜 너는 그에게 너의 살과 뼈를 주지 않는 것이냐? 너 오히려 겁에 질려 너의 이웃에게 달려가고 있구나.[111]

우리가 스스로를 사랑하지 못할 때, 또는 잘못 사랑할 때, 이웃 사랑은 동정이나 연민 따위로 나타나기 쉽다. 니체는 '사람은 먼저 자기 자신 위에 굳건히 서 있어야 한다'고 강조한다. '용감하게 두 다리에 힘을 주고 서 있지 못하다면 어떤 사랑도 할 수 없다'는 것이다. 자기에 대한 진정한 사랑은 스스로를 넘어서려는 힘에의 의지를 강화한다.

종말인은 자기 보존을, 극복인은 상승과 강화를 원한다. 니체는 사람이 스스로 상승하고 강화하기를 바라고 있으며, 또 그렇게 하라고 권하지만 현실을 무시하지 않았다. 극복인 개념을 안다고 해서 극복인이 되는 것은 결코 아니기 때문이다. 영원회귀의 사유를 적극적으로 받아들이며 자신을 창조적 의지를 지닌 존재로 인식하고 긍정하며 살아갈 때 비로소 가능하다. 극복인은 영원회귀 철학을 체화하고 그것을 삶으로 실천하는 사람이다.

사람은 짐승과 극복인 사이에 걸쳐져 있는 밧줄에 위태롭게 서 있는 존재다. 밧줄 아래에는 바닥을 알 수 없는 삶의 심연이 있다. 니체는 우리가 극복인으로 나아가다가도 어느새 '짐승'으로 발을 되돌리거나 밧줄 위에서 벌벌 떠는 나약한 존재임을 끊임없이 환기한다.[112]

종말인의 '비루한 삶'과 극복인의 '고귀한 삶'을 병든 삶과 건강한 삶으로 구분한 니체는 영원회귀의 부활론으로 죽음의 허무를 넘어선다. 자신의 삶이 고스란히 언젠가 어디선가 되풀이되어 부활한다면, 그 삶이 부끄럽지 않도록 더 나아가 스스로 만족스럽도록 지금 여기서 한순간 한순간을 주체적으로 살아가야 한다. 그렇게 삶을 창조적으로 살았을 때, 그 고귀한 삶이 영원히 되풀이되어도 좋다고 스스로 판단할 때 죽음은 아름다운 축제가 될 수 있다. 니체는 이렇게 적었다.

용기는 더없이 뛰어난 살해자다. 그것은 연민의 정까지도 죽여 없애준다. (…) "그것이 생이었던가? 좋다! 그렇다면 다시 한번!" 이렇게 말함으로써 용기는 죽음까지 죽여 없애준다.[113]

인생론

: 비루한 삶과 고귀한 삶

사람에게 있어 위대한 것은 그가 하나의 교량이라는 것,

목적이 아니라는 것이다. 사람에게 있어 사랑받을 만한 것은

그가 하나의 오르막이요 내리막이라는 것이다.

나는 사랑하노라. 내리막길을 가는 자로서가 아니라면

달리 살 줄을 모르는 사람들을. 그런 자들이야말로

저기 저편으로 건너가고 있는 자들이기 때문이다.

『차라투스트라는 이렇게 말했다』, 차라투스트라의 머리말, 4.

Friedrich Nietzsche

백 개나 되는 요람과 해산의 고통

모든 사람이 종말인 아니면 극복인으로 나뉘는 것은 아니다. 모든 인생이 비루한 삶과 고귀한 삶으로 나뉘는 것도 아니다. 니체는 정신 변화의 세 단계를 제시한다. 우리는 그것을 종말인의 비루한 삶(병든 삶)에서 극복인의 고귀한 삶(건강한 삶)으로 올라가는 계단으로 이해할 수 있다.

『차라투스트라는 이렇게 말했다』의 1부 첫 장을 펼치면 낙타와 사자가 나타난다. 문학적 문체에 여러 동물을 등장시킴으로써 새 술을 새 부대에 담아내듯 새로운 철학을 새로운 형식에 담은 셈이다. 니체에게 '낙타'와 '사자'는 무엇인지 찬찬히 짚어보자.

나 너희에게 정신의 세 변화에 대해 이야기하련다. 정신이 어떻게 낙타가 되고, 낙타가 사자가 되며, 사자가 마침내 아이가 되는가를.
공경하고 두려워하는 마음을 지닌 억센 정신, 짐을 무던히도 지는 정신에게는 무거운 짐이 허다하다. 정신의 강인함은 무거운 짐을, 더없이 무거운 짐을 요구한다.

무엇이 무겁단 말인가? 짐을 무던히도 지는 정신은 그렇게 묻고는 낙타처럼 무릎을 꿇고 짐이 가득 실리기를 바란다.

너희 영웅들이여, 내가 그것을 등에 짐으로써 나의 강인함에 기쁨을 느끼게 될 저 더없이 무거운 것, 그것은 무엇이지? 짐을 무던히도 지는 정신은 묻는다.

그것은 자신의 오만함에 상처를 주기 위해 자신을 낮추는 일이 아닌가? 자신의 지혜를 비웃어줄 생각에서 자신의 어리석음을 드러내는 일인가?

아니면 우리가 도모한 일이 크게 잘되었을 때 그 일에서 손을 떼는 일인가? 유혹하는 자를 유혹하기 위해 높은 산에 오르는 일인가?

아니면 깨달음의 도토리와 풀로 살아가며, 진리를 위해 영혼의 굶주림으로 고뇌하는 일인가?

아니면 병으로 누워 문병 오는 사람들은 집으로 돌려보내고, 네가 바라는 것이 무엇인지를 전혀 알아듣지 못하는 귀머거리와 벗하는 일인가?

아니면 진리의 물이라면 더러운 물일지라도 마다하지 않고 뛰어들고 차디찬 개구리와 뜨거운 두꺼비조차 물리치지 않는 일인가?

아니면 우리를 경멸하는 자들을 사랑하고 유령이 우리를 위협할 때 오히려 그에게 손을 내미는 일인가?

짐을 무던히도 지는 정신은 이처럼 더없이 무거운 짐 모두를 짊어진다.[114]

　　개구리와 두꺼비까지 불러낸 니체는 낙타의 정신 상태를 애처롭게 묘사한다. 더없이 무거운 짐을 기꺼이 지며 오히려 거기서 보람을 느끼는 낙타형 사람을 우리 주변에서 발견하기는 크게 어렵지 않다. 가족을 먹여 살리기 위해 일터에서 기꺼이 시간외근무까지 자발적으로 나서는 노동인들, 바로 우리 부모 또는 형제, 자매들 아닐까. 더구나 겸양의 미덕을 갖추고 자신을 낮추기도 한다. 더러는 일터에서 '갑질'에 고통받고 더러는 언제 정리해고될지 모르는 상황에서 낙타처럼 굴종하며 이른바 '윗사람'을 공경하지 않는가. 자본 앞에 작아지는 현대인의 모습이 연상될 수 있다. 실제 낙타와 마주하면 그 착하기만 한 눈빛에 저절로 연민이 든다. 뜨거운 태양이 작열하는 실크로드의 사막에서 낙타의 등에 올라타 봤을 때 더없이 안쓰럽던 기억이 새롭다.

니체에게 '낙타'는 무거운 짐을 지면서도 '무엇이 무겁단 말인가?' 되묻는 삶이다. 무엇보다 씁쓸히 다가오는 문장은 "무거운 짐을 가득 지고 사막을 향해 서둘러 달리는 낙타처럼 그 자신의 사막으로 서둘러 달려간다"[115]이다. 대체 낙타는 왜 무거운 짐을 마다하지 않는 걸까. 더구나 짐을 지고 왜 사막을 서둘러 달리는 걸까.

낙타는 '아니오!'라고 할 줄 모른다. 과도한 짐을 지우는 명령에 '낙타의 정신'은 항의나 저항은커녕 자발적으로 더 많은 짐을 지겠다고 나선다. 기꺼이 짐을 질 뿐만 아니라 '사막'으로 달려가는 그들은 노예의 도덕을 내면화한 무리다.

니체는 "그러나 외롭기 짝이 없는 저 사막에서 두 번째 변화가 일어난다"며 사자를 등장시킨다. 정신이 어떻게 사자로 변하는 걸까.

정신은 자유를 쟁취하여 그 자신이 사막의 주인이 되고자 하는 것이다. 그는 그리하여 그가 섬겨온 마지막 주인을 찾아 나선다. 그는 그 주인에게 그리고 그가 믿어온 마지막 신에게 대적하려 하며, 승리를 쟁취하기 위해 저 거대한 용과 일전을 벌이려 한다.[116)]

사자가 사막에서 만난 용은 무엇을 상징할까. 니체는 거대한 용의 정체는 무엇인가를 물은 뒤 사뭇 긴 이름을 내놓는다. 거대한 용의 이름은 "너는 마땅히 해야 한다"이다. 니체는 사막과 낙타를 지배하는 용에 과감히 맞서는 사자의 정신은 "나는 하고자 한다"라며 이렇게 말했다.

비늘 짐승인 "너는 마땅히 해야 한다"가 정신이 가는 길을 금빛을 번쩍이며 가로막는다. 그 비늘 하나하나에는 "너는 마땅히 해야 한다!"는 명령이 금빛 찬란하게 빛나고 있다.

이들 비늘에는 천 년의 역사를 자랑하는 가치들이 찬란하게 빛나고 있고, 용 가운데서 가장 힘이 센 그 용은 "모든 사물의 가치는 내게서 찬란하게 빛난다"고 거들먹거린다.

"가치는 이미 모두 창조되어 있다. 창조된 일체의 가치, 내가 바로 그것이다. 진정, '나는 하고자 한다'는 요구는 더 이상 용납될 수가 없다." 용은 이렇게 말한다.

형제들이여, 무엇 때문에 정신에게 사자가 필요한가? 짐을 질 수 있는, 단념하는 마음과 공경하고 두려워하는 마음을 지닌 짐승이 되는 것만으로는 왜

만족하지 못하는가?

새로운 가치의 창조, 사자라도 아직은 그것을 해내지 못한다. 그러나 새로운 창조를 위한 자유의 쟁취, 그것을 사자의 힘은 해낸다.

형제들이여, 자유를 쟁취하고 의무에 대해서조차도 신성하게 '아니오'라고 말할 수 있기 위해서는 사자가 필요하다.

새로운 가치를 위한 권리 쟁취, 그것은 짐을 무던히도 지는 그리고 공경하고 두려워하는 마음을 지닌 정신에게는 더없이 대단한 소득이 된다. 진정 그에게 있어 그것은 일종의 강탈이며 강탈하는 짐승이나 할 수 있는 일이다.

정신도 한때는 "너는 마땅히 해야 한다"는 명령을 더없이 신성한 것으로 사랑했었다. 이제 그는 자신의 사랑으로부터 자유를 되찾기 위해 더없이 신성한 것에서조차 미망과 자의를 찾아내야 한다. 바로 이러한 강탈을 위해서 사자가 필요한 것이다.[117]

용은 세계를 지배하는 법과 도덕, 가치다. 찬란한 비늘을 번득이며 "나는 하고자 한다" 따위는 용납할 수 없다고 으름장 놓는다. 권위주의적이고 위압적이다. 니체의 사자가 낙타보다 더 높은 존재론적 지위를 얻은 것은 그 거대한 용과 맞섰기 때문이다. '의무'에 대해서조차도 경건하게 '아니오'라고 말할 수 있는 용기를 지녔기 때문이다.

"너는 마땅히 해야 한다"고 명령하는 용에게 "나는 하고자 한다"라고 당당히 말하는 사자는 패기가 넘친다. 거대한 용이 제시하는 도덕과 의무의 강령들 앞에서 자기 내부의 욕망을 외면하지 않는다. '너는 해야만 한다고 명령하는 용'에 맞서 사자는 '나를 내버려 두라. 나는 그 누구의 명령도 듣지 않고 오직 자신의 욕망을 따르고자 한다'고 선언한다.

그런데 니체는 사자의 용기로 충분하지 않다고 강조한다. 사자는 다만 낙타에서 벗어나는 단계이다. 그가 제시한 정신의 마지막 변화는 '아이'다.

그러나 말해보라, 형제들이여. 사자조차 할 수 없는 일을 어떻게 아이는 해낼 수 있는 것이지? 왜 강탈을 일삼는 사자는 이제 아이가 되어야 하는 것이지? 아이는 순진무구요 망각이며, 새로운 시작, 놀이, 제 힘으로 돌아가는 바퀴이며 최초의 운동이자 거룩한 긍정이다.

그렇다. 형제들이여, 창조의 놀이를 위해서는 신성한 긍정이 필요하다. 정신은 이제 자기 자신의 의지를 의욕하며, 세계를 상실한 자는 자신의 세계를 획득하게 된다.

나 너희에게 정신의 세 변화에 대하여 이야기하였노라. 어떻게 정신이 낙타가 되고, 낙타가 사자가 되며, 사자가 마침내 아이가 되는가를.

차라투스트라는 이렇게 말했다. 그때 그는 "얼룩소"라고 불리는 도시에 머물고 있었다.[118]

니체가 아이 단계에서 강조하는 것은 창조다. 그는 당대의 사람들이 "창조적인 번개의 웃음"을 잃어버린 채 살고 있다고 진단한다. 창조가 없는 삶을 살고 있기에 본질적으로 죽은 자들이

니체 읽기의 혁명

라고도 주장한다. 가차 없는 진단이다. 니체는 창조가 '고통으로부터의 위대한 구제'이며 삶을 경쾌하게 만든다고 힘주어 말한다.

창조적인 삶을 살아가려면 사자의 용기만으로 부족하다. 기존의 틀을 벗어나야 '창조의 놀이'를 할 수 있다. '순진무구'하달 만큼 자유로워야 한다. 거기에는 고통이 따른다. 니체는 책의 2부에서 창조하는 자가 존재하려면 숱한 고뇌와 변신이 필요하다며 이렇게 말한다.

창조하는 자들이여. 너희 삶에는 쓰디쓴 죽음이 허다하게 있어야 한다! 그래야 너희는 덧없는 모든 것들을 받아들이고 정당화하는 사람이 되는 것이다. 창조하는 자 자신이 다시 태어날 아이가 되기 위해서는 산모가 될 각오를 해야 하며 해산의 고통을 각오해야 한다.[119)]

이 문장을 쓸 때 니체는 죽음과 삶을 초월한 듯 보인다. 이어서 쓴 문장은 그 단계에 이르기까지 자신의 고투를 고백한다.

진정, 나 백 개나 되는 영혼을 가로질러, 백 개나 되는 요람과 해산의 고통을 겪어가며 나의 길을 걸어왔다. 나 이미 허다한 작별을 경험하기도 했고, 그리하여 가슴이 미어질 것만 같은 마지막 순간들을 나 알고 있다.
그런데도 나의 창조적 의지, 나의 숙명은 그러기를 바라고 있다.[120)]

대다수 연구자들에 따르면, 니체는 모든 사람이 극복인이 될 수는 없다고 보았다. 니체가 사람 정신의 '평등'을 믿지 않았다는 근거도 그의 문장들에서 따와 제시한다.

하지만 과연 그렇게 단정할 수 있을까. 니체가 정신 변화의 마지막 단계, '새로운 사람'의 탄생을 어린아이로 비유한 까닭은 모든 사람이 지닌 내면의 잠재력을 강조한 장치 아닐까. 니체는 비루한 삶과 고귀한 삶 사이에, 낙타와 사자와 아이 사이에 수많은 삶이 있다고 보았다. "백 개나 되는 요람과 해산의 고통"을 겪었다는 토로가 그 방증이다. 비루하거나 낙타처럼 살아가더라도, 하여 더 나은 삶으로 나아가려다가 실패하더라도 좌절하거나 포기하지 말라는 간곡한 호소를 모든 사람에게 보낸 셈이다. 『차라투스트라는 이렇게 말했다』의 머리말을 보아도 사람에게 두터운 신뢰가 보인다.

너희에게 말하거니와, 춤추는 별 하나를 탄생시키기 위해 사람은 자신 속에 혼돈을 지니고 있어야 한다. 너희에게 말하거니와, 너희는 아직 그러한 혼돈을 지니고 있다.[121]

우리 모두가 '혼돈'을 지니고 있지만 어떻게 대응하는가에 따라 별이 탄생할 수 있다는 '격려'다. 니체는 "사람에게 있어 위대한 것은 그가 하나의 교량이라는 것, 목적이 아니라는 것이다. 사람에게 있어 사랑받을 만한 것은 그가 하나의 오르막이요 내리막이라는 것"이라고 강조했다. 잘 알려진 문장이지만 바로 이어진 문장을 함께 읽어야 그 의미를 더 깊이 파악할 수 있다. "나는 사랑하노라. 내리막길을 가는 자로서가 아니라면 달리 살 줄을 모르는 사람들을. 그런 자들이야말로 저기 저편으로 건너가고 있는 자들이기 때문이다."[122] 짐승과 극복인 사이에 놓인 밧줄이 사람이라는 정의에서도 드러나듯이 니체는 모든 개개인이 잠재된 가능성을 발현하도록 북돋고 있다.

5

사회철학

: 고귀한 삶의 공동체

내가 지금까지 이해하고 있는 철학,

내가 지금까지 실행하고 있는 철학은

얼음과 높은 산에서 자발적으로 살아가는 것이다.

삶의 낯설고 의문스러운 모든 것을,

이제껏 도덕에 의해 추방당해왔던 모든 것을

찾아내는 것이다.

『이 사람을 보라』, 서문 3.

Friedrich Nietzsche

반민주주의자, 그 오해와 이해

종말인과 극복인에 더해 힘에의 의지를 강조한 니체 철학은 많은 오해를 일으켰다. 기실 정신 변화의 세 단계를 제시하거나 비루한 삶과 고귀한 삶을 대조한 문장들만 보면 언뜻 엘리트주의를 떠올리기 십상이다. 더구나 니체 자신이 민주주의와 평등을 비판하는 글을 적잖이 썼기에 더 그렇다.

실제로 니체는 히틀러의 나치즘과 파시즘의 선전에 악용되었다. 그 뿌리는 니체가 죽고 1년 만인 1901년에 출간된 『권력에의 의지*Der Wille zur Macht*』다. 니체의 유작으로 표기되었으나 진실은 다르다. 그의 여동생이 파시스트 남편의 직간접적 개입 아래 오빠의 의도와 다르게 편집하며 짜깁기에 가필까지 서슴지 않았다. 결국 파시즘 사상을 담은 책이 되었고, 이를 히틀러가 적극 이용했다. 지금은 니체 연구자들 사이에서 니체의 저서로 인정하지 않는다. 니체가 남긴 글을 오롯이 편집한 『유고』만 인정한다.

니체가 파시즘과 무관함이 밝혀졌고 오히려 반유대주의를 비판한 사실도 확인되었지만 오해와 오독이 말끔히 가시진 않

사회철학 : 고귀한 삶의 공동체

았다. 전문성이 부족한 유튜브 영상이 퍼져가면서 더 그렇다. 한국에서도 21세기 들어 니체 연구가 활발해지고 독자가 늘어나자 『니체는 틀렸다』라는 제목의 책이 나왔다. 저자가 진보적 법학자로 알려져 있거니와 니체를 혹독하게 공박하고 있으므로 그의 논리를 중심으로 비판론을 짚어보자.

『니체는 틀렸다』의 저자 박홍규는 '대한민국 독자들이 이해할 수 없을 정도로 니체에 열광한다'며 독일보다 높은 열기에 휩싸여 있다고 우려한다. 독일에선 '히틀러 트라우마'가 있기에 니체를 조심스레 다루고 있음에도 "한국에서 니체의 권위는 무지막지하다"며 니체의 모든 원고가 발간된 『니체 전집』만 보더라도 그가 얼마나 사랑받는지 알 수 있다고 꼬집는다. 외국 철학자의 전집이 소개된다면 좋은 일이지만, 전집 어디에서도 니체의 반민주주의적 문장들을 비판하는 해제를 찾아볼 수 없다고 비판한다. 이어 니체의 반민주주의적 사상이 한국 사회에 전반적으로 퍼져 있는 엘리트주의와 궤를 같이한다고 분석한다. 학벌주의가 기승을 부리고, 노동을 차별하는 사회에서 "초인이 되라, 귀족이 되고 주인이 되라"는 니체의 권고는 차별만 더욱 고취시킬 뿐이라고 비판한다. 니체가 한국에서 많이 읽히는 배경을 살필 때 한 번쯤 새겨볼 지적이다. 실제로 일부 독자들이 니체를 그렇게 읽고 있기 때문이다.

니체 철학의 위험성으로 많은 이들이 1924년 미국 시카고에서 일어난 어린이 살해 사건을 예시한다. 살인범 레오폴드와 로

앱은 둘 다 '상류층의 엘리트 대학생'이었다. 그들의 범행 동기에 니체가 나온다. 레오폴드는 니체에 매료되어 자신과 로앱을 '슈퍼맨(초인)'으로 여기고 평범한 사람을 뛰어넘고자 반인륜적 범죄를 저질렀다. 이 끔찍한 사건을 담은 〈쓰릴 미^Thrill me〉라는 뮤지컬은 2020년대에 들어서서도 한국에서 몇 차례 공연됐다. 극 중에서 주인공은 니체적 초인을 찬양하는 노래를 부르댄다.

저자는 "니체에 무조건 열광하는 청춘들이 너무 많다"면서 "사이코패스가 되거나 전쟁을 찬양하는 미치광이가 나타날까 우려하여" 책을 낸다고 밝혔다. 그는 니체의 글을 근거로 비판하는데, 먼저 인용한 대목을 보자.

철학자의 덕은 모두, 즉 사상의 대담하고 경쾌하고 부드러운 발걸음과 진행뿐만 아니라, 무엇보다도 커다란 책임을 기꺼이 지고자 하는 각오, 지배자적인 눈길과 내려다보는 눈길의 고귀함, 대중과 그들의 의무나 미덕에서 스스로 격리되어 있다는 감정, 신이든 악마든 오해받고 비방받는 사람들을 상냥하게 보호하고 변호하는 것, 위대한 정의 속에서 느끼는 즐거움과 그것을 행동에 옮기는 것, 명령하는 기술, 의지의 폭넓음, 좀처럼 찬미하지 않고 우러러보지 않고 사랑하지도 않는 서서히 움직이는 눈 등은 하나하나 획득되고 보호되고 유전되고 동화된 것임이 틀림없다.[123]

저자는 왜 철학자가 "지배자적인 눈길과 내려다보는 눈길의 고귀함", "대중과 그들의 의무나 미덕에서 스스로 격리되어 있다는 감정", "명령하는 기술"을 덕으로 가져야 하는지 도저히 이해할 수 없다고 비판한다. 그는 니체가 플라톤이 말한 철인정치의 '철학자 왕'과 유사하다며 "플라톤을 욕하면서도 플라톤을 가장 많이 닮았다"고 주장한다. 하지만 니체는 플라톤의 이원론을 근본적으로 비판하고 있기에 "플라톤을 가장 많이 닮았다"는 지적은 어긋나 보인다. 문제는 지나친 비판이 여기서 그치지 않는 데 있다.

니체는 이 세상의 가치 대부분을 부정한 사람이므로 상식적으로는 도저히 용납할 수 없는 사이코패스 슈퍼맨 야수다. 생각해보라. 지금 누가 20년째 혼자 미친 듯이 "신은 죽었다", "예수는 죽었다", "기독교는 노예 종교다", (…) "나 같은 초인이 다스리는 귀족제로 돌아가라", (…) 끝없이 떠든다면 우리는 어떻게 할 것인가?[124]

니체 열풍이 지나치게 불고 있다는 문제의식에 공감할 수 있는 사람도 니체를 '사이코패스 야수'로 단언하는 비난엔 갸우뚱할 수밖에 없다. 더구나 니체를 "이 세상의 가치를 부정한 사람"이라고 비판한다. 하지만 오히려 니체는 기독교와 플라톤주의가 "이 세상의 가치를 부정"했다는 문제의식을 지니며 지금 여기의 삶을 적극 긍정하라고 권한다. 니체가 "나 같은 초인이 다스리는 귀족제"를 주장했다는 비판도 뜬금없다. 니체는 자신이 제시한 길과 달리 각자가 자신의 길을 찾으라고 권했기 때문이다.『차라투스트라는 이렇게 말했다』1부에서 니체는 이렇게 말한다.

나 진정 너희에게 권하노니, 나를 떠나라. 그리고 이 차라투스트라에 맞서 너희 자신을 지켜라! 더 바람직한 일은 그의 존재를 수치로 여기는 일이다! 그가 너희를 속였을지도 모를 일이니.[125]

심지어 니체는 자신의 책이 독자를 기만했을 가능성을 경계하라고 당부한다. 자신을 추종하지 말라는 니체가 "나 같은 초인이 다스리는 귀족제"를 주창할 수 있을까. 니체는 자서전『이 사람을 보라』에서 차라투스트라를 콕 집고 그를 따라가지 말라고 거듭 강조한다.

나의 제자들이여 나는 홀로 가련다! 너희도 각각 홀로 길을 떠나라! 내가 바라는 것이 바로 그것이다.
나를 떠나라. 그리고 차라투스트라에 맞서라! 더 바람직한 것은, 그의 존재를 부끄러워하라! 그가 너희를 속였을지도 모르지 않은가. (…)
너희는 차라투스트라를 믿는다고 말하는가? 하지만 차라투스트라가 뭐 중요하단 말인가! 너희는 나의 신도다. 하지만 신도가 뭐 중요하단 말인가![126]

니체는 무엇인가를 믿는 사람은 가치 없는 삶을 살고 있다고 단언한다. 누구도, 어떤 대상도 믿지 말고 스스로 판단해 살아가라고 권한다. 니체의 그 문장들에서 우리는 '반민주주의자'나 '전체주의자'이기는커녕 외려 참된 민주주의자의 모습마저 연상할 수 있다. 그럼에도 자기를 따를까 우려해서 한층 더 분명히 말한다.

이제 너희에게 말하니, 나를 버리고 너희를 찾도록 해라. 그리고 너희가 모두 나를 부인할 때에야 나는 너희에게 돌아오리라.[127]

니체에 대한 오해는 심각한 수준으로 이어진다. "본래 우등한 종족이 갖고 있는 본래의 우월성을 회복하자는 것"과 "그런 우월성의 회복을 위한 '권력의지'를 지닌 '초인'이 되어 '영원회귀'를 하도록 되어 있다는 것이 니체 사상의 전부"라고 비판한다. 니체의 글에 나오는 "금발의 야수" 표현에도 지나치게 집착한다. 물론 그 말에서 게르만족 또는 아리아인의 종족주의를 떠올릴 수 있다. 그런데 니체가 그 말과 함께 "맹수적 양심의 순진함"이라는 표현을 쓴 사실에 주목할 필요가 있다. 니체는 종말인들이 자연적 본능이나 야생성을 잃어버렸다고 생각했다. 기독교의 도덕적 영향으로 서양인들이 그 자연성을 잃었다고 판단한 니체는 병든 삶에서 건강한 삶으로 가는 밑절미를 '금발의 야수'로 표현했다. 그때 금발의 야수는 정신 변화의 단계로 등장한 사자를 연상할 수 있다. 무엇보다 '금발의 아리아인이 권력의지를 지닌 초인이 되어 영원회귀를 하도록 되어 있다는 것이 니체 사상의 전부'라는 비판은 전혀 설득력이 없을뿐더러 힘에의 의지나 극복인, 영원회귀라는 주요 개념에 독자를 호도할 우려마저 있다.

책의 저자는 "단적으로 말해 니체 사상의 핵심은 인종주의 반민주주의"라며 그의 "귀족주의를 덧칠해 오로지 정신적인 것으로 만들려 해서는 안 된다. 귀족주의는 현실에서 갖가지 독재로 존재한다"고 비판한다. 그의 논리대로라면 니체 철학은 백해무익하다. 실제로 책 머리말을 "이제 니체를 버릴 때가 되었다. 쓰로우 니체! 니체를 버리자! 초인, 슈퍼맨이 아니라 인간이 되자!"라고 맺었다. 과도하고 그만큼 한계가 또렷한 비판이지만 경청할 대목도 있다. 가령 다음 주장이 그렇다.

우리 대부분은 천재가 아니다. 초인이 아니다. 우리 모두 천재도 초인도 될 수 없고, 될 필요도 없다. 물론 이는 니체를 제대로 이해하는 것만으로 해결될 수 있는 문제가 아니다. 천재나 초인이 아니어도 충분히 인간답게, 인간으로 존중받는 사회를 만드는 것이 급선무다. 초인이기는커녕, 대학을 나오지 않는 사람도 열심히 일하면 대학 나온 사람과 같이 인간 대접을 받는 사회를 만들어야 니체 열광은 사라질 것이다.
대부분의 사람에게는 불가능한 비범한 천재나 초인이 아니라, 평범한 인간, 남을 이기는 엄청난 힘을 갖는 초인이 아니라, 남을 돕고 남과 함께 사는 착한 범인, 인간은 모두 자유롭고 평등하다는 민주주의 원리를 믿는 자만이 많아지기를 바라 이 책을 쓴다.[128]

공감할 수 있다. 다만 그런 소망으로 책을 냈다면 니체 철학에 더 섬세한 접근이 필요하다. 저자가 명망 있는 진보적 지성인이기에 더 그렇다. 젊은이들이 니체에 몰입하고 있다며 개탄한 다음 대목도 니체 철학과 어긋나 있다.

인생에 대해 고뇌하기 시작하는 청춘에게 운명을 적극적으로 받아들이라고 하는 운명애 사상으로 살아갈 용기를 주고 살아갈 의욕을 북돋워준다는 것이 모든 사람에게 해당될 수 있는 치유의 철학으로 받아들여지는 풍조는 지금도 여전하지만 그는 누구나 그렇게 살아갈 수 있다고 하지 않았다. 도리어 반대로 특별히 선택된 자만이 그럴 수 있다고 그는 말했다. 그는 치열한 경쟁에서 승리한 자다. 니체식으로 표현하자면 힘에의 의지만을 탐닉해야 경쟁에서 승리한다. 노예나 믿는 도덕은 그런 현실을 숨기기 위한 것이니 버려야 한다. 동정심, 이타심, 이웃 사랑, 평등, 여성성 같은 것은 모두 버려야 한다.[129]

일단 사실과 다르다. 생전의 니체는 '치열한 경쟁에서 승리한 자'가 아니었다. 일찍 전임교수가 되었지만 곧 대학에서 철저히 소외되었고 30대 중반에 실업자가 되었다. 평생 병에 시달렸으며 사랑에 실패했고 책을 출간해도 독자가 많지 않았다. 45세에 광기로 입원해 10년을 병상에서 보내다가 죽음을 맞지 않았던가. 니체 철학이 "치열한 경쟁에서 승리"하라고 권하는 것도 전혀 아니다. 니체가 자서전에서 밝힌 삶의 자세를 보자.

내가 지금까지 이해하고 있는 철학, 내가 지금까지 실행하고 있는 철학은 얼음과 높은 산에서 자발적으로 살아가는 것이다. 삶의 낯설고 의문스러운 모든 것을, 이제껏 도덕에 의해 추방당해왔던 모든 것을 찾아내는 것이다.[130]

얼음으로 덮인 높은 산 정상에서 고독을 기꺼이 감수하며 삶의 모든 것을 탐구하는 철학자가 '치열한 경쟁에서 승리'하라고 각자도생의 삶을 부추길 수는 없다. 니체의 문학적 표현을 법학자가 곧이곧대로 풀이할 때 생길 수 있는 오독이다. 그러다 보니 니체에 대한 비판이 지나치게 도식적이다. 니체가 "문명이 아니라 야만을, 평화가 아니라 전쟁을, 국가가 아니라 민족을, 부드러운 것이 아니라 폭력이나 잔혹함을, 평온함이 아니라 도취와 정염을, 선인이 아니라 악인을, 이성이 아니라 본능을, 민주주의가 아니라 전제주의와 귀족주의를, 다수가 아니라 소수를, 약자가 아니라 강자를, 약자의 보호가 아니라 약자에 대한 억압을, 병자의 치료가 아니라 병자의 말살을, (…) 이타주의가 아니라 이기주의를, (…) 예수나 요한이 아니라 총독 빌라도를, (…) 루소가 아니라 나폴레옹을, 프랑스혁명이나 미국혁명이 아니라 나폴레옹 전쟁을"[131] 옹호했다는 것인데, 그런 도식적 이해는 우리가 살펴본 니체 철학과 거리가 멀어도 너무 멀다.

고귀한 사람을 질투하는 사회

니체가 반민주주의자라는 비판은 그가 저서 곳곳에서 민주주의를 조소했기에 자연스러운 반응이랄 수 있다. 이를테면 『선악의 저편』에서 민주주의를 신랄하게 비판한 대목을 짚어보자.

어떤 다른 신앙을 가지고 있는 우리, 이런 우리에게는 민주주의 운동이란 정치 조직의 타락 형식일 뿐만 아니라, 인간의 타락 형식, 즉 왜소화 형식으로, 평균화와 가치 하락으로 생각된다. 우리는 우리의 희망을 어디에서 붙잡아야만 할까? (…) 인간의 전체적인 퇴화는, 오늘날 사회주의적인 우둔한 자나 멍청이에게 그들의 '미래의 인간'으로—그들의 이상으로!—나타나는 데까지 내려가며, 인간이 이렇게 완전한 무리 동물로 (또는 그들이 말하는 것처럼, '자유사회'의 인간으로) 퇴화하고 왜소화된다는 것, 이렇게 인간이 평등한 권리와 요구를 지닌 왜소한 동물로 동물화된다는 것은 가능하다. 이것은 의심의 여지가 없는 일이다![132]

니체는 사람들 사이의 차이를 무시하거나 외면한 채 평등을 절대적 원칙으로 삼는 흐름에 반대했다. 그런 흐름을 "우둔한 자나 멍청이"가 주도한다며 민주주의와 사회주의에 각을 세웠다.

그런데 니체는 1882년 8월에 신문 편집자인 쿠르티^{Theodor} ^{Curti}에게 보내는 편지에서 자신이 "정치적·사회적 사상가의 진지한 관심을 일깨울 수 있었다는 것은 내게 완전히 놀라운 일이다. (…) 나는 결코 그런 것들에 대해 말하지 않는다"고 적었다. 자서전에선 자신을 "최후의 반정치적 독일인"이라고도 했다. 니체가 '지배할 수 있는 권리'를 주장하거나 사회적 평등을 비판할 때 그 의미를 곱씹어야 할 이유다. 민주주의와 평등에 대한 니체의 거친 주장을 구체적인 정치체제에 대한 비판으로 읽을 수도 있지만 최소한 그 못지않게 삶의 철학이나 사회문화 차원의 논리로 파악할 필요가 있다.

니체는 '자유사회'의 인간은 한낱 '무리 동물'에 지나지 않는다며 "인간이 평등한 권리와 요구를 지닌 왜소한 동물로" 퇴화되는 흐름을 "동물화"로 규정한다. 그것도 "왜소한 동물"이다. 왜 그럴까. 영원회귀의 종말인을 경계 또는 경고하고 자기를 넘어서는 극복인이 되기를 호소해온 니체로선 두 인간 유형 사이의 격차를 외면한 채 평등을 이야기하는 사상에 동의할 수 없었기 때문이다.

니체는 독일 문화가 프랑스의 섬세한 문화로부터 배워야 한다고 주장했지만, 프랑스혁명을 전환점으로 유럽에 불어 닥친 평등 담론에 거부감이 강했다. 민주주의만이 아니라 자유주의, 사회주의, 무정부주의까지 그가 살고 있던 19세기의 정치 이데올로기를 두루 비판했다. 니체가 근대적 평등주의 비판에 나선 까닭은 그런 사회적 질서에서 허무주의를 이겨낸 건강한 사람을 육성할 수 없다고 판단해서다.

니체에게 평등을 내세운 민주주의는 그가 비판한 기독교적 가치의 정치적 형태에 지나지 않았다. "기독교적 본능의 민주주의가 승리"한 결과 '노예적 인간'을 중심에 둔 평등한 사회가 형성됐다고 개탄한다. 니체가 민주주의 사회의 다수인 노예적 인간들을 '대중'이라 쓰지 않고 '무리 동물'로 은유한 데서 그의 경멸을 확인할 수 있다. 스스로 삶을 통제하지 못할 뿐만 아니라 더 나은 존재로 자신을 만들어가려는 의지도 없이 뭇사람이 살아가는 방식대로 그냥저냥 따라가는 존재다.

노예 유형의 사람은 의미 있는 삶을 살아갈 건강한 힘을 갖지 못하기에 오히려 고통까지 선으로 여김으로써 그것을 기꺼이 받아들인다. 허무감과 무력감에 젖어 결국 거짓되고 병든 가치 체계 속에 살아간다. 노예 유형과 달리 주인 유형의 사람은 자기 삶의 지배권을 행사한다. 자신에게 스스로 명령을 내리며 삶을 만들어 나갈 수 있는 사람이다. 스스로를 온전히 지배할 수 있는 '주인'은 삶을 그 자체로 긍정하고 자신의 삶을 모든 것의 기점으로 삼을 수 있다. '노예'는 자기 삶에 지배권을 지니지 못했기에 자기 삶을 긍정할 수도, 스스로에 명령을 내릴 수도 없다. 자신의 삶 외부에서 준거점을 찾아 살아가기 때문이다.

니체에게 주인과 노예를 가르는 기준은 자기 삶을 스스로 통

니체 읽기의 혁명

제할 수 있는 힘이다. 자기를 지배할 수 있는 힘은 단순한 소유 여부의 문제가 아니다. 힘의 성격이 건강한 삶과 병약한 삶을 좌우한다. 자신이 지닌 힘을 능동적으로 행사할 수 있는 사람은 자기 지배력을 지닌 건강한 사람으로 살아간다.

노예적 사람들은 삶의 허무를 견뎌내지 못하기에 무의미를 없애려고 거짓 의미를 부여한다. 가령 자신이 현실에서 고통당하는 이유가 죄 때문이라 생각한다. 그렇게 여김으로써 삶의 고통을 말없이 견딜뿐더러 거기서 의미를 찾는다. 기독교만이 아니라 전통적 형이상학의 도덕적이고 목적론적인 세계관도 삶의 무의미를 견뎌내기 위해 노예적 사람들이 만들었다고 주장한다.

기독교와 서양철학의 전통적 형이상학에 대한 부정적 사유와 근대 민주주의 비판은 맞물려 있다. 니체가 민주주의를 비판하며 '근대 민주주의'라는 표현을 쓴 것은 아니지만, 그가 살고 있던 19세기의 민주주의를 대상으로 한 비판임은 틀림없다. 병든 사회에서 개인이 건강한 삶을 사는 것은 불가능하기에 건강하지 못한 가치 체계나 정치 체제 비판은 철학의 과제다. 니체에게 근대 민주주의는 평등하지 않은 사람을 평등하게 만들고 탁월한 사람을 인정하지 않는 사회다. 근대적 평등은 사람을 왜소화하고 하향 평준화한다. 평등한 사회에서 탁월하고 위대한 인간 유형은 나타날 수 없다.

니체는 평등을 설교하는 사람을 '타란툴라^{tarantula}'로 비유했

다. 타란툴라는 남유럽 지중해 연안에 서식하는 독거미다. 물리
면 통증과 현기증으로 정신착란을 일으켜 심하면 죽음에 이른
다고 한다. 그 이름이 유래한 이탈리아 타란토Taranto 사람들은
타란툴라에 물렸을 때 땀을 많이 흘리면 해독이 된다고 믿어 격
하게 춤을 추었다. 유럽에서는 수백 년 전부터 '무도병'으로 알
려졌다. 11~17세기에 집단으로 '광란의 춤'을 추며, 몇 날 며칠
을 쉬지도 않고 이리저리 떼를 지어 다니는 사람들을 무도병 환
자라 여겼다.

　왜 니체가 평등을 독거미까지 불러내 비판했는지 『차라투스
트라는 이렇게 말했다』를 펼쳐보자.

보라. 타란툴라 굴이다! 어디 한번 보겠는가? 여기 거미줄이 걸려 있구나. 줄
을 건드려 흔들어보아라.
순순히 기어나오고 있구나. 반갑다, 타란툴라여! 등에 세모꼴 반점과 표징이
까맣게 찍혀 있구나. 나 네 영혼 속에 무엇이 도사리고 있는지도 알고 있다.[133]

　독거미의 등에 '세모 반점과 표징'은 기독교가 중시하는 신의
'삼위일체'를 비유했음이 분명하다. 니체는 이어 날을 세워 비
판한다.

앙갚음이 네 영혼 속에 도사리고 있는 것이다. 네가 어디를 물어뜯든, 그곳에
는 검은 부스럼이 솟아오르지. 너의 독은 앙갚음을 함으로써 영혼에 현기증

니체 읽기의 혁명

을 일으키고!

평등을 설교하는 자들이여, 영혼에 현기증을 일으키는 너희에게 나 이렇듯 비유를 들어 말하노라! 너희야말로 타란툴라요 숨어서 복수심을 불태우고 있는 자들이렸다!

이제 나 너희 은신처를 드러내고 말겠다. 그래서 나 너희의 얼굴에 대고 나의 숭고한 웃음을 터트리고 있는 것이다.

그리하여 나 너희가 친 거미줄을 찢어내는 것이다. 약을 올려 너희를 허구의 동굴 밖으로 유인할 생각에서. 너희가 내세우고 있는 "정의"라는 말 뒤에 숨어 있는 앙갚음의 정체를 드러낼 생각에서.

앙갚음으로부터의 인간 구제, 이것이 내게는 최고 희망에 이르는 교량이자 오랜 폭풍우 뒤에 뜨는 무지개이기 때문이다.

타란툴라들이 원하는 것은 물론 그와 다른 것이지. "우리의 앙갚음이 일으키는 폭풍우에 세계가 온통 휘말리는 것이야말로 우리에게는 정의지." 저들은 서로 이렇게 말한다.

"우리는 우리와 평등하지 않은 사람 모두에게 앙갚음을 하고 욕을 퍼부으려 하지." 이렇게 타란툴라의 심보는 다짐한다.

"평등을 향한 의지. 앞으로는 이 의지가 바로 덕을 일컫는 명칭이 되어야 한다. 권력을 쥐고 있는 자 모두에 반대하여 우리는 목청을 높이리라!"

평등을 설교하는 자들이여, 무력감이라는 폭군의 광기가 너희 내면으로부터 "평등"을 부르짖고 있구나. 너희가 더없이 은밀하게 품고 있는 폭군적 욕망이 이처럼 덕이라는 말을 탈로 쓰고 있는 것이다!

상처받은 자부심, 억제된 시샘, 너희 선조의 것일지도 모를 자부심과 시샘. 이

런 것들이 너희 가슴속에서 불꽃이 되고 앙갚음의 광기가 되어 터져 나오는 구나.[134]

니체는 그들에게 영감을 주는 것은 창조하는 정신이 아니라 복수심이라 잘라 말한다. 그들이 세련되고 냉정할 때도 그렇게 만드는 것은 질투심이다. 그래서 지금 '힘을 가진 자'들에게 해를 끼치기를 원한다. 니체는 자신이 "평등을 설교하는 자들과 섞이고 혼동되고 싶지" 않다고 말한다.

정의가 내게 말해주고 있기 때문이다. "사람들은 평등하지 않다"고. 사람들은 평등해서도 안 된다! 내가 달리 말한다면, 극복인에 대한 나의 사랑은 어찌 될 것인가?
사람은 천 개나 되는 교량과 좁은 길을 걸어 미래를 향해 돌진해야 한다. 그리고 그들 사이에 더욱더 많은 전투가 벌어지고 더 많은 불평등이 조장되어야 한다. 나의 위대한 사랑이 내게 이렇게 말하도록 하고 있는 것이다!
사람은 자신들의 적의 속에서 형상과 유령을 만들어낼 줄 아는 자가 되어야 한다. 그리고 자신들의 형상과 유령을 동원하여 서로에 대항하여 최상의 전투를 벌여야 한다!
선과 악, 풍요와 빈곤, 숭고함과 미천함, 그리고 가치를 일컫는 모든 명칭들. 이것들은 무기가 되어야 하며, 생은 항상 자기 자신을 극복하지 않으면 안 된다는 것을 말해주는, 쨍그랑쨍그랑 울리는 징표가 되어야 한다![135]

니체가 평등을 비판하는 의도가 확연히 드러난다. 종말인과 극복인은 결코 평등하지 않음을 여러 저작에서 강조한 니체는 극복인에 대한 사랑을 다시 '고백'하며 개개인이 자기 자신을 넘어서라고 쨍그랑쨍그랑 울린다. 이어 자신이 생각하는 삶의 철학을 압축적으로 전개한다.

생 자신은 기둥과 계단의 도움으로 자신을 높이 세우려 한다. 먼 곳을, 복에 겨워하는 아름다움을 내다보고 싶은 것이다. 그러기 위해 생은 높이 오를 필요가 있는 것이다!
높은 경지를 필요로 하고 있기에, 생은 계단을, 계단과 오르는 자들이 범하는 모순을 필요로 한다! 생은 오르고자 하며 오르면서 자신을 극복하고자 한다.[136]

삶은 자기 자신을 높이 세우려 한다는 명제는 니체의 우주론인 힘에의 의지에 근거한다. 삶에는 높이가 필요하다는 주장도 마찬가지다. 니체는 그 과정이 순탄할 수 없다고 내다본다. '계단과의 모순'이 그것이다. 더구나 독거미의 영향력은 여전히 크다. 하여 이렇게 외친다.

그런데 보라, 벗들이여! 타란툴라 굴이 있는 이곳에 낡은 성전의 잔해가 위로 치솟아 있으니, 부디 눈을 씻고 한번 보라!
진정, 일찍이 여기 그 자신의 사상을 돌에 담아 위로 쌓아 올린 바 있는 자는 더없이 지혜로운 자가 그러하듯 온갖 생의 비밀을 다 알고 있었으렷다!

아름다움 속에조차 싸움과 불평등이, 힘과 그 이상의 힘을 쟁취하기 위한 전쟁이 존재한다는 것, 그것을 그런 자는 여기서 우리에게 더없이 명료한 비유를 들어 가르치고 있다.

여기 둥근 천장과 홍예는 실랑이를 해가며 어찌 그리도 거룩하게 서로에 맞서 버티고 있는가. 이들 거룩하게 분투하고 있는 것들은 빛과 그림자를 앞세워가며 어찌 그리도 서로에 맞서 분투하고 있는가.

벗들이여, 우리도 이처럼 확실하고 멋지게 서로에 대해 적이 되어주도록 하자! 우리도 서로에게 맞서서 거룩하게 분투해보자!

아! 방금 나의 오랜 적, 타란툴라가 나를 물었구나! 거룩하리만큼 확실하게, 그리고 멋지게 나의 손가락을 물었구나!

"마땅히 형벌이 있어야 하고 정의가 있어야 한다. 그로 하여금 이곳에서 아무 대가 없이 적대 관계를 예찬하는 노래를 부르도록 해서는 안 된다!" 타란툴라의 생각이다.

그렇다, 그는 앙갚음을 한 것이다! 아! 이제 그는 앙갚음을 함으로써 나의 영혼에까지 현기증을 일으키리라!

벗들이여, 현기증을 일으키지 않게끔 나를 여기 이 기둥에 단단히 묶어달라! 나는 앙갚음에 대한 욕망의 소용돌이가 되기보다는 차라리 폐허가 된 신전 기둥 위에 올라 수행하는 성자가 되고 싶다![137]

니체는 '적' 앞에서 거룩하고 아름답게 싸우자고 호소한다.
열등감에 사로잡힌 싸움, 정의라는 방패 뒤에서 복수하는 싸움

　　　　　　　　　　　　　　니체 읽기의 혁명

을 그가 비판한 까닭이다. 인간의 평등을 주장하는 일부 사람들에게 정의는 질투와 앙갚음의 한낱 구실이 된다.

니체가 보기에 무리 속에서만 살 수 있는 나약한 사람들, 강인하게 살려는 의지가 없는 사람들, 자신을 건강하게 만드는 자율적이고도 생산적인 행위를 하기에는 너무 무기력한 사람들이 산술적인 평등을 주장한다. 그들은 삶에 부정적이어서 건강한 사람의 힘을 빼앗는 데 자신의 힘을 쓴다. 하향 평준화에 대한 열망, 강자에 대한 시샘이다.

니체에게 그들이 요구하는 평등은 '인간 삶의 성장이나 인간에 대한 존중'이 아니라 그들보다 '고귀한 사람들에 대한 질투'에 지나지 않았다. 스스로를 온전히 지배할 수 있는 '주인'과 그렇게 못하는 '노예', 병든 사람과 건강한 사람, 비루한 삶과 고귀한 삶을 냉엄하게 구분하는 니체에게 산술적 평등에 대한 비판은 자연스러운 논리적 귀결일 수 있다.

가장 고독한 자, 가장 은폐된 자, 가장 격리된 자,

선악의 저편에 있는 인간, 자신의 덕의 주인,

의지가 넘쳐나는 자가 될 수 있는 자가 가장 위대한 인간이

될 수 있을 것이다. 다양하면서도 전체적이고

폭이 넓으면서도 충만할 수 있다는 이것이야말로

위대함이라 부를 수 있을 것이다.

『선악의 저편』, 제6장 우리 학자들, 212절.

Friedrich Nietzsche

'위대한 정치'가 구현된 공동체

정신적 위계와 불평등을 인정해야 더 나은 세상을 만들 수 있다고 주장한 니체는 '귀족적인 사회'를 제시한다. 그는 "지금까지 인간 유형의 승격은 귀족적인 사회의 업적이었다"고 믿는다. 문구에 집착하면 니체는 평등에 반대하는 귀족주의자다. 그렇게 판단할 문장도 적잖이 발견할 수 있다.

하지만 니체가 전근대적 신분제도를 옹호했다고 보긴 어렵다. 그의 민주주의 비판과 귀족주의 긍정은 단순한 정치제도로서 민주주의를 비판하고 귀족주의 정체를 옹호한 것이 아니다. 니체의 귀족적 사회는 역사상의 귀족 제도처럼 특정 계급의 지배를 목표로 하지 않는다. 고귀한 사람들이 중심이 된 사회, 건강한 사람을 길러내는 사회를 이르는 니체식 표현이다. 무엇보다 니체 스스로 『이 사람을 보라』에서 "귀족이란 말은 종래 뜻한 바보다는 훨씬 정신적인, 그리고 근본적인 뜻"이라고 밝혀놓았다.

니체는 사람들 사이에 정신적 위계를 인정해야 비루한 삶을 살고 있는 '무리'들도 더 훌륭한 사람, 더 높은 삶을 살아가려고 분발할 수 있다고 보았다. 격차와 "거리의 파토스"가 없다면 결국 인간 유형의 승격, 지속적인 자기 극복은 나타나지 않으리라고 경계한다. 스스로 삶의 가치를 창조해내기 위해 무엇보다 필요한 것이 격차와 거리의 감성(파토스)이다. 병든 사람만이 아니다. 모든 사람이 거리의 파토스를 통해 더 높고 더 위대한 삶을 그리며 자신의 삶을 새롭게 조형해 나갈 수 있다.

니체에게 사회라는 공동체는 그 자체를 위한 것일 수 없다. 사람을 위한 사회이어야 마땅하다. 사회는 사람을 좀 더 높은 존재로, 좀 더 건강한 사람으로 길러내야 한다. 비루한 사람들이 고귀한 사람을 질투하는 사회가 아니라 그들을 존중하고 자신도 그런 사람이 되려고 다짐하는 사회다. 그런 사회를 구현하고자 니체가 제시한 개념이 "위대한 정치Große Politik"다.

본디 '위대한 정치'는 당시 프로이센 중심으로 독일 통일을 이룬 비스마르크의 행보를 두고 나온 말이다. 거기서 비롯해 19세기 유럽 국가들이 대외적으로 적대감을 강화하는 정책을 가리킨다. 니체는 그런 정치를 혐오했다. 그래서 더욱 그 말을 그대로 차용하면서 사실상 정반대인 새로운 의미를 담았다. 그에게 위대함은 어떤 것일까. 니체는 사람의 "위대함을 표시하는 나의 정의는 '운명을 사랑하라'이다"라며 운명애를 꼽았다. 더 섬세하게는 이렇게 말한다.

나는 모든 드문 것, 낯선 것, 특권적인 것, 보다 높은 인간과 영혼, 더욱 높은 의무와 책임, 창조적인 힘의 충일과 지배권을 공동으로 얻기 위한 싸움을 하며 다음과 같이 말하고자 한다. 오늘날 고귀하다는 것, 독자적인 존재가 되고자 한다는 것, 달리 존재할 수 있다는 것, 홀로 선다는 것, 자신의 힘으로 살아야만 한다는 것이 '위대함'의 개념에 속한다. (…) "가장 고독한 자, 가장 은폐된 자, 가장 격리된 자, 선악의 저편에 있는 인간, 자신의 덕의 주인, 의지가 넘쳐나는 자가 될 수 있는 자가 가장 위대한 인간이 될 수 있을 것이다. 다양하면서도 전체적이고 폭이 넓으면서도 충만할 수 있다는 이것이야말로 위대함이라 부를 수 있을 것이다."[138]

위대한 정치는 그 위대한 존재와 맞물려 있다. 영원회귀 우주론에 근거해 바람직한 인간상으로 제시한 극복인들이 발 디딘 대지, 그것이 사회이어야 마땅하다고 보았다. 니체는 허무주의에서 벗어나 삶을 적극적으로 긍정하며 자기 극복의 강인한 사람들로 구성된 사회를 소망했다. 그가 자유민주주의와 평등을 비판한 까닭도 "권리와 평등은 너무나 쉽게 옳지 않은 평등으로 전환될 수 있다"고 우려했기 때문이다.

니체에게 사회정의는 질투나 복수가 아니라 진정한 자기 발전을 이룰 수 있는 건강한 사람들의 양성에 있다. 영원회귀의 우주에서 힘으로 충만한 삶을 살아가려면 새로운 문화가 필요하다. 기존의 질서와 가치를 폐기하고 사람의 삶을 높일 새로운 정치를 기획한 까닭이다. 니체가 "다양하면서도 전체적이고 폭이 넓으면서도 충만할 수 있다는 이것이야말로 위대함"이라고 주장한 것은 현대 민주주의의 철학과 이어진다.

　니체의 새로운 사회는 개인의 성장, 전체로서 인류의 성장을 목표로 한다. 이를 위한 공동체는 건강한 사람을 길러내기 위해 '안정'보다 '투쟁'을 요구한다. 니체에게 건강함이란 현재에 머물러 지금의 자신을 유지하는 것이 아니라 힘에의 의지에 따라 자신의 상승을 힘 있게 추구해 나가는 것이다. 안정을 중시하는 사고는 건강한 사람들의 사회와 어울리지 않는다.

위대한 정치는 생리학이 여타의 문제를 지배하게 한다. 그것은 인류를 전체로서, 그리고 좀 더 높은 존재로서 훈육할 정도의 막강한 힘을 창출하고자 한다. 퇴화되고 삶에 기생하는 것들에 대해서는, 퇴락하고 중독시키고 비방하며 몰락으로 향하는 것들에 대해서는, 그리고 삶의 무화에서 좀 더 높은 종류의 영혼에 대한 표식을 발견하는 것들에 대해서는 가차 없이 냉엄하게 대하는 힘을. (…)

위대한 정치를 위해 충분히 강력한 삶의 당파를 창출한다. 위대한 정치는 여타의 모든 문제를 생리학이 지배하게 한다. 그것은 인류를 전체로서 훈육하고자 한다. 그것은 종족과 민족과 개별 인간을 그들의 미래의 [一]에 의거해서, 그들의 내부에 지니고 있는 삶에 대한 보증에 의거해서 평가한다. 그것은 모든 퇴화하고 기생하는 것 전부를 가차 없이 끝장내버린다.[139]

　여기서 분명하게 확인할 수 있듯이 니체의 위대한 정치는 군주제나 민주제(19세기 자유민주주의 체제)와 같은 특정 방식의 정치

체제를 의미하지 않는다. 무엇보다 병든 삶을 조장하는 사회질서나 가치 체계의 해체를 위해 '강력한 삶의 당파'가 주도하는 정치다. 그 싸움은 곧 새로운 사회에 대한 요구이며 퇴화 또는 기생으로 몰락해가는 자들에 대한 유죄판결이다. 퇴화하는 자들의 자리에 더 높은 사람, 위대한 사람이 들어서야 한다. 삶의 당파가 지닌 지배권은 인류를 더 높은 존재로 길러낼 수 있는 힘이다.

따라서 니체는 허무적 가치를 옹호하는 당파와의 싸움을 마다하지 않는다. 그러한 싸움은 불가피하다. 위대한 정치를 주창하며 그것을 구현하려면 싸움에 나서야 한다고 강조한다.

작은 정치의 시대는 지나갔다. 틀림없이 다음 세기는 대지의 지배를 위한 싸움을 하게 될 것이고, 어쩔 수 없이 큰 정치를 하게 될 것이다.[140]

끊임없는 싸움을 통해 자신을 극복하고 성장시켜 나가는 인간 유형을 위한 정치, 바로 그것이 니체가 제시한 위대한 정치다. 위대한 존재나 건강한 사람을 원망하거나 질시하는 평등주의적 흐름과는 선을 긋는다. 개인을 그리고 인류를 더 높은 존재, 더 위대한 존재로 길러내는 '정치 프로젝트'다.

니체는 위대한 정치를 통해 인류를 몰락에서 건져내길 원한다. 삶의 건강성을 긍정하는 정치의 표본, 건강한 삶을 뒷받침할 사회에 대한 구상, 개인과 전체로서의 인류를 더 높은 유형의 존재로 길러내기 위한 정치적·사회적·문화적 기획이다. 위대한 정치가 구현된 사회는 삶을 긍정하는 건강한 사람이 저마다 창조적인 삶을 창조하는 공동체라 할 수 있다.

니체는 저서 곳곳에서 개개인이 병든 노예적 상태를 벗어나 건강한 '주인'으로 살아가기를 촉구한다. 여기서 민주주의의 고전적이고 보편적 정의가 '민중 스스로의 통치self-government of the People'임을 상기할 필요가 있다. 민주주의의 그 이상이 구현되려면 주권자로서 민중이 스스로 정신적 노예 상태를 벗어나 의사 결정 과정에 적극 나서야 한다. 니체가 살던 19세기 유럽의 자유민주주의는 민중 스스로의 통치와는 도무지 거리가 멀었다.

니체는 "오늘날 아무도 더 이상 특별한 특권 혹은 지배할 수 있는 권리를 요구할 용기를 가지고 있지 않다"면서 그 "격차의 열정을 위한 용기"의 부족으로 정치가 병에 걸렸다고 비판했다. 그러므로 위대한 정치는 '지배할 수 있는 권리'를 요구할 용기를 지녀야 한다고 주장했다. 오해를 불러일으킬 수 있는 문장이지만 여기서 '특권'이나 '지배의 권리'는 고귀한 삶을 살아가는 사람 또는 건강한 사람이 비루한 삶을 살아가는 사람 또는 병든 사람들을 이끌어 그들의 삶을 높이는 데 적극 나서야 한다는 뜻이다.

그런데 근대사회 평등주의의 문제점을 날카롭게 지적하면서도 니체는 대안적 사회상을 제시하는 데는 더없이 뭉툭하다. 위대한 정치는 건강한 개인들의 공동체를 추구한다는 수준에 머물러 개인과 사회의 구체적 관계에 대한 설명이 크게 부족하다. 그의 사회철학에 반민주주의라는 비판이 나온 까닭이기도 하다.

더구나 니체의 문장들에는 '인간 개혁'이라는 그의 철학 정신과 모순되는 생각들이 적잖게 드러난다. 민중과 노동인을 보는 관점이 그렇다. 딴은 민중이 정치에 나서는 행동을 초기부터 의심의 눈초리로 지켜보았다. 가령 1869년 가을에 그가 교수로 재직하고 있는 바젤에서 국제노동인연합 회의가 열리자 경각심을 가졌다. 사회문제를 노동인의 관점에서 해결하려는 운동을 문화에 대한 위협으로 느꼈기 때문이다.

니체는 심지어 '인류'라는 말 자체를 반대하는 글을 적기도 했다. "인류가 전체로서 지속적으로 성장하고 더 강하게 된다고 사람들이 믿을 때에는, (…) 대단한 위험이 도사리고 있다"[141]며 그런 믿음이 개개인의 성장을 방해할 수 있다고 주장했다. 그에게 "인류는 목표라기보다는 오히려 수단이다." 범용한 인류를 뛰어넘는 '삶의 높은 유형'을 제시하고 산출하는 것이 문제가 될 때 "인류는 한갓 실험 재료에 불과하고, 실패자들의 엄청난 과잉일 뿐이며, 폐허에 불과할 뿐이다."[142] 거대한 자연 안에서 사람이 지닌 위대함을 구현할 소수의 개인을 산출하는 과정에 대다수는 그 바탕을 이룬다고 생각했다. 자신의 책을 읽을 독자들에 대해서도 글을 남겼다. "만인이 좋아하는 책에서는 언제나 불쾌한 냄새가 난다"[143]며 "우리는 인간을 능가해야 한다. 힘과 영혼의 높이에 의해서, 경멸에 의해서"[144]라고 적었다.

벗들이여, 우리도 이처럼 확실하고 멋지게 서로에 대해

적이 되어주도록 하자! 우리도 서로에게 맞서서 거룩하게

분투해보자!

『차라투스트라는 이렇게 말했다』, 제2부, 타란툴라들에 대하여.

Friedrich Nietzsche

그런데 니체의 저작에는 민중과 인류를 불신하는 글과 반대로 민중에 긍정적 문장들이 공존한다. 『차라투스트라는 이렇게 말했다』에서 니체는 "나의 입심, 그것은 민중의 것이다. 앙고라 토끼들이 듣기에 나 너무 투박하고 간절하게 이야기한다. 그리고 내가 하는 말, 먹물을 뿜어대는 낙지나 글이나 끄덕이는 여우들에게는 더욱 낯설게 들리리라"[145]고 자부했다. 앙고라 토끼나 먹물을 뿜는 낙지, 여우가 각각 어떤 글쟁이들을 연상시키는지는 독자의 상상에 맡긴다. 혼재된 민중관은 니체 자신이 철학을 체계적으로 전개하지 않아 빚어졌다고 판단할 수 있다.

실제로 사회에 대한 니체의 사유는 논리적으로 다듬어지지 않았고 그 결과 사회현상을 비판하는 글에 서로 어긋나는 대목도 적잖다. 민주주의나 노동에 대한 이해에는 또렷한 한계도 나타난다. 하지만 그렇다고 해서 그를 반민주주의자나 '금발 야수의 철학자'로 '추방'할 필요는 없다. 삶의 허무를 벗어나서 더 나은 인간상을 갈망한 그의 철학적 고투에서 얻을 것은 얻고 버릴 것은 버리는 지혜가 필요하다. 니체 자신이 독자들에게 차라투스트라와 다른 길을 창조적으로 걸어가라고 강조했기에 더욱 그렇다. 그 맥락에서 그의 철학과 정반대 또는 무관하게 소통되고 있는 마르크스Karl Marx 철학과 연관 지을 때 니체의 사회철학에 담긴 문제의식은 새로운 지평을 열 수 있다.

니체와 마르크스의 대화

종말인과 극복인, 비루한 삶과 고귀한 삶을 구분한 니체는 그 차이를 외면하거나 가볍게 보는 흐름에 결코 동의할 수 없었다. 그가 살고 있던 19세기의 민주주의를 '인간의 타락한 형식'으로 본 이유다. 그런데 건강한 삶을 주창하는 사유에서 니체는 정작 삶에 더없이 중요한 영역을 지나쳐 갔다. 종말인과 극복인의 정신적 격차를 존재적 권리 차원까지 확장하면서도 정작 모든 삶의 기반인 사회·경제적 차이에 도통 관심을 기울이지 않은 것이다.

많은 철학자들이 경시해왔지만 경제는 모든 사람의 삶에 가장 근본적인 기반이다. 아무리 고귀한 삶을 살아가는 사람도 먹어야 살 수 있기 때문이다. 질투와 시기의 사회정의를 비판한 니체 철학을 정확히 이해하기 위해서도 삶의 경제적 요인을 짚는 것은 중요하다. 경제를 삶의 기반으로 파악한 철학자와 니체 사이에 대화가 필요한 까닭이다. 니체가 기독교와 형이상학의 이분법을 비판하며 지금 여기의 삶을 중시했기에 더 그렇다.

『차라투스트라는 이렇게 말했다』를 탈고할 무렵인 1883년

3월 17일 영국 런던의 하이게이트 공동묘지에서는 한 철학자의 장례식이 조촐하게 열렸다. 고인과 가장 가까운 친구는 참석자를 대표해 읽은 추모사에서 "최근에 이르기까지 겹겹의 이데올로기에 가려져 있던 간단한 사실"을 고인이 발견했다고 평가했다. "사람은 정치, 과학, 예술, 종교 등등에 종사할 수 있기 전에 우선 먹고 마시고 집을 가지고 옷을 입어야 하며, 그러므로 직접적인 물질적 생활 수단의 생산, 어떤 민족 또는 어떤 시대의 경제 발전 단계가 (모든 사회의) 토대"라는 것이다.

조사를 읽은 이는 엥겔스$^{Friedrich Engels}$, 무덤에 묻힌 철학자는 마르크스다. 실제로 정치인이거나 자본가이거나, 언론인이거나 교육인이거나, 예술인이거나 종교인이거나, 어떤 '자리'에서 활동하든 대전제가 있다. 먹고 마시고 집이 있고 옷을 입어야 한다. 니체도 예외일 수 없다. 문제는 그 간명하고 중요한 사실이 '겹겹의 이데올로기'에 숨겨져 있다는 점이다.

흔히 마르크스(1818~1883)와 니체(1844~1900)를 상극으로 여긴다. 니체의 철학이 20세기 후반에 포스트모더니즘이 퍼져간 원천이기에 그렇게 이해할 수도 있다. 하지만 두 철학자 사이에는 공통점이 많다. 19세기 후반의 유럽에서 거의 같은 시대를 예리하게 사유했기에 철학적 문제의식에 공통점이 있다. 많은 연구자들이 놓치고 있지만, 마르크스와 니체 모두 그들이 살고 있던 19세기 민주주의가 지닌 문제점을 통렬히 비판했다. 물론 두 철학자가 걸어간 삶의 길은 대조적이랄 만큼 달랐다. 둘 다

사회철학 : 고귀한 삶의 공동체

독일 대학에서 철학박사 학위를 받았지만 마르크스는 '불온한 박사'로 낙인 찍혀 시간강사조차 될 수 없었던 반면에 니체는 학위를 받기도 전에 전임교수가 되었다.

두 철학자가 걸어간 삶이 다른 만큼 19세기 민주주의를 비판하는 시각에도 차이가 크다. 누구보다 형이상학을 비판하며 삶에서 몸을 중시한 니체가 정작 사람이 철학을 하기 전에 '우선 먹고 마시는 전제가 필요하다'는 사실을 놓친 것은 아쉬운 대목이다. 물론 니체는 마르크스가 상대적으로 가볍게 본 삶의 의미를 깊숙이 파고들었다. 두 철학자의 문제의식은 근대사회를 넘어선 탈근대의 새로운 사회, 21세기의 민주주의를 열어가는 데 중요한 디딤돌이 될 수 있다. 두 사람 모두 19세기 이래 지금까지 큰 사상적 영향을 끼쳐왔기에 더 그렇다.

니체와 마르크스의 대화는 생뚱맞게 다가올 수 있겠지만 이미 프랑크푸르트학파가 시도한 연구 주제다. 비판이론을 주도했던 철학자 아도르노^Theodor W. Adorno는 처음에 니체를 '나치 선구자'쯤으로 이해했지만 그의 저서를 꼼꼼히 읽고 '가장 일관된 계몽가의 얼굴'을 발견했다. 아도르노는 니체를 통해 "마르크스를 넘어 좀 더 발전되고 확장된 계몽 개념과 사회주의 개념"을 찾으려 했다.[146]

마르크스와 니체 모두 근대사회를 비판했다. 니체가 인간의 왜소화를 중심에 두고 근대사회를 비판했다면, 마르크스 비판의 무게중심은 자본주의에 있다. 마르크스는 자신이 살던 근대사회

니체 읽기의 혁명

가 상공인들과 그들이 고용한 민중, 곧 자본계급과 노동계급으로 나뉜 사실에 주목했다. 자본가들은 상품 생산수단을 소유하고 노동인들을 고용해 이윤을 얻는다. 그들에게 고용된 노동인들은 상품을 생산하거나 판매하고 일정한 임금을 받는다.

마르크스와 엥겔스는 『공산당 선언』에서 유럽의 상공인들이 "100년 남짓 자신이 지배하는 기간 동안 이전 모든 세대들이 이루어낸 것을 모두 합친 것보다 더 거대하고 엄청난 생산력을 창출했다"고 높이 평가했다. 아울러 상공인들이 주도해 신분제를 없앤 시민혁명을 정당하게 평가했다. 동시에 그 안에 담긴 문제점을 놓치지 않았다. 자본주의가 모든 인간관계를 적나라한 이기심, 냉혹한 '현금 지불 관계'로 만들어놓았다고 비판했다. 인간의 거룩한 종교적 정열, 기사도적 열정, 세속적 감상주의의 기쁨까지 모두 "자기중심적 타산이라는 얼음같이 차디찬 물속에 빠뜨려"버린 것이 자본주의다. 그래서 더 나은 사회를 위해 자본의 논리를 해부했다.

부르주아 계급은 인격적 존엄성을 교환가치로 해소해버렸으며, 문서로 인증되고 정당하게 얻어진 자유를 단 하나의 양심 없는 상업적 자유로 바꾸어놓았다. 한마디로 부르주아 계급은 종교적 정치적 환상 속에 숨어 있던 착취를 공공연하고 파렴치하며 직접적이고 건조한 착취로 바꾸어놓았다.
부르주아 계급은 지금까지 존경받았고 사람들이 경건하게 바라보던 모든 활동에서 신성한 후광을 벗겨버렸다. 부르주아 계급은 의사, 법률가, 시인, 학자를 자신들을 위해 일하는 임금노동자로 바꾸어놓았다.

부르주아 계급은 가족관계에서 심금을 울리는 삼상적 장막을 찢어버리고 그것을 순전한 화폐 관계로 환원시켰다. (…)

부르주아 시대는 생산의 끊임없는 변혁, 모든 사회적 상황의 부단한 동요, 영원한 불안과 격동을 통해 다른 모든 시대와 구별된다.[147]

모든 상공인들이 더 많은 돈을 벌려고 앞다투어 상품을 생산하다 보니 과잉 생산과 불황 또는 공황이 주기적으로 일어날 수밖에 없고, 그때마다 수많은 민중이 실직과 빈곤의 고통을 겪는다. 산업이 한 나라를 부강하게 만들더라도 부익부 빈익빈이 깊어진다. 실직과 빈곤의 굴레에서 벗어나더라도 각자도생의 경쟁 체제에서 살아가야 한다.

마르크스는 자본주의 사회에서 사람의 노동이 자신의 본질을 잃고 그로 인해 노동인의 삶은 비인간적 상태에 놓인다며 그것을 '노동의 소외'로 개념화했다. 기실 마르크스와 니체가 철학하던 시대에 노동인들은 열악한 환경에서 산업재해로 다치거나 죽을 수 있다는 두려움에 떨며 하루 12시간에서 18시간, 일주일에 6일 반을 일했다. 유럽 전체에 질병과 범죄가 만연했고 아동 밀거래까지 성행해 봉기가 일어날 기운마저 감돌았다. 당시 보수적인 정치인 디즈레일리Benjamin Disraeli조차 한 도시 안에 부자와 빈자의 삶이 완전히 별개인 풍경을 '두 개의 국민'으로 표현했지만 대다수 상공인들은 인생을 '엔조이'하기에 바빴다.

니체가 비루한 삶을 양산한다고 비판한 19세기 유럽의 민주주의는 마르크스에겐 탐욕스러운 식성으로 무한정 몸집을 불리는 자본주의였다. 철로와 증기선으로 온 세계에 상품을 팔았고, 총칼로 나라를 통째 삼켜댐으로써 지구 곳곳에 식민지가 빠르게 늘어났다. 영국을 비롯해 유럽 국가들과 미국은 경쟁적으로 식민지를 넓혀가며 이른바 '문명화'를 내걸고 탐욕스럽게 식민지 민중을 착취했다.

결국 지구는 자본가와 노동인, 백만장자와 빈민, 대토지 소유자와 가난한 농장노동인, 백인과 유색인으로 갈라졌다. 부가 한쪽으로 쏠리면서 경제 위기가 되풀이될 때마다 양극화가 깊어갔고 자본가들의 탐욕은 무한정 커져갔다.

니체의 대표작이 『차라투스트라는 이렇게 말했다』라면, 마르크스의 대표작은 『자본』이다. 모두 19세기 유럽을 무대로 사유한 결실이다. 『자본』을 읽어보지도 않고 비난하는 이들의 주장과 달리, 마르크스는 자본가의 권리도 충분히 인정했다. 자본가는 공장과 설비를 마련하고 그것을 노동인에게 제공해 상품을 생산할 수 있게 해주었다고 정당하게 평가했다. 상공업자든 누구든 자신의 노동이나 경제적 지출에 대해 보상받는 것을 결코 시기하지 않았다. 다만 그것이 다른 사람의 손실에서 나와서는 안 된다는 정의로운 원칙을 세웠을 따름이다.

기실 불공평은 자본주의 자체에 내재해 있다. 생산수단의 사적 소유에 기초한 체제는 발생한 이익을 노동인들과 나누려 하

　　　　　　　　사회철학　　　　　　**: 고귀한 삶의 공동체**

지 않는다. 자본가들은 더 많은 이윤을 얻기 위해 언제나 비용 절감에 나선다. 비용 줄이기에 가장 손쉬운 방법이 임금 삭감과 해고이다. 결국 자본가와 노동인 사이에 빈부 격차는 무장 커질 수밖에 없다. 『자본』은 그 진실을 말끔하게 드러냈다. "자연자원·기계·운송수단·금융적 신용 따위의 생산수단을 독점적으로 소유한 사람들"이 노동인들에게 돌아가야 할 몫을 가져간다는 것이다. 그들은 생산수단이 없어 무력해진 노동인들을 통제할 수 있는 전략적 지위를 갖기에 "인류의 나머지가 굶어 죽거나 아니면 굴복하도록 만들 수 있는 힘"까지 지닌다.

『자본』은 단순히 자본주의 경제를 분석한 저작이 아니다. 사람의 현실적 삶을 과학적으로 연구한 철학자가 그 결과를 문학적 표현으로 담아냈다는 점에서 니체의 저작과 함께 20세기 이래 철학과 문학의 소통을 선구한 작품이기도 하다. 두 철학자의 대표작에 동물들이 등장하는 것도 공통적이다.

마르크스는 자본이 "뱀파이어처럼 살아 있는 노동을 빨아들이는 것으로 살아가고 더 많이 살수록 더 많은 노동을 빨아들인다"고 단언했다. 자본은 "눈멀고 주체할 수 없는 열정으로, 잉여노동에 대한 늑대인간과 같은 게걸스러움으로 도덕뿐만 아니라 심지어 노동시간의 육체적 한계를 뛰어넘어 버린다. 몸이 성장하거나 건강을 유지하는 데 필요한 시간까지 앗아간다. 신선한 공기를 마시고 햇볕을 쬘 시간도 훔쳐가며… 원기를 회복하고 휴식을 위해 필요한 달콤한 수면도, 절대적으로 소모된 체력과 신체 기관을 재가동하는 데 필수적인 단 몇 시간 동안만의 마비 상태로 단축한다."[148]

유럽에서 전승되어온 민간 설화에 나오는 늑대인간은 사람의 모습을 지녔지만 밤이면 늑대로 변해 동물이나 사람을 먹어치운다. 뱀파이어와 늑대인간의 야합이 낳은 괴물이 바로 자본이다. "자본은 머리부터 발끝까지 모든 땀구멍에서 피와 오물을 흘리며 출생"했다. 철학적 저술과 동떨어졌거나 지나친 매도라고 생각할 수 있겠지만, 같은 시대를 사유한 니체가 처음부터 끝까지 비유와 상징으로 문학적 서술을 한 『차라투스트라는 이렇게 말했다』와 어금버금하다.

더구나 단순한 비유가 아니다. 실제로 서양 백인들이 '영웅'으로 칭송하는 콜럼버스는 '신대륙'에 도착해 금을 찾지 못하자 선주민 개개인에게 금 할당량을 주고 기한 내에 가져오지 못하면 손목과 발목을 잘라 사냥개에게 던져주었다. 그 만행을 저지른 콜럼버스는 지금도 스페인에서 성당의 축복을 받으며 '영면'에 들어 있다. 비단 콜럼버스만이 아니다. 유럽 백인들의 학살로 숨진 아메리카 선주민은 수천만 명에 이른다는 연구 결과도 있다. 아메리카에서 금과 은의 채굴 과정에 발생한 선주민 학살과 노예화, 아프리카 흑인을 겨냥한 상업적 사냥이 "자본주의적 생산의 장밋빛 새벽을 알리는 신호"였다는 사실을 부인할 사람은 없다. 니체가 사람의 삶을 낙타·사자·어린이로 구분한 문장들에 철학이 담겨 있듯이, 자본을 뱀파이어와 늑대인간에 비유하며 '모든 땀구멍에서 피와 오물을 흘리며 출생했다'고 쓴 마르크스의 서술은 일상의 이해나 상식의 이름으로 가려진 진실을 포착하는 철학적 인식이다.

비단 '출생의 비밀'만 문제가 아니다. 마르크스가 살아가던 19세기에 자본은 이윤이라는 이름으로 무절제한 탐욕을 충족하고자 사람과 환경을 잡아먹는 산업적·군사적 괴물로 불쑥불쑥 성장했다. 마르크스가 뱀파이어에 맞서 휴머니즘을 옹호하며 추상적 인류가 아니라 '계급 없는 인류'를 제시한 이유다.

적어도 철학자 마르크스가 제시한 사회정의에는 니체가 비판한 질투와 시기의 그림자가 없다. 정당한 요구가 담겨 있으며 바로 그렇기에 니체 철학과 충분히 소통할 수 있다. 니체가 사회주의자들을 '얼간이'로 비판하는 글을 많이 썼음에도 정작 마르크스에 대해서는 한 마디도 말하지 않은 사실도 흥미롭다. 마르크스의 『자본』이 독일어판으로 출간된 시점은 니체의 교수 시절이었고, 『공산주의자 선언』을 비롯한 마르크스의 저작들이 이미 그 시기에 화제가 되어 있었기에 더욱 그렇다.

니체와 마르크스. 두 철학자 모두 '자본주의적 민주주의' 사회를 비판하며 사람이 더 사람다운 삶을 살 수 있는 철학을 제안했다. 다만 니체는 '인간의 왜소화'에, 마르크스는 '자본주의'에 방점을 두고 비판했다. 19세기에 제국주의로 치닫던 자본주의적 민주주의 사회를 넘어서는 공통의 과제를 놓고 니체도 마르크스도 철학을 전개했다. 마르크스는 철학자들이 지금까지 세상을 다양하게 해석만 해왔지만 핵심은 세상을 바꾸는 것이라 했다. 니체에게 철학자는 병든 시대를 치료하는 의사이다.

19세기 동시대를 살았던 마르크스와 니체의 '대화'는 20세기 인류의 경험을 바탕으로 21세기에 살고 있는 우리가 새롭게 탐색할 수 있는 과제다. 니체와 마르크스가 각각 다른 관점에서 시도한 세계사적 전환이 현실로 구현되지 못했고 철학 자체의 한계도 드러났지만, 두 철학자의 문제의식이 여전히 울림을 주고 있기에 더 그렇다.

6　실천론

: 주권적 개인의 창조적 삶

개인이 완전히 자기 자신을 넘어서서 개인적인 생존에 종사하고,

그것을 위해 생식하고 노동할 필요가 없는 곳에서야 비로소

존엄을 말할 수 있다.

『유고(1870년~1873년)』, 씌어지지 않은 다섯 권의 책에 대한 다섯 개의 머리말.

진정, 이 대지는 치유의 장소가 되어야 한다. 이미 대지 주변에는

새로운 내음, 건강에 좋은 내음이 감돌고 있다.

거기에다 새로운 희망이!

『차라투스트라는 이렇게 말했다』, 제1부, 베푸는 덕에 대하여.

Friedrich Nietzsche

니체와 '임금노예'의 치욕

21세기 지구촌의 200여 국가들은 모두 민주주의를 내세우고 주권이 그 나라 민중에 있음을 저마다 공언하고 있다. 유럽 국가들이 제국주의로 치닫던 시대에 철학적 사유를 전개한 니체와 마르크스는 19세기 근대 민주주의, 자본주의적 민주주의의 문제점을 또렷이 인식하고 있었다. 두 철학자의 시대 비판은 공통으로 사람의 더 나은 삶을 목표로 삼았다.

문제를 인식한 방향에 따라 해법도 달랐다. 니체가 '인간 개혁'을 다짐했다면, 마르크스는 '사회 변혁'을 내놓았다. 그럼에도 두 철학자 모두 '노예적 삶'과 '임금노예'를 논의했다는 사실이 흥미롭다. 19세기 민주주의를 날이 시퍼렇게 비판한 두 철학자는 주권자들 대다수가 노예처럼 살고 있는 삶의 현실을 놓치지 않았다. 니체보다 출생이 26년 앞섰던 마르크스의 생각부터 살펴보자.

마르크스는 '노동인'들을 망설임 없이 '임금노예'로 불렀다. 물론 차이를 모르진 않았다. 노예는 자신의 노동력과 함께 주인에게 팔리고, 노동인은 자신의 노동력을 자본가에게 판다. 노동

　　　　　　　실천론　　　: 주권적 개인의 창조적 삶

인들은 노예사회의 노예와는 다르지만 일자리를 구하지 않으면 굶어 죽을 수밖에 없다. 복지정책이라곤 도통 없던 19세기에는 더욱 그랬다.

지금도 우리가 생생한 현실로 목격하고 있듯이 자본주의는 상품 생산수단을 소유한 자본계급과 그렇지 못한 노동계급이라는 두 유형을 만들어냈다. 『자본』을 번역하고 서울대에서 정년 퇴임한 경제학자 김수행이 생전에 강연 때마다 21세기인 '지금도 마찬가지'라며 '평등이라는 쓸데없는 소리 하지 말라. 자본주의 사회에서 평등은 없다'고 단언한 이유다.

기실 '임금노예'나 '자본주의에서 평등은 거짓말'이라는 말은 마르크스주의자 혹은 사회주의자들만의 언어가 아니다. 마르크스에 앞서 염세적이고 보수적인 철학자 쇼펜하우어가 유럽의 근대국가를 '노예제 국가'라고 비판한 사실을 우리는 앞서 살펴보았다.

그런데 '임금노예'라는 말이 퍼져간 배경에는 미국의 대지주(농장주)들이 자리하고 있다. 19세기 후반 미국의 남북전쟁과 노예 해방 과정에서 남부의 농장주들이 '임금노예'라는 말을 적극 활용해 여론전을 폈다. 대표적으로 피츠휴$^{George Fitzhugh}$는 북부의 노동인들이 남부의 노예보다 자유롭지 않다면서 "노예주가 노예를 부리듯이 자본이 노동을 부린다"라고 주장했다. 단 하나 차이가 있다면 남부의 노예주는 노예가 늙고 병들어도 이들을 책임지고 보살펴주지만 북부의 자본가는 그런 책임을 전혀 지

니체 읽기의 혁명

지 않는 것이라고 꼬집었다. 남부의 노예를 소유한 지주들은 북부의 자본가들에게 "당신들이 가진 자본 덕분에 노동을 마음대로 부릴 수 있는 한 당신들은 노예 소유주다. 그런데 노예주이면서 노예주로서의 의무를 다하지 않는 노예주에 불과하다. 당신을 위해 일하고 당신의 소득을 창출하는 사람은 당신의 노예"라고 질타했다.[149] 북부의 노동인들이 끊임없는 가난과 불안 속에 살고 있어 남부 노예들보다 실제로 자유롭지 않다고 보았기 때문이다.

피츠휴는 누군가가 노예라면 노동인 못지않게 의존적 삶을 살겠지만, 적어도 의식주는 걱정하지 않을 것이라고 강조했다. 아울러 "자유노동인이라는 잘못된 이름으로 불리는 사람들이 안전하게 살아가기에 충분한 재산이나 자본을 줘서 그들을 실질적으로 자유롭게 만들"기 전까지는 자본가들이 남부의 노예제를 비판할 자격은 없다며 그들이 주장하는 '노예 해방'을 위선이라고 주장했다. 상원의원 해먼드^{James Henry Hammond}도 전 세계에서 오로지 미국 남부에만 노예제가 남아 있다는 주장에 이의를 제기했다. 그는 "그렇다, 명칭 자체는 폐지됐다. 하지만 실상은 그대로다"라며 그것이 자본주의 사회의 보편적 현상이라고 주장했다.[150]

미국의 노예 소유자들에게 자본가들이 주장한 '노예 해방'은 저임금으로 흑인들을 고용하려는 기만적인 술책에 지나지 않았다. 물론 그렇다고 남부의 대지주들이 진정한 노예 해방에 나선 것은 아니다. 그들의 목표는 농장에서 노예를 부리는 자신들의 기득권 사수 그 이상은 전혀 아니었다. 그것을 지키기 위해 북부의 자본가들이 저임금 노동력을 더 많이 확보할 속셈으로 '노예 해방'을 내세웠다고 공격했을 뿐이다.

미국 농장주와 마르크스가 똑같이 19세기 노동인들이 노예처럼 살아가는 현상을 고발했지만 의도는 정반대였다. 마르크스는 미국 대통령 링컨에게 노예 해방을 지지한다는 편지를 보냈고 감사의 답장을 받았다. 다만 마르크스는 미국 농장주들은 물론 링컨과 달리 흑인 노예는 물론 임금노예 해방도 주창했다.

자본을 '뱀파이어'와 '늑대인간'으로 비판한 마르크스는 자본이 지배하는 사회에서 생존경쟁에 내몰리며 노예처럼 살아가는 노동인들이 사람답게 살아가는 새로운 사회를 탐색했다. 상공인들이 '국민경제의 성장'을 내세우며 자신들의 재산을 불려갈 때, 노동인을 비롯한 민중은 각자도생의 체제에서 모래알처럼 흩어져 고통스러운 삶을 살아가고 있었다. 마르크스는 상공인들의 정치·경제적 성공에 비례해 노동인들이 크게 늘어나고 있기에 그들의 정치의식이 관건이라고 판단했다.

눈여겨볼 대목은 '노예도덕'을 비판한 니체 또한 노동인들이 노예와 다를 바 없다는 인식을 하고 있었다는 사실이다. 교수 시절에 '그리스 국가'라는 제목으로 쓴 글에서 니체는 노동인들의 상황을 노예로 묘사했다. 추정컨대 미국 남북전쟁 시기의 노예 논쟁을 당시 신문을 통해 알고 있었을 개연성이 높다. 니체가 고대 그리스의 노예들과 '신세대인'을 비교한 대목을 살펴보자.

신세대인들인 우리는 그리스인들보다 두 가지 개념을 더 가지고 있는데, 이 개념들은 말하자면 완전히 노예처럼 행동하면서도 '노예'라는 낱말을 두려워하고 피하는 세계를 위로하는 수단으로 주어져 있다. 우리는 '인간의 존엄'과 '노동의 존엄'에 관해 말한다. 이 가련한 삶이 가련하게나마 뿌리를 내리도록 모든 것이 온갖 애를 쓴다. 이 끔찍한 궁핍이 소모적인 노동을 강요하지만 '의지'에 홀린 인간, 아니 더 정확하게 말하자면 인간 오성은 이따금 이 노동을 가치 있는 것이라 경탄해 마지않는다. 그러나 노동이 명예로운 칭호를 요구하려면, 실존이—노동은 이 실존을 위한 하나의 고통스러운 수단에 지나지 않는다—진지하게 생각하는 철학과 종교들에게서 나타났던 모습보다 더 많은 품위와 가치를 가져야 할 필요가 있을 것이다. 우리는 수백만이 겪고 있는 노동의 고통 속에서 어떤 희생을 치르고서라도 실존하고자 하는 충동 외에, 즉 쇠약한 식물들로 하여금 흙도 없는 돌 속에 뿌리를 내리도록 만드는 충동과 마찬가지의 강한 충동 외에 무엇을 발견할 수 있단 말인가![151]

콕 집어 마르크스를 겨냥하지 않았지만 니체는 "공산주의자들과 사회주의자들 그리고 더욱 창백한 그 후예들, 즉 '자유주의자들'이라는 백인종족"이 노동을 치욕으로 여긴 고대인들의 생각에 '원한'을 갖고 있다고 보았다. 그들이 노동의 존엄을 제시한 이유도 거기서 찾았다. 니체는 노동의 비참한 현실을 적으면서 기만적인 거짓말을 이렇게 고발한다.

노예는 살기 위해 자신의 모든 관계를 자신의 본성대로 기만적인 이름으로 표시해야 한다. 인간의 존엄, 노동의 존엄과 같은 허깨비들은 자기 자신 앞에서 스스로를 감추는 노예제도가 만들어낸 빈약하기 짝이 없는 산물이다. 노예가 그런 개념을 필요로 하고 또 자기 자신과 자기 자신을 초월하여 깊이 생각하도록 자극을 받는 시대는 얼마나 불행한 시대인가! 노예의 무구한 상태를 인식의 나무 과실을 통해 파괴해버린 불길한 유혹자들! 이제 이 노예는 속이 훤히 들여다보이는 거짓말로, 이른바 '만인의 동등한 권한' 또는 '인간의 기본권', 인간으로서의 인간의 권리, 또는 노동의 존엄처럼, 예리한 시선을 가진 사람이면 누구나 알아차릴 수 있는 거짓말들로 하루하루를 이어가야 한다. 그렇다. 그는 어떤 단계와 수준에서 비로소 '존엄'에 관해 말할 수 있는지 깨달아서는 안 된다. 다시 말해 개인이 완전히 자기 자신을 넘어서서 개인적인 생존에 종사하고, 그것을 위해 생식하고 노동할 필요가 없는 곳에서야 비로소 존엄을 말할 수 있다는 사실을 말이다.[152]

니체는 '인간의 존엄'과 '노동의 존엄'이라는 아름다운 말에 가려진 사회적 진실을 꿰뚫어 보았다. 니체가 말한 '신세대인'은 그 글을 쓸 시점인 1860~1870년대를 살고 있던 사람들이다. 노동인들이 사실상 노예처럼 살고 있으면서도 그 낱말을 피함으로써 자신이 '임금노예'임을 인정하지 않으려 한다는 신선한 분석이다. 그런데 비단 19세기 후반의 신세대에게만 해당되는 말일까? 2020년대 중반에 들어섰음에도 여전히 '노동'을 입에 담기 꺼리거나 심지어 '노동조합'을 불온시하는 한국에서 언

니체 읽기의 혁명

론이 'MZ세대'로 부르는 '신세대'나 노동인으로서 정체성이 없는 노동인들에게도 적실한 지적 아닐까.

니체는 허영심에 빠져 기본적인 권리와 존엄의 의미도 망각하고 있는 근대인들이야말로 노예 중의 노예라고 비판했다. 노예가 개개인의 생존을 위해 노동할 필요가 없을 때 비로소 사람의 존엄, 노동의 존엄을 말할 수 있다는 니체의 외침은 19세기만이 아니라 '신자유주의적 세계화' 시대를 살고 있는 우리 모두가 곰곰 새겨볼 대목이다. 니체가 『인간적인 너무나 인간적인』에서는 노동인에 대한 착취도 이야기하기에 더 그렇다.

오늘날 사람들이 이해하고 있는 것처럼 노동인의 착취는 어리석은 행위이며 미래를 대가로 하는 약탈이자 사회를 위태롭게 하는 것이었다. 현재 사람들은 이미 전쟁을 하고 있는 것과 같다. 그리고 여하튼 평화를 유지하기 위한, 협정을 맺고 신뢰를 회복하기 위한 대가는 매우 클 것이다. 왜냐하면 착취자들의 어리석은 행위가 너무 크고 오래 지속되었기 때문이다.[153]

다만 노동의 존엄을 원천적으로 부정하고 심지어 치욕으로 여긴 고대 그리스인에 동의하는 니체의 노동관은 짚어볼 필요가 있다. 니체에 공감하는 연구자들은 '노동에 수치심을 갖고 있는 사회는 그것을 줄이고 어떻게든 자유로운 활동을 늘리려 하겠지만, 노동에 허영심을 갖고 있는 사회는 그것을 확산하기 위해 안간힘을 쓸 것'이라고 주장한다.[154]

하지만 여기에는 곰곰 새겨볼 두 가지 문제가 있다. 첫째, 노동의 개념 문제다. 니체의 '노동' 인식은 '생존을 위한 노역'에 머문다. 현대인들도 흔히 그렇게 생각한다. 기실 새삼스럽지 않다. 근대경제학의 창시자로 꼽히는 아담 스미스^{Adam Smith}도 『국부론』에서 "동등한 양의 노동에 대해 동일한 분량의 안식·자유 그리고 행복을 희생해야 한다"고 주장했다. 그에게 노동은 안식과 자유, 행복을 위한 희생이다.

마르크스는 이에 대해 "너는 이마에 땀이 나도록 노동을 해야 한다. 이것은 신이 아담에게 내린 저주였다. 그리하여 노동은 아담 스미스에게 저주가 되어버렸다"고 지적했다. 마르크스는 스미스가 "노동을 심리학적으로 사고해서 노동이 개인에게 주는 재미나 불쾌함을 중심으로 분석한다"고 비판한다. 하지만 마르크스에게 노동은 적극적이고 창조적인 활동이다.

물론 마르크스도 노동의 현실에 눈감고 있지 않다. 그는 "아담 스미스가 노예노동, 농노노동, 임노동이라는 노동의 역사적 형태에서 노동이 언제나 혐오감을 주고 외적인 강제 노동으로 나타나고 비노동이 '자유와 행복'으로 나타난다고 지적한 것은 옳다"고 적었다. 하지만 바로 이어 마르크스는 그 옳음에 조건을 붙인다. "노동이 매력적인 일이 되고 개인의 자기실현이 되는 주체적·객체적 조건이 아직 창출되지 못한 경우에 한에서 타당하다"는 것이다.

마르크스는 스미스가 "개인이 건강, 힘, 활동, 숙련 기교가 정상적인 상태에선 안식을 멈추고 일정량의 노동을 원한다는 것을 전혀 생각하지 못하고 있다"며, 노동은 "주체의 자기실현과 대상화로서 진정한 자유의 행동"임을 강조했다. 자기실현의 노동은 생명의 욕구에서 우러나오며 누구에게나 있다는 것이다. 다만 노동의 주체적·객체적 조건이 갖춰지지 않을 때 자유로운 노동을 보기는 어렵다.

둘째, 노동이 치욕인가, 노동조건이 치욕인가의 문제다. 노동은 그것이 사회에 필요하다는 수준으로만 볼 문제가 아니다. 노동이 없다면 사회가 아예 유지될 수 없고 형성될 수도 없다고 보아야 더 현실적이기 때문이다. 모든 사회 구성원의 먹을 것, 입을 것, 잠잘 곳을 마련하고 여러 생필품을 생산하는 일이 사람의 노동 없이 가능하지 않기 때문이다. 우리가 함께 살고 있는 공동체를 유지하려면 누군가는 반드시 해야 할 일을 자신이 맡았다는 생각이 들 때 개개인은 각각의 노동에서 얼마든지 보람을 느끼거나 자기실현을 할 수 있다. 물론 노동의 개념을 짚으며 강조했듯이 자유로운 노동의 주체적·객체적 조건이 마련될 때 그렇다. 복지 체제를 잘 갖춘 일부 국가들처럼 거리를 청소하거나 동굴에서 광물을 캐는 노동인들과 대학 교수의 연봉이 비슷하거나 더 높을 때를 헤아려볼 일이다.

무릇 노동은 한 사회의 기반일 뿐만 아니라 민중 개개인에게도 삶의 기반이다. 가장 근본적으로 식량을 비롯해 생활필수품을 생산하는 사람들의 노동 없이 어떤 개인도 자신의 생명을 이어갈 수 없기 때문이다. 마르크스의 노동관이 철학적으로는 물론 현실적으로 돋보이는 까닭이다. 더구나 그의 철학에서 노동은 사람의 유적 본질이다. 자기 내면의 외화 또는 대상화가 곧 노동이다. 노동은 창조적 삶을 구현하는 방법이기도 하다.

마르크스의 노동관에 기초하면 니체가 '생존을 위해 노동할 필요가 없을 때 비로소 인간의 존엄, 노동의 존엄을 말할 수 있다'고 우려한 말에 한층 더 공감할 수 있다. 다만 그 문제의 해법이 니체 철학에선 모호하다. 니체와 마르크스의 사유를 두루 살피면 수치스러운 것은 노동이 아니라 노동조건임을, 노동이 치욕이라면 그것은 개인적 수치가 아니라 사회적 수치임을 인식할 수 있다.

반도덕 전투와 전투적 도덕

니체의 노예도덕은 같은 시대를 사유한 마르크스의 '임금노예'와 사유의 결이 다르다. 그래서 마르크스를 진보의 극단으로, 니체를 보수의 극단으로 평가하는 연구자들이 있다. 하지만 '노동의 존엄'에 대한 니체의 생각을 살펴보았듯이 꼭 그렇게만 볼 수는 없다.

니체가 임금노예들을 얘기한 대목에서 우리는 '노예도덕'을 새롭게 해석할 수 있다. 먼저 니체의 저작을 되새겨보자. 그에게 사람이 어떻게 살 것인가의 도덕적 문제는 힘에의 의지에 기반하고 있다. "좋은 것은 무엇인가? 힘의 느낌, 힘에의 의지, 인간 안에서 힘 그 자체를 증대시키는 모든 것. 나쁜 것은 무엇인가? 약함에서 유래하는 모든 것. 행복이란 무엇인가? 힘이 증가된다는 느낌, 저항이 극복되었다는 느낌"[155]이다. 그 힘의 관계에 근거해 『선악의 저편』에서 주인과 노예로 구분한 두 유형의 도덕에 대해 풀어놓는다.

주인도덕은 "자기 자신에 대한 자발적 긍정에서 성장하고, 자기 스스로 가치를 설정하며, 스스로 선과 악을 결정하는 자의 도덕"으로 "좋음과 나쁨의 대립은 고귀함과 경멸적인의 대립과 같은 것을 의미"한다. 반면 노예도덕은 "복수심, 원한 감정, 즉 반동적 집단 본능에서 성장한다. 가치를 스스로 설정하지 못하고, 자신이 아닌 것 전부에 대해 부정만을 할 뿐인 자들의 도덕이다.[156] 따라서 노예도덕에서 선과 악의 대립은 '위험하지 않음'과 위험함의 대립과 같은 것을 의미"한다. 두 가지 도덕은 한 개인은 물론 한 사회의 문화 속에서 서로 침투하며 공존하고 있다.

니체는 주인도덕과 노예도덕의 공존을 유럽의 역사적 전개 과정에서 찾아낸다. 노예도덕이 기독교에서 비롯됐다고 본 니체는 주인도덕과 어떤 차이가 있는가를 다음과 같이 제시한다.

소위 말하는 도덕적 가치라는 좀 더 작은 영역에서는 주인도덕과 그리스도교적 가치 개념을 가진 도덕과의 대립보다 더 큰 대립은 찾아낼 수 없다. 후자는 철두철미하게 병든 토양에서 자란다(복음서는 도스토예프스키의 소설들이 그려내는 생리적 유형들과 똑같은 유형을 우리에게 보여준다). 반대로 주인도덕('로마적'이고, '이교적'이고, '고전적'이며, '르네상스적'인)은 제대로 잘되어 있다는 것에 대한 표현, 상승하는 삶에 대한 표현, 삶의 원리로서의 힘에의 의지를 나타내주는 표현이다. 그리스도교 도덕이 본능적으로 부정하듯이('신', '피안', '탈아' 한갓 부정일 뿐), 주인도덕은 본능적으로 긍정한다. 주인도덕은 자기의 충만함을 사물들에 떼어 나누어준다. 그것은 세상을 신성화하고 아름답게 만들며 합리적으로 만든다. 그리스도교 도덕은 사물의 가치를 빈곤하게 하고 창백하게 만들고 추하게 만들어버리며 세상을 부정한다. '세상'이라는 것은 그리스도교적으로

는 욕지거리인 것이다.[157]

도덕에서 본능을 중시한 니체의 글을 마저 읽어보자. 니체는 "도덕에서의 모든 자연주의, 말하자면 모든 건강한 도덕은 특정한 삶의 본능이 지배한다"며 "지금까지 가르쳐지고 경외되고 설교되어온 거의 모든 도덕"은 "삶의 본능들에 적대적"이라고 비판한다. 인간이 지닌 삶의 본능에 대해 "때로는 은밀한, 때로는 공공연하고도 뻔뻔스러운 매도적 유죄 판결"이 오랜 세월 '전통'으로 이어졌다는 것이다. 반자연적 도덕론자들은 '신이 우리 마음을 꿰뚫어 본다'면서 삶의 가장 깊은 욕구들과 가장 높은 욕구들을 부정한다. 그 결과 "신이 기뻐하는 성자는 이상적 거세자"이고 "'신의 왕국'이 시작되면 삶은 끝나버린다."[158]

니체는 "인간적인 것에 대한 이러한 증오, 더욱이 동물적인 것, 더욱이 물질적인 것에 대한 이러한 증오, 관능에 대한, 이성 자체에 대한 이러한 혐오, 행복과 미에 대한 이러한 공포, 모든 가상, 변화, 생성, 죽음, 소망, 욕망 자체에서 도망치려는 이러한 욕망. 이 모든 것은 (…) 허무를 향한 의지이며, 삶에 대한 적의이며, 삶의 가장 근본적인 전제들에 대항한 반발을 의미"[159]한다고 보았다. 그래서 "나의 과제는 겉보기에 해방된 것처럼 보이지만 실은 자연 본성을 상실해버린 도덕 가치를 자신의 자연 본성으로 다시 옮기는 것"[160]이라고 다짐한다.

니체는 개개인이 주인도덕을 지니고 자신의 삶을 자주적으

실천론 : 주권적 개인의 창조적 삶

로 열어가라고 권고한다. 자기 자신을 지배(통제)하며 자기 극복의 덕을 지닌 사람이 바로 건강한 사람이다. 니체는 종종 그들을 '귀족적 인간'으로 부르며 '귀족적 가치 평가'를 주장했다. 그와 달리 노예 의식을 갖는 개인들은 "자기에게서 나타나는 가장 오래된 복종이라고 하는 본능에 예속되어 있다"고 느낀다. 그래서 "피 속에 있는 노예"라는 표현을 쓴다. "자기 자신에 대해 좋은 평판을 유도하려는" 모습도 니체에겐 "노예적 교활함의 잔재"이다.[161]

21세기를 살며 니체를 만나는 우리는 그가 제시한 노예도덕을 '임금노예'들의 순종적 삶으로 읽을 수 있다. 만일 자본주의 사회에서 살아가는 사람들이 학업과 취업 경쟁에 내몰리고 애면글면 일터를 구하더라도 정리해고나 명예퇴직의 두려움을 지닌 채 살아간다면 그 삶은 '임금노예'와 다를 바 없지 않을까. 그럼에도 그 노동인이 부익부 빈익빈의 부당한 체제에 순종하며 살아간다면 '노예도덕'에 사로잡혀 '비루한 삶'을 살고 있다고 판단할 수 있을 성싶다. 적어도 니체 철학에선 그렇다.

니체가 '전투'를 강조한 대목도 그래서 새롭게 읽을 수 있다. 니체 자신이 노예도덕에 사로잡힌 임금노예들의 노동을 전투와 맞물려 사유했기 때문이다.

너희는 너희에게 걸맞는 적을 찾아내어 일전을 벌여야 한다. 너희의 생각들을 위해! 설혹 너희의 생각이 패하더라도 너희의 정직성만은 그에 굴하지 않

니체 읽기의 혁명

고 승리의 함성을 외쳐야 하리라! (…)
너희가 하는 노동이 전투가 되고 너희가 누리는 평화가 승리가 되기를![162]

니체에게 노동이 '낡은 삶을 노예처럼 재생산하는 것'이라면
전투는 '새로운 삶을 생산하는 과정'이다. 자서전에서 밝혔듯이
니체는『아침놀』출간으로 "도덕에 대한 나의 전투가 시작된다"
고 회상했다. 실제로『아침놀』의 머리말 곳곳에 '전투' 상황을
담았다.

이 책에서 사람들은 '지하에서 작업하고 있는 한 사람'을 보게 될 것이다. 그
는 뚫고 들어가고, 파내며, 밑을 파고들어 뒤집어엎는 사람이다. 그렇게 깊은
곳에서 행해지는 일을 보는 안목이 있는 사람들이라면 그가 얼마나 서서히,
신중하게, 부드럽지만 가차 없이 전진하는지 보게 될 것이다.[163]

당시에 나는 아무도 할 수 없고 오직 나만이 할 수 있는 일을 시도했다. 나는
깊은 곳으로 내려갔고 바닥에 구멍을 뚫었으며, 우리 철학자들이 수천 년 동
안 신봉해온 낡은 신념을 조사하고 파고들기 시작했다. 철학자들은 이 신념
이 가장 확실한 지반인 것처럼 그 위에 [철학을] 세우곤 했다. 그러나 지금까
지 [그 위에 세워진] 모든 건축물은 거듭 붕괴되었다. 나는 도덕에 대한 우리
의 신뢰를 파괴하기 시작했다.[164]

니체는 "왜 플라톤 이후 유럽의 모든 철학적 건축가들의 작

업이 헛수고에 불과했는가?"를 묻고 "모든 철학자들이 도덕에
유혹되어 그들의 철학적 건축물을 지었기 때문"이라고 답한다.
눈여겨볼 곳은 니체가 기존의 오래된 도덕과 전투를 벌이며 '반
도덕주의'를 자임하면서도 도덕의 토대를 붕괴시키는 일이야
말로 도덕을 지키는 일이라고 강조한 문장들이다. 『아침놀』에
서 니체는 "이 책은 도덕에 대한 신뢰를 철회한다. 왜냐고? 도덕
에 충실하기 위해"라고 적으며 이렇게 말했다.

내가 바보가 아니라면 내가 다음과 같은 사실을 부정하지 않는다는 것은 자
명하다. 비윤리적이라고 불리는 많은 행위들은 피해야 하고 극복해야 하며,
윤리적이라고 불리는 많은 행위들은 행해야 하고 장려해야 한다. 그러나 나
는 전자도 후자도 이제까지와는 다른 근거들에 의해 행해져야 한다고 생각한
다. 우리는 다르게 배워야만 한다. 아마 상당히 오랜 시간이 지난 후가 될지도
모르지만, 마침내 더 많은 것에 도달하기 위해, 즉 다르게 느끼기 위해.[165]

도덕 자체를 부정하는 것이 아니라 새로운 근거에서 도덕을
세우겠다는 결기다. 물론 그 과정은 순탄하지 않다. 니체는 "자
유로운 인간은 모든 점에서 관습에 의존하지 않고 자기 자신에
게 의존하려기에 비윤리적"이라고 주장했다. 인습적인 도덕에
반하는 사람들은 독창적이라며 이들이 더는 희생되어서는 안
된다고 강조했다.
자유로운 사람은 비윤리적이라며 전투를 권하는 니체의 글

에서 그가 노예도덕을 비판한 의미를 파악할 수 있다. "이제는 행동과 사상과 관련해 도덕에서 벗어나는 것이 더 이상 해로운 것으로 간주되어서는 절대로 안 된다"[166]고 강조했기에 더 그렇다. 그렇다면 노예노력을 지배자들이 자신들의 정치적·경제적 이권을 지키기 위해 민중을 길들여 순종케 한 도덕으로 읽을 수 있지 않을까.

그렇다면 주인도덕은 무엇일까. 지배자들에게 순종하는 유순한 도덕이 아니다. 전투에 나서는 도덕이다. 신분제도나 부익부 빈익빈 체제를 바꾸려는 시도 없이 그 제도와 체제 안에서 이웃 사랑, 동정, 연민을 호소하거나 기대하는 비루한 도덕이 아니다. 민중이 자신의 힘을 발견해서 스스로 싸움에 나설 수 있도록 밑받침하며 독려하는 고귀한 도덕이다. 니체는 '전투' 더 나아가 '훌륭한 전쟁'에 나서라고 촉구했다.

나 너희에게 노동이 아니라 전투를 권하는 바이다. 나 너희에게 평화가 아니라 승리를 권하는 바이다. (…)
너희는, 전쟁까지도 신성한 것으로 만드는 것은 훌륭한 명분이라고 말하려는가? 나 너희에게 말하련다. 모든 명분을 신성한 것으로 만드는 것은 훌륭한 전쟁이라고.[167]

니체가 "전쟁을 일으키는 삶"을 적극 권할 때 그가 말하는 '전쟁'은 자서전에서 밝혔듯이 "정신 전쟁"의 개념을 상당히 포함

실천론 **: 주권적 개인의 창조적 삶**

하고 있기에 '투쟁'의 의미와 오히려 가깝다. "동정은 나약함"이라 한 대목도 새겨볼 필요가 있다. 동정심을 부정한 것은 그런 나약한 감정이 인간의 문화 창조를 방해한다고 보았기 때문이다. 자신이 연민이나 동정의 대상이 되기를 바라는 사람은 병든 삶을 살고 있는 노예다.

니체가 새로운 도덕의 근거로 제시한 것도 힘에의 의지다. 도덕이 어떤 우아한 주장을 떠들든 삶을 지탱하고 전진시키는 근본 원리는 힘, 힘의 느낌, 그 느낌의 욕망이라는 것이다.

도시국가들 간의, 또 정당들 간의 피비린내 나는 질투, 작은 전쟁들의 살인적인 탐욕 (…) 그리스 국가의 이처럼 천진한 야만성은 무엇을 의미하는가? 영원한 정의의 법정에서 어떻게 자신의 용서를 구할 수 있는가? 국가는 당당하고 조용하게 이 법정으로 나선다. 그리고 그는 찬란하게 피어나는 여인, 즉 그리스 사회를 손에 이끌고 나온다. 바로 이 헬레나를 위해 국가는 저 전쟁들을 치렀다. 어떤 원로 재판관, 수염이 하얀 재판관이 여기서 유죄 판결을 내릴 수 있단 말인가?[168]

여기서 '헬레나'는 고대 그리스가 창조한 문화의 상징이다. 피비린내 나는 전쟁 또는 투쟁도 용서할 수 있을 만큼 니체에게 중요한 것은 그리스 국가를 예로 들었듯이 새로운 문화의 창조와 수준 높은 문화의 수호다.

그런데 초기 저작에서 발견할 수 있는 국가에 대한 기대는

『차라투스트라는 이렇게 말했다』에서 사라지고 비판적 시선이
그 자리를 차지한다.

> 선량한 사람, 고약한 사람을 가리지 않고 모두가 독배를 들어 죽어가는 곳을
> 나는 국가라고 부른다. 선량한 사람, 고약한 사람 가리지 않고 모두가 자기 자
> 신을 상실하게 되는 곳을 나는 국가라고 부른다. 그리고 모두가 서서히 자신
> 의 목숨을 끊어가면서 그것을 불러 "생"이라고 말하는 곳, 그곳을 나는 국가
> 라고 부른다.[169]

19세기에 니체가 사유하던 시대의 국가는 제국주의 단계의
자본주의 나라들이었다. 국가에 대한 시각이 초기와 견주어 성
숙하게 변화했지만, 민주주의를 바라보는 니체의 생각은 여전
히 변함없었다. 니체는 '대중을 옹호하고 대중을 떠받들고 대중
이 주인이 되는 민주주의라는 제도'는 문화 창조를 훼방 놓는다
고 주장했다.

> 대중은 세 측면에서만 주목할 가치가 있는 것처럼 보인다. 첫째로는 나쁜 종
> 이 위에 낡은 건판으로 제작된 위인의 희미한 복사로서, 그다음에는 위대한
> 인물에 대한 저항으로서, 마지막으로는 위대한 인물의 도구로서 가치가 있
> 다. 그 외의 측면에서 대중은 악마와 통계학이 데려가버려라! 뭐하고, 통계학
> 은 역사에 법칙이 있다는 것을 증명했다고? 법칙? 그렇다. 통계학은 대중이
> 얼마나 비천하고 구역질 날 정도로 획일적인지 증명했다. 중력이나 어리석

실천론   **: 주권적 개인의 창조적 삶**

음, 흉내 내기, 사랑과 굶주림의 효과를 법칙이라 불러야 하는가?[170]

　니체의 저작에서 '대중'은 대부분 종말인 모습으로 그려진다. 하지만 세계사를 톺아보면 대중으로 불리는 사람들이 어느 순간 민중으로 거듭난다. 숱한 역사적 순간에 민중은 자유를 위해 전투 또는 투쟁에 힘차게 나서왔다. 니체가 기독교와 대비해 좋게 평가한 로마(기독교 공인 이전의 로마)에서도 스파르타쿠스 봉기 Spartakusaufstand가 입증하듯이 노예들이 힘을 모아 제국의 정규군에 맞서 자신들의 자유를 찾기 위해 전쟁을 벌였다.

　동서고금의 민중이 벌인 모든 전투와 전쟁을 '질투적 정의'와 복수 감정에 머물렀다고 본다면 지나치게 일면적이다. 더욱이 니체가 민주주의를 깊이 이해하지 못했다는 증거는 하나둘이 아니다. 그가 비판한 것은 19세기 당대의 낡은 민주주의라는 사실을 감안하더라도 그가 쓴 글에서 민주적 사고가 결여된 대목이 적잖이 나타난다.

예술이 발전할 수 있는 넓고 깊고 비옥한 땅이 있으려면, 엄청난 다수는 소수를 위해 종사해야만 하고, 자신들의 개인적인 욕구의 정도를 넘어서, 삶의 노고에 노예처럼 예속되어 있어야 한다. 저 특권 계급은 이 다수의 희생과 잉여 노동을 딛고 실존 투쟁에서 벗어나서, 이제 새로운 욕구의 세계를 생산하고 만족시켜야 하는 것이다.[171]

엄청난 다수와 소수의 구분을 적극 옹호하는 대목이다. 니체는 이어 "문화의 본질에는 노예제도가 속해 있다는 사실을 잔인하게 들리는 진리로 평가하는 것을 이해해야 한다. 물론 이는 실존의 절대적 가치를 결코 회의하지 않는 진리다. 힘겹게 삶을 이어가는 인간들의 고통은 소수의 올림푸스적 인간들이 예술 세계를 생산할 수 있도록 하기 위해 더욱 커져야 한다"고 서술했다.

철학적 사유의 초기에 쓴 글이다. 예술에 대한 니체의 생각도 후기에 들어 달라졌다. 하지만 예술을 예찬한 초기의 저작 못지않게 영원회귀 우주론의 고귀한 삶을 제시한 후기의 저서에서도 사회과학적 시야는 열리지 못했다. 그런 이유로 니체 철학을 경시하거나 위험시하는 것은 잘못이지만, 동시에 같은 이유로 그의 철학을 숭앙하거나 절대시하는 것도 경계해야 옳다.

분명한 것은 19세기 당대에 '인간 개혁'을 자신의 철학적 목표로 공언한 니체가 제국주의적 자본주의의 엄중한 현실을 직시하지 못했다는 사실이다. 자본주의는 대내적으로는 노동인을 비롯한 민중을, 대외적으로는 유색인(비백인)을 착취하거나 학살하며 그것을 기반으로 발전했다. 스위스와 프랑스, 이탈리아에 걸쳐 있는 알프스의 아름다운 풍경 속을 거닐며 사유한 철학자로선 보이지 않거나 보더라도 곧 잊히는 현실일 수 있다. 니체 인식론의 핵심이 다름 아닌 '관점' 아니던가.

새삼 확인하거니와 니체는 자신의 문장을 금과옥조로 삼는 독자를 원하지 않았다. 그의 사유도 마땅히 비판받을 대목은 지양해야 옳다. 니체의 철학이 21세기를 살아가는 우리가 직면한 시대적 문제를 해결해 나가는 데 어떤 성찰과 영감을 줄 수 있는지가 더 중요하다. 그것이 철학사에서 우리가 얻을 수 있는 지혜이자 지난 시대를 치열하게 사유한 철학자에 대한 경건한 예의다.

19세기 유럽에서 철학한 니체는 자본주의적 민주주의에 순종하며 고통스레 살아가는 대다수 사람들—'근대 노예제 국가'의 '임금노예들'—을 관찰하고 그들의 남루해 보이는 삶을 배경으로 철학사와 종교사를 비판하며 노예도덕 개념을 착상했다고 볼 수 있다. 그렇다면 강력한 지배자들에 맞서 그들을 '적'으로 삼아 새로운 삶과 문화를 창조하는 전투적 도덕의 옹호도 새롭게 해석할 수 있다. 실제로 니체는 19세기 민주주의인 자유주의를 콕 집어 이렇게 비판했다.

한 사태의 가치는 가끔은 그 사태에 의해 달성되는 것으로 결정되지 않는다. 오히려 그 사태로 인해 지불되는 것에 의해, 그 사태가 우리에게 치르게 하는 값에 의해 그 가치가 결정된다. 예를 하나 들어보겠다. 자유주의적 제도들은 자유주의적이 되는 동시에 더 이상 자유주의적이지 않다. 나중에는 그런 자유주의적 제도들보다 더 역겹고 더 철저하게 자유를 손상시키는 것은 없게 된다. 그 제도가 가져오는 것이 무엇인지는 잘 알려져 있다. 그것은 힘에의 의지의 토대를 허물어버린다. 그것은 도덕으로 끌어올려진 산과 골짜기의 평준화 작업이다. 그것은 작게 만들고, 비겁하게 만들며, 즐길 수 있게 만든다. 매번 그것과 더불어 군서동물이 개가를 올린다. 자유주의, 이것은 솔직하게 말하자면 군서동물로 만드는 것이다.[172]

하지만 자유롭게 된 사람과 그의 정신은 '군서동물(무리 동물)'의 평안함을 경멸하며 "짓밟아버린다." 니체는 구체적으로 그 평안함은 "소상인과 그리스도교인과 암소와 여자들과 영국인들과 다른 민주주의자들이 꿈꾸는" 것이라고 적시한 뒤 선언한다. "자유로운 인간은 전사이다."

니체는 "싸움을 포기할 때, 사람은 위대한 생을 포기한 것이다"라며 자신을 인간이 아닌 '다이너마이트'로 자임하고 이렇게 말했다.

진리가 수천 년간의 거짓과 싸움을 시작하면 우리는 동요되고, 꿈도 꾸어보지 못했던 지진의 경련과 산과 골짜기의 이동을 경험할 것이기 때문이다. 정치라는 개념은 그러면 완전히 혼들 간의 싸움으로 되어버릴 것이고, 옛 사회의 권력 구조는 표연히 사라져버리게 될 것이다. 이것들은 모두 거짓에 기초하고 있었으니 말이다. 지상에 한 번도 벌어지지 않았던 전대미문의 전쟁이 벌어질 것이다. 나와 함께 지상에 비로소 위대한 정치가 펼쳐지게 된다.[173]

정치 개념의 변화와 함께 "옛 사회의 권력 구조는 표연히 사라져버리게 될 것"이라는 니체의 전망은 사뭇 의미심장하다. 니체는 "힘의 감정에 대한 욕구"는 "군주나 권력자들뿐 아니라 그것에 못지않게 민중의 낮은 계층에서도 마르지 않는 샘처럼 때때로 용솟음친다"면서 "대중이 저 최고의 즐거움을 획득하고 (…) 다른 민족들을 마음대로 지배하기 위해 그들의 목숨, 그들의 재산, 그들의 양심, 그들의 덕을 기꺼이 걸려고 각오하는 순간이 거듭해서 온다"고 강조했다.

탈근대의 철학적 기반

니체 철학은 마르크스 철학과 더불어 근대사회를 넘어선 탈근대의 새로운 시대, 성숙한 민주주의 사회를 실현해가는 철학적 기반이 될 수 있다. 마르크스와 니체가 던진 문제가 아직도 해결되지 않고 있기에 더욱 그렇다.

니체는 진보를 인정하지 않았다고 오해하는 독자들이 많다. 충분히 그럴 수 있다. 니체의 철학을 히틀러의 나치와 연관 짓는 오독이 아직도 남아 있기에 더욱 그렇다. 딴은 니체가 진보에 회의적인 문장들을 남긴 것도 사실이다. 가령 고대 문화의 위대함과 우수함을 높이 평가하면서 "한 고대문화학자가 진보를 믿고 있는 인간과는 더 이상 교제하지 않겠다고 맹세한다면 그의 행동은 정당하다"고도 했다. 하지만 몇몇 단편적 문장만으로 그렇게 이해한다면 일반화의 오류이자 성급한 판단이다. 니체는 결코 진보를 포기하지 않았기 때문이다. 그는 '진보를 믿고 있는 인간과는 더 이상 교제하지 않겠다고 맹세'하는 고대문화학자에 공감하면서도 바로 이어 "진보는 가능하다"고 단언했다. 다만 니체는 "진보가 필연적으로 이루어진다고 확신하는 것

실천론 : 주권적 개인의 창조적 삶

아, 인격이 아니라 나사가 되는 대가로 하나의 값을 갖게 되다니!

그대들은 무엇보다 가능한 한 많은 것을 생산하고

가능한 한 부유해지려는 국민이 현재 범하고 있는 어리석음의

공모자들인가?

『아침놀』, 제3권, 206절.

Friedrich Nietzsche

은 경솔하고 거의 무의미"하다고 강조한다.[174)

니체가 이때 염두에 둔 대상은 누구일까. 진보가 필연적으로 이뤄진다고 확신하는 사람들을 그 시대에 찾는다면 '속류 마르크스주의자'들을 꼽을 수 있다. 마르크스와 엥겔스는 인류가 걸어온 세계사를 탐구하며 사회가 고대 노예제에서 중세 농노제로 다시 근대 자본주의 사회로 발전해왔고 공산주의 사회로 가는 것은 필연이라고 보았다. 마르크스는 우리가 필연을 인식할 때 그만큼 더 자유롭다고 생각했지만, 다시 말해 자유롭기 위해 필연을 인식하려 했지만, 그를 추종하는 마르크스주의자들은 필연을 절대적 법칙처럼 여겼다. 생전의 마르크스가 "나는 마르크스주의자가 아니다"라고 밝힌 까닭이다. 마르크스 자신이 분명히 선을 긋고 나설 만큼 이미 당대에 '속류 마르크스주의자'들이 늘어나고 있었다.

'필연적 법칙'을 중시한 마르크스주의는 20세기를 거치며 한계를 드러냈다. 그 경위를 옳게 파악하기 위해서도 마르크스 철학을 정확히 이해할 필요가 있다. 많은 이들이 오해하지만 마르크스가 근대 민주주의 사회를 전면 부정한 것은 아니다. 그가 철학을 전개할 당시에 유럽의 근대 민주주의 사회는 보통선거권조차 확립되지 못했다. 그래서 마르크스도 노동인들이 투표권을 쟁취하려는 투쟁에 의미를 부여하며 지원했다.

마르크스가 숨지고 그로부터 6년 뒤 니체가 광기로 철학적 사유를 멈췄던 그 시기에 유럽 여러 나라의 노동인들은 단결하

실천론 : 주권적 개인의 창조적 삶

고 정당을 결성해 드디어 의회에 들어갔다. 그 단계에 이르기까지 마르크스의 실천적 철학과 철학적 실천은 결정적 무기였다. 마르크스와 니체가 모두 생을 마감하고 1900년대에 들어서면서 유럽의 노동계급은 물론 제국주의 침략 아래 고통받던 식민지 민중에게 마르크스 철학은 깊은 영감을 주었다.

기실 오늘날의 자본이 뱀파이어의 이미지를 어느 정도 씻었다면, 아메리카·아프리카·아시아까지 침략해 식민지로 삼은 제국주의에서 벗어났다면, 자국 안에서 노동인들을 포섭하기 위해 복지정책을 늘려나갔다면, 그 가장 큰 '공로'는 마르크스와 그의 철학을 실천에 옮긴 노동인들의 투쟁―니체식 어법으로는 그들의 전쟁 또는 전투―에 있다.

물론 그렇다고 해서 자본의 무한 증식 논리 자체가 근본적으로 변한 것은 아니지만, 마르크스로부터 '자기 무덤을 파는 계급'으로 분석된 자본가들은 자신의 권력을 지키려면 무엇을 해야 하는지 골똘히 궁리했다. 그들이 현실적 위협을 느낄 세계사적 사건이 1917년에 일어났기에 더욱 그랬다. 러시아제국에서 레닌이 이끈 '인류 역사상 최초의 노동계급 혁명'이 그것이다.

마르크스가 철학의 과제는 세계를 바꾸는 것이라고 말했듯이 러시아 철학자이자 혁명가 레닌에게 철학은 '투쟁의 무기'였다. 레닌은 '임금노예'라는 말을 쓰며 19세기 민중의 고통스러운 삶을 직시했다. 레닌에게 자본주의 체제에서 민주주의란 '극소수를 위한 민주주의, 부자들을 위한 민주주의'에 지나지 않았

니체 읽기의 혁명

다. '철두철미하게 위선적이며 허위적인' 자본주의적 민주주의로부터 대다수 민중을 위한 민주주의로의 이행은 참다운 인간 해방을 위해 반드시 이루어야 할 과업이었다.

그런데 혁명 성공에 이어 집행 과정에서 밤을 지새우며 업무에 집중한 레닌이 뇌출혈로 쓰러졌다. 자본의 이해관계를 대변하는 언론과 교수들은 니체의 죽음에 그랬듯이 레닌의 병명도 매독이라고 근거 없이 주장했다. 레닌은 회복되었지만 반복되는 재발과 입원으로 직무에 공백이 생겼고 그 자리에 스탈린을 중심으로 공산당 관료 체제가 자리를 잡아갔다. 병상에서 위험성을 간파한 레닌은 1922년 당 대회에 편지를 보내 스탈린이 혁명을 이끌어가는 데 적합하지 않은 인물이라며 서기장 직에서 해임하라고 요구했다. 하지만 병석에서 쓴 레닌의 편지는 당대회에 도달하지 못했다. 중간에서 편지를 먼저 읽은 스탈린이 빼돌렸기 때문이다.

최초의 노동계급 혁명은 유럽 혁명의 지원은커녕 오히려 제국주의 국가들의 군사적 개입에 위기를 맞았다. 혁명을 일으킨 노동계급 중에 가장 정치적으로 각성한 노동인들은 제국주의 국가들의 침략에 맞서고 반혁명 세력과 싸우는 내전 과정에서 누구보다 몸을 던져 싸우느라 대부분 전사했다. 혁명의 전위였던 계급, 새로운 민주주의의 대들보, 사회주의의 주요한 기초 세력—니체식 어법으로는 노예도덕을 벗어난 임금노예들과 그들의 힘—이 물리적으로나 정치적으로 상당히 약화된 셈이다.

스탈린은 자본주의적 성장이 더딘 곳에서 일어난 러시아혁명의 성격을 정확히 인식하지 못했을 뿐만 아니라 약화된 조건을 자신의 권력을 강화하는 기반으로 삼았다. 혁명의 관료화에 비판적인 공산당원들은 스탈린의 권력이 공고해지는 과정에서 숙청당했다. 혁명의 타락이 진행된 결과 레닌이 우려했던 '괴물'처럼 거대한 국가기구가 구조적으로 자리를 잡아갔다.

레닌이 숨지자 스탈린은 자신의 자리를 위협할 혁명 동지들을 서슴지 않고 처형하며 개인 우상화에 적극 나섰고 죽을 때까지 장기 집권했다. 마르크스가 전혀 예상하지 못한 현실이 그의 철학을 실천하겠다는 정당과 혁명가들에 의해 구현된 꼴이다. 최초의 노동계급 혁명은 왜곡되었고 소비에트사회주의공화국연방(소련)은 제2차 세계대전을 거치며 미국과 함께 지구촌을 양분하는 초강대국의 위치에 올랐지만, 공산당 관료들이 민중의 지지를 받지 못하면서 끝내 붕괴되었다. 1991년 소비에트연방은 해체되고 러시아를 비롯해 동유럽의 여러 국가에 다시 자본주의 체제가 들어섰다.

톺아보면 마르크스가 경제 발전만으로 사회주의가 가능하다고 판단하지 않았다는 사실을 되새길 필요가 있다. 엥겔스가 증언했듯이 "마르크스는 선언에서 제시된 사상의 궁극적 승리를 위하여, 단결된 행동과 토론을 통해 필연적으로 이뤄질 노동계급의 지적 발전에 전적으로 의존했다."

마르크스가 노동인들이 '지적 발전'에 전적으로 희망을 걸었다면, 새로운 사회의 조건으로 그것을 일궈갈 주체의 역량이 관건이라면, 다시 니체를 불러올 수 있다. 니체가 명시적으로 '자본주의 사회'를 겨냥하지 않았지만 자본이 지배하는 근대 민주주의 사회를 비판했기 때문이다. 마르크스 철학과 니체 철학의 창의적 융합이 필요한 이유다. 톺아보면 초기 러시아혁명 과정에서 혁명가들 사이에 이미 그런 시도들이 미약하나마 나타났다. 니체 철학이 강조한 삶과 투쟁, 자기 창조성을 노동계급이 받아들일 수 있다는 주장이 그것이다. 하지만 혁명의 급물살에 니체 철학은 파묻혔고 소련이 무너지고 나서야 다시 러시아 지성계에서 논의되고 있다.

니체는 마르크스의 이름을 명기하지 않았지만 사회주의자들이 사람의 선한 본성을 믿고 있다며 이를 '형이상학적 태도'라고 비판했다. 혁명이 성공하면 '훌륭한 인류의 자랑스러운 신전'이 솟을 것이라는 사회주의자들의 생각을 '위험한 꿈'으로 경고하기도 했다.

가장 자랑스럽고 훌륭한 인류의 신전이 저절로 솟아나리라는 믿음 속에서 모든 질서의 전복을 열렬히 그리고 웅변적으로 촉구하는 정치적이고 사회적인 공상가들이 있다. 이러한 위험한 꿈속에는 루소의 미신이 아직도 여운을 남기고 있다.[175]

니체는 이를 '선량한 원시인의 권리 찾기 운동'으로 꼬집고,

모든 형이상학적 운동이 그렇듯이 사회주의 운동도 종국에는 '기진맥진한 사회'로 이어질 수밖에 없다고 전망했다. 아울러 사회주의자들이 소유물의 분배를 중시함으로써 문화나 도덕이 갖고 있는 힘에 너무 무지하다고 진단했다.

자유주의에 대한 반동으로 사회주의는 큰 권력을 갈망하면서 전제주의를 닮아간다고 본 니체는 『인간적인 너무나 인간적인』에서 국가에 대한 조망을 펼치며 "사회주의는 거의 노쇠한 전제주의의 뒤를 이으려는 공상적인 동생"이라고 혹평했다. 니체는 또 사회주의 혁명이 성공하더라도 "그때 국가는 새로운 생성의 힘을 상실하고 허무주의적 형태를 띠게 될 것"이라고 내다봤다. "생성의 강한 에너지가 파괴될 것"이기 때문이다. 우리가 소련 체제의 붕괴에서 목격했듯이 니체의 예언적 전망은 적중했다.

그뿐이 아니다. 니체는 마치 오늘날의 신자유주의 시대를 예견이라도 하듯이 "자유주의적·낙관주의적 세계관"이 보편적으로 확대되었다고 비판한다. "국제적인 화폐 은둔자들"을 언급할 때는 마르크스와의 접점이 커진다.

이들은 국가적 본능이 선천적으로 결여된 상태에서 정치를 증권시장과 국가와 사회의 수단으로, 즉 자신들의 부를 늘리는 장치로 오용하는 법을 배웠다. 바로 이런 측면에서 국가 경향이 화폐 경향으로 전환되는 사태가 우려되는 것이다.[176]

니체는 근대 자본주의 사회가 사람을 '표준화'한다는 점에 분노한다. 그와 대립시켜 제시하는 보기가 고대 그리스 사회다. 그 사회에선 "누구나 다른 사람들과는 다른 자신의 특성을 부각하려 했고 독특한 행위와 업적을 통해 자신이 최고임을 보여"주었다고 분석한다. 그와 달리 근대 자본주의적 민주주의 사회에선 '정신적 귀족'을 기대할 수 없다며 이를 "미국식 신세계의 악습" 탓이라고 보았다.

니체의 근대사회 비판은 더 나아간다. 노동인들이 임금을 올려 받는다고 문제가 해결되지 않는다며 이렇게 말했다.

가난하면서도 즐겁고 독립적이라는 것! 그것들은 동시에 가능하다. 가난하면서도 즐겁고 노예라는 것! 이것도 가능하다. 그리고 나는 공장 노예제도의 노동인들이 이보다 더 좋은 상태에 있다고 생각할 수 없다. 만약 그들이 지금 상태처럼 기계의 나사로, 또 말하자면 인간의 발명품에 대한 보완물로 소모되는 것을 치욕이라고 느끼지 않는다고 가정한다면 말이다! 높은 급여를 통해 그들의 비참한 삶이 본질적으로 극복될 수 있다고 믿는 것은 어리석다. 즉 임금이 높아진다고 해서 그들이 당하고 있는 비인격적인 노예화가 지양되는 것은 아니다. 이러한 새로운 사회의 기계적인 메커니즘 내에서 비인격성의 증대를 통해 노예 상태의 치욕이 하나의 미덕으로 변형될 수 있다는 말을 곧이 듣는 것은 어리석다! 아, 인격이 아니라 나사가 되는 대가로 하나의 값을 갖게 되다니! 그대들은 무엇보다 가능한 한 많은 것을 생산하고 가능한 한 부유해지려는 국민이 현재 범하고 있는 어리석음의 공모자들인가? 오히려 그대

실천론 ： 주권적 개인의 창조적 삶

들이 해야 하는 것은 얼마나 많은 내면적인 가치가 그러한 외면적인 목표를 위해 포기되는지에 대한 대차대조표를 그들에게 제시하는 것이다. 그러나 그대들이 자유롭게 호흡한다는 것이 무엇을 의미하는지 더 이상 알지 못한다면 그대들의 내적인 가치는 어디에 있는가? 그대들이 자신을 지배할 수 있는 힘을 조금도 갖지 못하고 있다면?[177]

　　니체가 종말인을 노예도덕 개념으로 비판한 이유를 되새길 수 있는 대목이다. 기실 자본주의 사회는 체제에 비판적 행동을 '일탈'로 규정함으로써 순응주의를 조장한다. 그 체제가 니체 사후에도 한 세기가 훌쩍 넘도록 지속되어서일까. 니체가 19세기 동시대인을 묘사한 대목은 오히려 지금 더 생생하게 다가오기도 한다. "김빠진 술과 같은 자신에 진저리"나거나 "신문에 귀기울이고 부유한 이웃을 곁눈질하고 권력, 돈, 여론의 급격한 부침에 의해 욕망에 자극을 받는"[178] 사람들은 21세기를 살아가는 우리에게 조금도 낯설지 않다. 자화상처럼 다가오는 현대인들이 다수 아닐까.

　　니체에게 순응주의는 '정치의 쇠퇴 형식'이자 더 나아가 '정치의 소멸'이다. 위대한 정치를 역설한 니체는 자본주의 사회를 '정치 영역이 위축된 시대'로 분석한다. 마르크스와 달리 니체의 개념은 다분히 문학적이다. 니체는 정치 위축을 사회 구성원의 '군주적 본능'이 해체된 것으로 표현한다. 여기서 '군주적 본능'이란 표현에만 집착하면 자칫 그의 철학을 오해하기 쉽다. 니체의 글에서 '군주적 본능을 가지지 못할 때'는 '주권자, 입법자, 가치의 창안자이기를 그칠 때'의 문학적 표현일 뿐, 같은 뜻이다. 국가를 구성하고 있는 개개인이 스스로 주권자와 입법자, 가치 창안자로 살고 있지 않다는 비판은 니체와 마르크스가 사유하던 19세기는 물론, 20세기 공산주의 진영과 자본주의 진영에 두루 관통했고 21세기인 오늘날에도 신자유주의적 세계화 시대의 문제점을 정확히 짚은 통찰이다.

실천론 : 주권적 개인의 창조적 삶

주권적 개인의 정치철학

주인도덕과 노예도덕을 구분한 니체는 마침내 '주권적 개인^{das} souveraine Individuum'을 제시한다. '노예'가 스스로를 책임질 수 없고 내적 의지가 아니라 외부적 강제에 얽매여 비루한 삶을 살고 있다면, '주권적 개인' 또는 '주인'은 자신의 건강한 의지에 스스로 '복종'하며 창조적이고 고귀한 삶을 살아가는 능동적인 존재다. 『도덕의 계보』에서 니체는 이렇게 말한다.

이는(주권적 개인은) 오직 자기 자신과 동일한 개체이며, 풍습의 윤리에서 다시 벗어난 개체이고, 자율적이고 초윤리적인 개체(왜냐하면 '자율적'과 '윤리적'은 서로 배타적이기 때문이다), 즉 간단히 말해 약속할 수 있는 자기 자신의 독립적인 오래된 의지를 지닌 인간이다. 그와 같은 인간 안에는 마침내 성취되어서 자기 안에서 육화된 것에 대해 온갖 근육을 경련시킬 정도로 자부하는 의식이, 본래의 힘과 자유에 대한 의식이, 인간 일반에 대한 완성된 감정이 보인다. (…) '자유로운' 인간, 즉 오랫동안 지속되어 부수기 어려운 의지를 소유한 자는 이렇게 소유할 때 또한 자신의 가치 척도가 있다. 그는 자신을 기준으로 하여 타인을 바라보며, 존경하기도 하고 경멸하기도 한다. 그는 필연적으로 자신과 동등한 자, 강한 자, 신뢰할 수 있는 자들(약속할 수 있는 자들)을 존경한다. (…) 책임이라는 이상한 특권에 대한 자랑스러운 인식, 이 희한한 자유에 대한 의식, 자기 자신과 운명을 지배하는 이 힘에 대한 의식은 그의 가장 밑바닥 심연까지 내려앉아 본능이, 지배적인 본능이 되어버렸다.[179]

니체가 주권적 개인의 개념을 풀이한 말을 하나하나 새겨보자. 주권적 개인은 '독립 의지를 지닌 사람'이고 '사람 일반에 대한 완성된 감정을 지닌 사람'이며 '자유롭게 된 사람'이다. 무엇보다 '자유의지를 지배하는 자'라 표현하며 이를 "주권자"로 불렀다. 자유의지를 지배한다는 말은 언제든 스스로를 통제할 수 있게 됨으로써 자기 극복이 가능해진다는 뜻이다. 니체에게 주권적 개인은 주권자로서 "오랫동안 지속되어 부수기 어려운 의지를 소유한 사람"이다. 주권자는 자신이 사회적 존재임을 망각하지 않는다. "자신과 동등한 자, 강한 자, 신뢰할 수 있는 자들을(약속할 수 있는 자들을) 존경"하며 그들과 함께 '책임감'을 지닌다.

니체는 또 같은 책에서 주권적 개인, 곧 주권자는 "높고도 맑은, 깊고도 부드럽게 응시하는 객관성이 흐려지지 않는" 눈과 "최고의 원숙함"을 지닌다고 적었다. 주권자는 "좀 더 강하고 좀 더 용기 있고 좀 더 고귀한 인간으로 또한 좀 더 자유로운 눈과 좀 더 훌륭한 양심을 자신의 편에 지녀왔다"고 덧붙인다.

주권자를 '주권적 개인'으로 부각했기에 니체를 개인주의자

너희가 세계라고 불러온 것, 그것도 너희에 의해 먼저

창조되어야 한다. 너희의 이성, 너희의 심상, 너희의 의지,

너희의 사랑이 세계 자체가 되어야 한다.

『차라투스트라는 이렇게 말했다』, 제2부, 행복이 넘치는 섬들에서.

무거운 것 모두가 가볍게 되고, 신체 모두가 춤추는 자가 되며,

정신 모두가 새가 되는 것, 그것이 내게 알파이자 오메가라면.

진정, 그것이야말로 내게는 알파이자 오메가렷다!

『차라투스트라는 이렇게 말했다』, 제3부, 일곱 개의 봉인.

—————— *Friedrich Nietzsche*

로 여기지만 그런 이해는 부분적이다. 개인을 사회와 절연된 개별적 존재로 인식하는 자유주의자들의 전제는 틀렸다고 분명히 밝혔다. "철학자들이 종래 생각해온 바의 개인, 곧 '단일인'이라는 것은 하나의 오류이고, 개인은 개별의 실체, 하나의 원자, 사슬 안의 고리, 그냥 과거로부터 내려온 존재가 아니며, 개인은 그에게까지 이르는, 그를 포함한 '사람'이라는 하나의 연속적 전체를 이룬다"고 보았다. 마르크스가 사람을 '사회적 관계들의 결합체(앙상블)'로 인식한 사유와 융합해볼 만한 명제다.

니체는 개인을 내세우는 자유주의자들이 그들이 만든 법률 속에 담긴 폭력, 냉혹함과 이기주의를 인정하지 않는다고 매섭게 비판도 했다.

우리에게는 더 이상 신분이 없다! 우리는 '개인'이다! 그러나 돈은 힘이고 명성이며 존엄이고 우위이며 영향력이다. 현재 돈은 한 인간이 돈을 얼마나 소유하고 있는지에 따라 그 사람에 대한 크고 작은 도덕적인 편견을 만들어낸다![180]

니체와 마르크스 모두 돈의 힘이 지배적인 '자본주의적 민주주의' 사회를 비판했음을 확인할 수 있다. 니체 철학이 유물론이라는 논문들도 국내외 학계에서 발표되었다. '철학의 근본 물음'이라는 틀에서 파악할 때, 정신이 몸이라는 '큰 이성'에 의해 나타났다는 니체 철학은 여러 유물론 학파 가운데 하나라는 분석이 그것이다. "이원론적 대립을 가정하여 내세, 변하지 않는 본질, 불멸하는 영혼을 추구하는 기독교적 형이상학을 부정"하고 "디오니소스의 가르침에 따라 현세의 삶을 정당화"한다는 점에서 '실천적 유물론'으로 보는 것이다.

물론 니체 철학과 마르크스의 철학 사이에는 심연이 있다. 그럼에도 두 철학자가 자본의 논리에 휘둘리는 민주주의를 '인류'의 이름으로 비판한 사실에 주목할 필요가 있다. 근대사회를 각각 다른 시각에서 깊이 들여다본 두 철학자는 자본의 논리를 넘어서는 정치, 근대의 '작은 정치'를 넘어서는 위대한 정치를 제안했다. 니체는 근대의 정치를 '작은 정치' 또는 '정치를 상실한 정치'로 비판하며 마침내 그 시대가 끝나간다고 예고했다. 마르크스는 상공인들(부르주아) 중심의 민주주의는 그들의 독재에 지나지 않는다며 혁명적 변화의 길을 제시했다. 두 철학자의 19세기 민주주의 비판이 21세기 우리에게 주는 문제의식은 무엇일까. 그 물음에 답하기 위해서라도 마르크스와 니체의 사유에 차이부터 부각해보자.

니체 철학은 마르크스가 깊숙이 들여다보지 못한 사람의 내면, 곧 주권자의 심층을 다룬다. 하지만 니체는 마르크스가 폭넓게 파헤친 자본의 이윤 추구 논리와 그 문제점을 지나치고 있다. 주권자 개개인의 창조적 삶으로서 자기 입법의 과제를 니체는 주목했지만 마르크스는 간과했고, 주권적 개인의 자기실현 조건으로서 자본주의 극복의 과제를 마르크스는 주목했지만 니체는 간과했다고 간추릴 수 있다.

차이를 전제로 볼 때 공통점은 '인간에 대한 사랑'이다. 기실 마르크스가 자본주의를 비판하고 해부한 까닭도 궁극적 목적은 사람 개개인의 전면적 발전에 있다. 인간성의 전면적 발전과 '민중 스스로의 통치'라는 민주주의 철학은 깊숙한 곳에서 이어진다. 민중 스스로의 통치가 마르크스에게는 노동계급과 인류의 해방으로, 니체에게는 주권자의 '자기 입법' 또는 '군주적 본능'으로 표현되고 있을 뿐 두 철학자의 지향점은 같다고 볼 수 있다.

니체가 "지금부터 유럽의 노동인들은 하나의 계급으로서 자신들의 상태를 인간이 참을 수 없는 것으로 천명해야 하며, 보통 주장되는 것처럼 단지 가혹하고 불합리하게 조직된 것이라 천명해서는 안 된다"[181]라고 『아침놀』에서 주장할 때 그와 마르크스 사이의 거리는 가까워 보인다. 더욱이 자서전에서 "삶을 갉아먹는 요소"에 대해 회고하며 "탈인간적인 톱니바퀴와 메커니즘으로 인해, 노동인의 '비인격화'로 인해, '노동 분업'이라는 잘못된 경제학으로 인해 삶은 병이 든다"[182]고 적은 글에선 마르크스와 바투 서 있다.

마르크스는 단결을 통해 노동인들이 혁명적 결합을 이룰 수 있다고 보았다. 노동운동은 노동인들의 권리와 이익을 위한 운동인 동시에 자기 의식적이고 자주적인 운동이다. 그는 자본계급이 지배하는 국가에서 살아가는 '임금노예'인 노동계급이 현실을 주체적으로 인식하고 단결한다면 얼마든지 새로운 사회가 가능하다고 강조한다. 니체도 그런 움직임을 모르지 않았다. 이를테면 초기작 『비극의 탄생』에서 "자신의 존재를 불의로 보는 법을 배우고, 자신을 위해서 또 후세를 위해서 복수를 다짐하는 야만적인 노예 계급보다 더 무서운 것은 없다"[183]고 적었다. 『이 사람을 보라』에선 비록 독일—국가주의와 제국주의로 치닫던 1870년대의 독일 자본주의—문화를 논의하며 쓴 말이지만 이렇게 적었다.

우리는 도리 없이 혁명가일 수밖에 없다. 위선자가 기고만장하고 있는 상태를 우리는 인정하지 않으니.[184]

거짓이 군림하는 상황을 인정하지 않겠다는 결기는 몹시 투쟁적이다. 하지만 주권자를 제시한 니체의 철학적 사유는 '야만적인 노예들'의 사회·경제적 조건을 진지하게 사유하지 않았다. 영원회귀 우주론에 근거해 '노예도덕' 비판에 예민하게 집중했고 주권자로서 '고귀한 사람'들의 사회적 책임을 강조하는 철학에 머물렀다.

근대 자본주의적 민주주의를 서로 다른 지평에서 비판한 니체와 마르크스의 철학에서 우리는 새로운 사회의 전제 조건을 되새겨볼 수 있다. 자본주의 생산력이라는 물질적(객관적) 조건과 함께 사회 구성원 의식의 성숙이라는 주체적 조건이 그것이

니체 읽기의 혁명

다. 어떠한 사회적 질서도 모든 생산력이 그 안에서 발전할 여지가 있는 한 붕괴되지 않는다고 간파한 마르크스는 1883년에 눈을 감았고, 자본주의 생산력은 20세기 내내 놀라운 발전을 거듭했다. 순종적 노예도덕을 종말인으로 질타한 니체는 1889년에 광기로 쓰러져 1900년 눈을 감았고, 그가 경멸한 '비루한 사람'들의 삶은 20세기 내내 지구촌으로 빠르게 퍼져갔다. 21세기도 아직은 그 연장선에 있다.

니체와 진보는 전혀 어울리지 않는다거나 심지어 상극적이라고 평가하는 사람들이 적지 않지만 체계적이지 않아 여러 갈래로 해석될 수 있는 그의 독창적 사유를 찬찬히 짚을 필요가 있다. 그는 진보가 필연이라는 주장은 "경솔하고 거의 무의미"하다면서도 "진보가 가능하다는 것을 어떻게 부정할 수 있을까?" 되물었다.

니체는 인류의 과거를 돌아보면 "무의식적으로 그리고 우연히 진보해왔"다고 판단한다. 실제로 사람이 불을 발견하거나 직립했던 과정, 심지어 술을 만드는 계기까지 모두 무의식적이거나 우연이 아니었던가. 물론 역사가 발전하면서 사람은 점점 의식적으로 역사를 발전시켜왔다. 진보가 필연은 아니지만 또렷한 흐름이었다.

눈여겨볼 사유는 니체가 과거와 진보의 방식이 달라진 "오늘날에는 새로운 문화를 향해서 발전해가려고 의식적으로 결심할 수 있다"며 구체적으로 적시한 대목이다. 사회주의자들에게

실천론 **: 주권적 개인의 창조적 삶**

"더 높은 인간으로 살고 끊임없이 더 높은 문화산업을 실행하라"고 주문한다.

대중에게 영향력을 미치는 정신을 사회의 더 높은 계층의 정신으로 만드는 데 성공한다면, 사회주의의 무리들이 그들 자신과 더 높은 계층 사이를 외면적으로 평준화하려는 것은 아주 타당한 일이다. 왜냐하면 그들은 내면적으로는 머리와 마음이 이미 서로 평준화되어 있기 때문이다. 더 높은 인간으로 살고 끊임없이 더 높은 문화산업을 실행하라. 그러면 살아 있는 모든 것은 너희들에게 너희들의 권리를 인정할 것이다. 그리고 너희들이 그 꼭대기에 서 있는 그 사회의 질서는 그 어떤 나쁜 눈길과 손짓 앞에서도 안전할 것이다![185]

　　니체가 '더 높은 문화산업을 실행하라'고 권고한 대목은 레닌이 주창한 문화혁명을 떠올리게 한다. 그가 강단 학계와 갈등을 겪으며 심적 결별을 하고 '정치적 교육자'가 되겠다고 다짐한 뒤 이 글을 쓴 것도 유의할 만하다. 니체는 이어 사뭇 구체적으로 길을 제시한다.

인간들은 오늘날 인간의 탄생과 양육, 교육, 훈련을 위해서 좀 더 좋은 조건을 만들어낼 수 있다. 지구를 전체로서 경제적으로 관리할 수도 있고, 인간의 힘을 서로 균형을 이루도록 배치할 수도 있다. 새로운 의식적 문화는 전체적으로 볼 때 무의식 속에서 동·식물적인 생활을 영위해온 고대 문화를 멸망시킨다. 그것은 또 진보에 대한 불신조차도 없애버린다. 진보는 가능하다.[186]

우리는 여기서 니체의 정치철학을 새롭게 발견할 수 있다. '인간의 탄생과 양육, 교육, 훈련을 위해서 좀 더 좋은 조건'을 만들 수 있다는 착상, '지구 전체를 경제적으로 관리'하는 우주적 시야는 물론 '인간의 힘을 서로 균형을 이루도록 배치'할 수 있다는 제안은 사회복지 국가의 흐름, 점진적 사회주의 사상과 크게 다르지 않다. 아니, 그 이상이다. 끊임없는 극복을 주창하는 니체의 사유에선 어떤 형태의 개량주의도 발붙일 수 없기 때문이다.

마르크스에게 노동인들의 지적 발전이 관건이듯이 니체의 정치철학에선 주권자(주권적 개인)의 창조적 실천이 관건이다. 비록 관점은 다르지만 두 철학자는 기존의 권력 질서에 순종하는 노예도덕에 많은 사람들이 사로잡혀 있는 현상을 비판하고 있다.

니체가 사람이 평등하지 않다고 굳이 강조하는 이유도 여기에 있다. 종말인으로 비루한 삶을 살아가는 사람과 스스로를 극복해 고귀한 삶을 살아가는 사람은 평등할 수 없다고 본 니체는 그런 구분 없이 모든 것에 평등을 내세우는 흐름을 수긍할 수 없었다. 니체에 따르면 노예도덕에서 벗어나 주인도덕으로 살아가는 사람들의 비율이 높을수록 건강한 사회다. 그 맥락에서 우리는 사회 구성원이 종말인과 극복인, 비천함과 고귀함, 노예와 주인 사이에서 살아가고 있다는 현실 인식 없이 '성숙한 민주주의'—니체가 비판한 19세기 민주주의와는 다른 단계의 민주주의—를 구현할 주체를 바로 세울 수 없다고 강조할 수 있다.

주권자의 창조적 실천의 의미는 그 개념을 우리 삶의 구체적 현실에 대입할 때 새롭게 다가올 수 있다. 가령 사람의 정신 변화를 낙타, 사자, 아이로 설명한 비유를 들어 현대인들의 창조적 실천을 짚어보자. 21세기 지구촌에 퍼져 있는 비정규직 노동인이 신자유주의적 자본주의에 전혀 이의를 제기하지 않은 채 부당한 차별을 받아들이며 묵묵히 일한다면 '낙타'이다. 그는 '가치 목록'이 이미 완성되어 있다고 여기며 그 질서를 의무적으로 따른다. '짐을 지고 가는 낙타'처럼 의무의 무게에 짓눌려 있으면서도 저항할 의지가 없다.

그런데 비정규직 노동인의 정신이 낙타에서 '사자'로 변화하면, 기존의 가치 목록과 질서에 이의를 제기한다. "나는 하고자 한다"고 결기를 세우며 자신에게 의무를 부여한 기존의 가치에서 벗어나 자유를 쟁취하려고 나선다. 비정규직 노동인들이 차별 해소 투쟁에 나서는 모습이 그것이다.

하지만 니체에게 사자는 '부정하는 정신'에 머물고 있다. 아직 새로운 가치를 창조할 능력을 갖추고 있지 않다. 가치 창조 작업은 '아이' 단계에서 가능하다. 니체는 아이의 정신을 "새로운 시작", "제 힘으로 돌아가는 바퀴", "최초의 운동", "신성한 긍정"으로 표현한다. 진정한 자유 정신이다. 이를 비정규직 노동인에게 적용하면 어떻게 될까. 임금인상이나 노동조건 개선의 일회적 투쟁에 머물지 않는다. 스스로 주체가 되어 주권자, 입법자로서 현실을 창조한다.

니체 읽기의 혁명

낙타, 사자, 아이의 상징은 비단 비정규직 노동인들에게만 대입할 수 있지 않다. 출산을 거부할 만큼 현실을 비관하는 청년들에게도 낙타와 사자, 아이를 대입할 수 있다. 거시적으로 세계사적 맥락에서 살핀다면 자본주의의 물신주의에 순응하거나 순종하는 사람들이 낙타이고, 20세기 들어 노동계급 혁명에 나서 공산주의 체제를 형성한 사람들이 사자였다면, 아이의 단계는 아직 오지 않은 미래 사회의 모습이다.

여기서 헤겔 변증법의 정·반·합을 떠올릴 수 있다. 하지만 니체의 낙타·사자·아이는 헤겔 변증법과 달리 '닫힌 체계'가 아니다. 니체의 변화 과정은 헤겔처럼 체계적이지 않되 창조적으로 열려 있다.

니체는 『차라투스트라는 이렇게 말했다』를 비롯한 여러 저서를 통해 궁극적으로 개개인이 스스로 자유롭게 창조적 삶을 살아가는 시대를 열고자 한다. 그런 시대를 이끌어갈 자유 정신을 '새'와 '춤추는 자'로 비유한다.

타조는 가장 빠른 말보다도 더 빨리 달리지만, 그런 그도 아직은 머리를 무거운 대지 속에 무겁게 처박고 있다. 아직 날지 못하는 사람도 이와 같다. 그런 자에게 있어 대지와 삶은 무겁다 일컬어진다. 중력의 정령이 바라고 있는 것이 그것이다! 그러나 가벼워지기를 바라고 새가 되기를 바라는 자는 자기 자신을 사랑할 줄을 알아야 한다.[187]

니체는 거듭 "자기 자신을 참고 견뎌내기" 위해서 "건강한 사랑으로 스스로를 사랑하는 법을 배워야 한다"고 강조한다. 그래야 새처럼 비상할 수 있다고 노래한다. 『차라투스트라는 이렇게 말했다』의 3부 마지막 장 '일곱 개의 봉인'에서 니체는 이렇게 말한다.

무거운 것 모두가 가볍게 되고, 신체 모두가 춤추는 자가 되며, 정신 모두가 새가 되는 것, 그것이 내게 알파이자 오메가라면. 진정, 그것이야말로 내게는 알파이자 오메가렷다!
오, 나 어찌 영원을, 반지 가운데서 혼인 반지를, 저 희귀의 반지를 탐하지 않을 수 있으리오?
내 아이들을 낳아줄 만한 여인을 나 이제껏 한 번도 발견하지 못했다. 내가 사랑하는 이 여인 말고는. 나 너를 사랑하기 때문이다. 오, 영원이여! 나 너를 사랑하기 때문이다. 오, 영원이여![188]

여기서 '저 희귀의 반지'는 그가 제시한 영원회귀 우주론이다. 그 영원을 사랑하며 삶을 창조적으로 살아가겠다는 다짐이자 독자들에게도 그렇게 살아가라는 권고다. 니체가 보기에 대다수 사람이 주권자 아닌 종말인으로 살아가고 있기에 더욱 그렇다. 그럼에도 "무거운 것 모두가 가볍게 되고, 신체 모두가 춤추는 자가 되며, 정신 모두가 새가 되는 것, 그것이 내게 알파이자 오메가"라고 강조한 대목에서 우리는 니체가 모든 사람이 고귀한 삶을 살아갈 수 있다고 믿었음을 추정할 수 있다. 다만 그 길이 험난할 뿐이다. 니체는 '창조하는 자의 길에 대하여'라는 제목 아래 이렇게 적었다.

네가 마주칠 수도 있는 적 가운데 가장 고약한 적은 언제나 너 자신이 될 것이다. 동굴과 숲에서 너 자신이 너를 숨어 엿보고 있으니.

고독한 자여, 너 너 자신에 이르는 길을 가고 있구나! 네가 가는 길은 너와 너의 일곱 악마들이 있는 곳을 지나가고 있고!

너는 너 자신에게 이단자, 마녀, 예언자, 바보, 의심하는 자, 신성하지 못한 자, 그리고 악한이 될 것이다.

너는 너 자신의 불길로 너 자신을 태워버릴 각오를 해야 하리라. 먼저 재가 되지 않고서 어떻게 새롭게 되길 바랄 수 있겠는가!

고독한 자여, 너는 창조하는 자의 길을 가고 있다.[189]

니체는 자기 안에 있는 적과 싸우며 주권자로서 스스로 만든 규율, 자신이 입법한 결의를 준수하라고 강조한다. "자신의 불길로 너 자신을 태워버릴 각오"를 하라는 권고에는 비장함마저 담겨 있다.

너는 너 자신에게 너의 악과 너의 선을 부여하고 너의 의지를 법이라도 되듯 네 위에 걸어둘 수 있느냐? 너는 너 자신에게 판관이, 그리고 너의 법의 수호자가 될 수 있는가?

홀로, 자기 자신의 법의 판관과 법의 수호자와 함께 있다는 것은 끔찍한 일이다. 이렇게 별 하나가 황량한 공간에, 그리고 고독의 얼음장 같은 숨결 속으로 던져지는 것이다.[190)]

뜻을 세웠으면 결연한 의지로 실천에 나서라는 촉구에 다름 아니다. 스스로 경계할 물음도 제시한다. 니체는 "너는 새로운 힘이자 새로운 권리인가? 최초의 운동인가? 제 힘으로 돌아가는 바퀴인가? 너 별들 또한 강요하여 제 주위를 돌도록 만들 수 있는가?" 물은 뒤 곧장 성찰을 촉구한다.

아, 높은 곳을 향한 열망이 너무도 많구나! 야심에 불타는 사람들의 경련이 너무도 많구나! 보여달라. 네가 이들 열망에 사로잡힌 자들과 야심에 불타는 자들 가운데 하나가 아니라는 것을![191)]

여기서도 새삼 확인할 수 있듯이 니체의 극복인이나 영웅은 세속의 권력을 지향하지 않는다. 자본의 욕망을 추구하지도 않는다. 그가 삶의 '높이'를 말할 때 그것은 지위가 아니라 창조적 의지를 지니며 주권자로서 자신을 새롭게 형성하는 힘의 높이다. 니체는 높이 오르는 창조적 사람을 '질투하는 눈길'도 들먹인다. "네가 높이 오르면 오를수록 시샘에 찬 눈에 너는 더욱더 작게 보이게 된다. 아무럼 하늘을 나는 자가 그 누구보다도 많은 미움을 받게 마련이다." 따라서 쉽게 손 내밀지 말라고 당부하며 "너의 사랑과 더불어, 그리고 창조와 더불어 고독 속으로 물러서라"고 권한다.

자신을 새롭게 창조한 주권적 개인은 질투의 눈길을 이겨낸 사람이기에 사회정의를 시샘 따위로 주장하지 않는다. 원한이나 복수의 감정만으로 변혁을 내세우지도 않는다. 열등감과 부러움에서 비롯한 시샘이나 복수로 사회정의를 추구하는 움직임에 니체는 선을 긋는다. 자유롭고 평등한 세상에서 서로 우애롭게 자기를 창조해 나가는 사회를 실현하려는 주체, 주권자 개개인은 니체가 경계한 차원을 넘어서야 한다. 니체는 변혁에 나서는 사람들이 사심, 개인적인 욕심이 없어야 하며 그래야 효과도 있다고 말했다.

사회 전복에 대해 숙고하는 사람들을, 자기 자신을 위해서 그리고 자신의 자식들과 손자를 위해서 그 무엇을 달성하려는 사람들로 나누어보면, 후자가 훨씬 더 위험한 사람들이다. 왜냐하면 그들은 사욕이 없다는 믿음과 거리낌 없는 양심을 가지고 있기 때문이다. 전자들은 적당히 물리칠 수가 있다. 지배적인 사회는 그렇게 하기에 아직 충분할 정도로 부유하고 영리하다. 목표들이 비개인적인 것일 때, 위험은 즉시 시작된다. 비개인적인 관심을 가진 혁명가들은, 현존하는 것을 옹호하는 사람들은 모두 개인적인 관심을 가지는 것으로 간주하며 따라서 그들보다 스스로가 우월하다고 느낄 수 있다.[192]

자기 자신을 위해서가 아니라 후대들, 미래의 사람들을 위해 변혁 운동에 나서라는 주문이다. 개인적인 욕심으로 운동이 변질될 때 지배 세력은 그들을 물리칠 만큼 충분히 부유하고 영리하다는 문장은 새겨볼 대목이다.

우리가 니체를 정말 사랑한다면 『차라투스트라는 이렇게 말했다』에서 그가 쓴 다음 구절을 새삼 새길 필요가 있다.

영원히 제자로만 머문다면 그것은 선생에 대한 도리가 아니다. (…) 너희는 나를 숭배한다. 그러나 그 숭배가 어느 날 뒤집히기라도 하면 어찌할 것인가? 입상에 깔려 죽는 일이 없도록 조심할 일이다! 차라투스트라를 믿고 있다고 말하려는가? 차라투스트라가 무엇이기에![193]

그의 간곡한 기대에 부응하려면 차라투스트라를 넘어, 니체를 넘어 사유해 나가야 옳다. 니체가 강조한 비루한 삶과 고귀한 삶의 정신적 '불평등'은 얼마든지 인정할 수 있다. 하지만 굳이 그 '차이'를 '평등'의 문제로 논의할 필요가 있을까. 독자에게 정신적 자극을 주기 위함이라고 적극적으로 이해할 수도 있겠지만, 똑같은 이유로 '평등'과 '민주주의'의 보편적 담론에 각을 세워 반대하는 날 선 문장들은 아섭다. 철학자 벨리오티[Raymond A. Belliotti]도 최근 연구에서 "거창하게 분투하는 자의 덕목을 강조하고 그것을 그렇지 않은 자들의 덕목과는 아주 미약하게만 연결함으로써, 니체는 건강한 공동체 감각을 침해하고 더 폭넓고 유익한 인간적 발전에 손상을 입힌다"라고 분석했다. "획득할 수 없고 다만 지칠 줄 모르는 분투를 통해 가까이 다가갈 수밖에 없는 하나의 이상으로서 니체식 자기완성을 추구"[194]한다는 비판이다.

무엇보다 니체가 사람을 비루한 삶으로 이끄는 사회·경제적 조건을 외면하며 삶의 높이를 강렬히 주장할 때, 그의 철학은 자신이 비판한 철학사의 숱한 관념론적 오류에 가담하게 된다. 형이상학을 비판하고 삶의 현실을 중시한 니체가 자신이 개척한 몸의 철학과 달리 동시대 대다수인 노동인들의 삶을 관념적으로 인식했다는 증거는 또렷이 남아 있다. 바젤 대학 교수로 재직하던 시절에 니체는 바젤시가 하루 노동시간을 12시간에서 겨우 1시간 줄여 11시간으로 제한하자 반대하고 나섰다. 하루 12시간 노동을 유지하자는 그의 주장은 당시 사회주의자들이 하루 8시간 노동을 요구하는 것과 너무나 간극이 크다. 더구나 열두 살부터 하루 11시간 노동을 허용하는 데 찬성함으로써 소년 노동을 정당화했다. 다만 노동시간을 지나치게 확대해서는 안 되고 노동인들이 감당할 수 있는 수준으로 한정해야 한다고 덧붙이기는 했다. 그런데 그 이유가 충격적이다. "그렇게 함으로써 노동인과 그의 후손이 우리의 후손을 위해서도 일을 잘할 수 있게 된다"고 했다.

니체가 젊은 교수 시절에 쓴 문장으로 그가 반민주주의자라는 비판에 나름의 정당성을 실어주는 대목이다. 그로부터 2년 뒤에 지인에게 보내는 편지에서 자신의 목표는 "현대사회를 이루고 있는 지극히 복잡한 갈등 구조를 파악하는 것"이라고 썼지만, 생전의 니체가 그 구조에 대한 인식의 어둠을 밝힌 흔적은 보이지 않는다.

니체는 목사의 아들로 태어나 20대 중반에 전임교수가 된 만큼 생활의 어려움을 몰랐다. 병세 탓이었다고 하지만 어쨌든 자발적으로 교수직을 내려놓고 연금을 받으며 알프스 산록과 호숫가에서 철학을 전개했다. 당대에 가장 '선진국'이던 영국에서 민중의 비참한 생활상을 목격한 마르크스와 비교해볼 만하다. 산업혁명의 심장이었던 버밍엄의 블랙컨트리 생활박물관^{Black} ^{Country Living Museum}에는 당시 노동 현장을 재현한 공간이 있다. 겨우 여섯 살인 어린이가 굉음을 내며 돌아가는 기계 앞에서 하루 14시간을 일하는데 그 어린이에게 임금은 아침으로 밀기울죽, 점심과 저녁 식사로 두 덩어리의 빵과 감자 몇 알이 거의 전부였다.

노동운동의 성과로 바젤에서 그나마 하루 11시간 노동까지 줄어들었을 때 교수 니체가 그에 반대하고 '소년 노동'에 적극 동의하고 나선 사실은 철학적 한계 이상으로 비판받아 마땅하다. 니체가 낙타와 사자 다음의 창조적 삶의 단계를 '아이'로 상징했기에 더욱 그렇다.

19세기 자본주의 체제는 안으로는 아이들까지 노동으로 내몰고 밖으로는 식민지 민중을 착취하던 괴물이었다. 그 시대 인류 대다수인 민중의 사회·경제적 조건을 방치한 채 창조적 삶의 경쟁을 권장한다면, 영원회귀의 우주론과 그에 근거한 주권적 개인의 철학적 제안과도 충돌한다. 모든 사람이 자신의 삶을 창조적으로 살아갈 수 있도록 사회·경제적 조건을 만들 때, 니체가 주창한 자유롭고 싱그러운 삶의 경쟁이 비로소 가능하다. 주권적 개인을 길러낼 교육과 문화를 중시한 '위대한 정치'도 그때 더 실천력을 지닐 수 있다.

우리 시대의 세계사적 과제인 '주권 혁명'을 이루는 과정에서 니체의 '주권적 개인'은 실천적 한계가 또렷하지만 그럼에도 깊이 새겨볼 개념이다. 정치권력만이 아니라 모든 권력이 주권자들로부터 나오는 '성숙한 민주주의'를 구현하는 시대정신이 주권 혁명이라면, 그것을 실현할 주체의 자기성찰에 니체의 주권자 개념은 '거울'이 될 수 있다. 한 국가에서 자신을 주권자로 정립하는 사회 구성원의 비율과 주권 혁명의 실현 가능성은 비례한다.[195] 19세기의 민주주의를 비판한 니체는 다음과 같이 주권 혁명을 낙관적으로 전망할 수 있는 글도 남겼다.

사실 이제, 사물(그리고 그 원인이 되는 주인과 노예의 피섞임)의 민주적 질서가 서서히 나타남에 따라 스스로 자기 자신에게 가치가 있다고 여기며 자신을 '좋게 생각하는' 본래 고귀하고 희귀한 충동은 점점 더 고무되고 확대될 것이다.[196]

그의 저작 가운데 드물게 민주주의를 긍정한 문장이거니와 니체의 진실을 헤아릴 수도 있는 글이다. 물론 민주주의와 함께

실천론   **: 주권적 개인의 창조적 삶**

확산되고 있는 '고귀한 충동'은 사람의 고귀함과 고귀한 삶을 구현하려는 주권자의 창조적 의지로 이어져야 한다. 니체는 『차라투스트라는 이렇게 말했다』에서 "너희가 세계라고 불러온 것, 그것도 너희에 의해 먼저 창조되어야 한다. 너희의 이성, 너희의 심상, 너희의 의지, 너희의 사랑이 세계 자체가 되어야 한다"고 힘주어 말했다. 이어 그런 "희망 없이 어떻게 삶을 참고 견뎌내려는가?" 묻고 "도무지 납득할 수 없는 것이나 비이성적인 것을 태생으로 해서는 안 될 일"이라고 강조했다.[197] "신체 모두가 춤추는 자가 되며, 정신 모두가 새가 되는"[198] 공동체를 희망했기에 더 그랬다.

의사를 자임한 니체의 철학은 병든 종말인에게 건강을 찾아주는 치료제다. 니체는 "진정, 이 대지는 치유의 장소가 되어야 한다. 이미 대지 주변에는 새로운 내음, 건강에 좋은 내음이 감돌고 있다. 거기에다 새로운 희망이!"[199]라고 힘주어 썼다.

그러나 그 '새로운 희망'은 니체의 고독한 사유가 갑작스레 멈추면서 미완으로 남았다. 그의 철학이 중시한 몸이 광기를 일으켰다. 극복인과 주권자를 제시하며 '창조하는 자의 길'을 역설하고, 영원히 되풀이되어도 좋을 고귀한 삶을 힘차게 주창한 니체의 삶은 사회로부터 격리된 정신병원의 병상에서 이른 나이에 시들어갔다. 우주론에 기초한 주권자의 철학도 더 나아가지 못했다.

니체가 말 그대로 미치도록 호소했음에도 병든 종말인들의 비루한 삶은 20세기를 지나 21세기까지 이어지고 있다. 그의 철학이 목표한 '인간 개혁'을 위해서라도 우주적 진실에 중심을 둔 사유에 사회적 지평이 아쉬운 까닭이다. 주권적 개인이 사회적 성찰을 더할 때 우리는 더 창조적이고 실천적인 삶의 주체를 정립할 수 있다.

21세기 니체와 우주철학

니체의 심장은 1900년에 멎었다. 그의 철학은 20세기 후반 지구촌에 퍼져간 탈근대의 포스트모더니즘을 선구했다. 그렇다면 '21세기 니체'는 우리에게 무엇일까.

니체의 사후 120여 년에 걸쳐 과학은 눈부신 성장을 했다. 니체가 영원회귀 우주론을 펴던 시대에는 어둠에 잠겨 있던 우주의 진실이 시나브로 열리고 있다. 우리가 우주를 관찰할 수 있는 크기인 100만 킬로미터의 100만 배의 100만 배의 100만 배에 이르는 거대한 시공간은 물론, 1센티미터의 100만분의 1의 100만분의 1처럼 미세한 현상까지 양자역학으로 탐색할 수 있게 되었다.

더구나 우주의 어둠에는 우리가 알고 있는 물질과는 전혀 다른 '암흑물질dark matter'과 '암흑에너지dark energy'가 있는 것으로 드러났다. 지금까지 연구에 따르면 우리가 우주에서 관측할 수 있는 물질은 4퍼센트에 지나지 않는다. 73퍼센트가 암흑에너지, 23퍼센트가 암흑물질이다. 그나마 관측한 4퍼센트의 대부분이 우주 공간에 흩어져 있는 성간 먼지나 기체를 이루는 물질이기에 지구와 별을 구성하고 있는 물질은 0.4퍼센트에 지나지 않는다. 그 0.4퍼센트에 근거해 우주를 논의해온 셈이다.

그래서 이론물리학자들이 우주를 바라보는 방식도 크게 바뀌고 있다. 21세기 들어 우주가 '숨기고, 보호하고, 눈에 띄지 않게 감싸온 새로운 차원'이 있다는 학설이 주목받고 있다.[200] 인류는 가로·세로·높이의 3차원 공간에서 시간과 함께 살아왔지만, 물질의 기본 단위를 점이 아니라 끈^{string}으로 보는 초끈이론은 4차원을 넘어 10차원, 11차원의 우주가 있다는 과학적 가설을 내놓았다. 다중우주와 평행우주 가설이 영원회귀 사유와 어울린다면, 인류가 아직 모르는 '어둠'이 우주의 대부분이라는 사실은 '같은 것이 되돌아온다'는 철학과 반드시 친화적인 것은 아니다.

물리학자들이 "다가올 시대는 '우주론의 전성시대'가 될 것"[201]이라고 자부할 만큼 앞으로 더 많은 연구가 축적되겠지만 암흑물질과 암흑에너지가 일러주듯 우주의 어둠은 깊다. 영원회귀 우주론이 제시하는 삶의 부활은 여전히 유혹적이다. 니체가 중시한 생리학에서도 과학적 발견이 잇따랐다. 생리학은 생화학·생물물리학·분자생물학의 기반이 되어 생명현상의 신비와 그 '어둠'을 탐색한다. 그 어둠은 니체가 상상한 '심연'보다 더 깊을 수 있다.

우주과학을 비롯한 과학의 발전은 우리로 하여금 니체보다 더 겸손할 것을 요구한다. 니체의 우주론은 아직 과학적 증명이 이뤄지지 못했기에 결국 그가 싫어했던 형이상학의 하나로 머물러 있다. 다만 모든 형이상학이 그렇듯이 반증될 수 없기에 오히려 생명력을 지닌다. 과학과 다른 철학의 빈곤함이자 넉넉함이다. 영원회귀 우주론에 기초해 삶의 부활로 허무를 벗어날 수 있다는 니체의 철학적 기획도 여전히 유효하다.

21세기를 살고 있는 우리는 무한하고 영원한 우주에서 딱히 영원회귀의 철학적 부활론이 아니더라도 현대 우주과학의 성과에 기대어 허무를 벗어날 수 있다. '우주철학cosmic philosophy'은 우주의 짙은 어둠에 숨은 진실을 온전히 인식하지 못한 존재가 허무에 잠기는 조급함과 섣부름을 우리에게 일깨워준다. 허무는 우주 속에서 사람의 편견일 수 있다. 우리가 값싼 허무감에 빠질 수 없는 이유다. 그 맥락에서 우주철학은 니체의 영원회귀 우주론과 삶의 부활에 대해서도 가능성을 열어둔다.

우주와 자연과학만이 아니다. 20세기 사회과학은 정치학, 경제학, 사회학으로 분화되면서 니체가 간과하고 있던 자본주의와 민주주의의 문제점을 여러 관점에서 드러냈다. 이를테면 니체가 비판한 인간의 왜소함이나 종말인의 모습은 전적으로 또는 상당 부분이 자본주의 체제가 빚어낸 결과라는 연구들이 이어졌다.

니체가 비판한 19세기 근대 민주주의 사회도 20세기를 거치며 많은 변화가 일어났다. 자본주의가 단일 체제가 아니라는 '자본주의 다양성 이론'이 나왔고, 민주주의 개념도 '민중 스스로의 통치'로 정립되었다. 그런 흐름은 니체의 철학과 얼마든지 소통이 가능하다. 니체가 세상을 바라본 '관점'에 자본주의 인식과 사회적 지평이 결여됨으로써 인간을 개혁하고 정치를 교육하겠다고 스스로 다짐한 철학적 과업이 한계를 드러냈기에 더욱 그렇다. 그 한계 또한 니체의 진실이다.

인문학의 발전은 유럽 중심주의의 문제점을 드러냈다. 유럽이 동아시아 문명보다 앞선 시기가 세계사의 긴 시간대에서 근대의 짧은 시기뿐이라는 실증적 연구가 미국과 유럽 학계에서 나오고 있다. 붓다의 철학을 허무주의로 보는 니체의 이해도 초보적이다. 서양 철학사 못지않게 아니 그보다 더 깊은 사유도 담겨 있는 동아시아 철학사를 니체가 깊이 들여다볼 기회가 없었던 탓이다. 유일신을 오랜 세월 믿어온 서양인들이 '신의 죽음'에서 느끼는 허무는 동아시아적 사유와 결이 다를 수밖에 없다.

니체 철학은 과학의 발전과 동아시아 사유와의 소통을 통해 21세기에도 꾸준히 읽히리라 전망한다. 그런 전망의 근거는 우주철학의 관점에서 니체를 '영원회귀의 부활과 주권자의 철학'으로 풀이한 이 책의 독창적인 해석과 같은 맥락에 있다.

첫째, 영원회귀 우주론에서 제시한 삶의 부활론은 현대 우주과학의 성과와 맞물려 그 가능성이 지속적으로 논의될 것이다. 무한한 시공간에서 똑같은 삶이 전개될 가능성은 지금 여기를 살아가며 죽음을 의식하는 우리에게 희망을 준다. 딱히 영원회귀가 아니더라도 새롭고 다채로운 우주론으로 허무감이나 무력감을 치료할 수 있다. 우주적 치료가 그것이다.

둘째, 힘에의 의지를 지배 권력이나 기득권 체제의 강화로 오해할 수 있지만, 니체의 우주적 진실은 정반대다. 니체 철학은 지배 이데올로기나 그들이 입법한 질서에 무조건 순응하지 않도록, 그에 맞서는 힘에의 의지를 자기 안에서 발견하도록, 언젠가 어디선가 부활할 삶을 노예도덕에 포획되어 종말인으로 비루하게 살지 않도록 이끈다. 주권자 개개인의 성찰이 그것이다.

셋째, 니체의 관점주의 인식론과 우주론은 개개인의 창조적 삶을 권유함으로써 주권적 개인의 사회적 실천이 독선에 사로잡히지 않도록 경계한다. 니체 철학이 자본주의를 분석한 철학과 깊숙이 융합할 때 민주주의의 세계적 위기를 벗어날 밑절미가 될 수 있다. 자본주의와 공산주의를 넘어선 새로운 사회의 창조적 구현이 그것이다. '니체의 혁명적 읽기'를 제안하며 그의 영원회귀 우주론에 근거해 분석했듯이 니체가 19세기 유럽의 낡은 민주주의를 매섭게 비판한 논리는 21세기인 오늘날에도 우리가 살아가고 있는 신자유주의적 세계화 시대를 날카롭게 관통하고 있기에 더욱 그렇다.

무릇 창조하는 삶을 걸어가기란 쉽지 않다. 니체 자신도 친구에게 보낸 편지에서 "내가 창조하는 존재로서 얼마나 낙담하고 우울함을 느끼는지 자네는 모를 것이네!"라고 토로했다. 니체의 고백은 자신의 모습에 낙담하거나 실망하는 사람들에게 다독임을 넘어 스스로 힘차게 일어설 용기를 준다. 스스로가 경멸스러운 순간이야말로 자신을 사랑하는 길에 나설 때다. 비루한 삶도 고귀한 삶도 영원히 되풀이될 수 있기에 더욱 그렇다.

동시대의 종말인들, 그들의 비루한 삶에 절망한 니체가 피어올린 희망은 지금도 새롭다. 니체는 "삶과 사회에 대해 무수한 새로운 시도가 이루어져야 한다"며 "정직하고 진리를 구하는 모든 사람들이 이러한 가장 보편적인 목표들을 인정하고 추구해야 한다!"[202]고 호소했다. 이 책이 니체를 '개인 차원의 좌우명 찾기'나 정반대로 '반사회적 명분 찾기'로 소비하는 두 흐름에 맞서 '니체 읽기의 혁명'을 제안한 까닭이다.

니체는 '삶과 사회'의 현실에 더는 대안이 없다며 지레 좌절하거나 무람없이 각자도생의 길로 걸어가는 사람들을 마치 토닥여주기라도 하듯 '예언적 당부'를 남겼다. "아직 그 누구의 발길도 닿지 않은 길이 천 개나 있다. 천 개나 되는 건강과 숨겨진 생명의 섬이 있다. 무궁무진하여 아직도 발견되지 않은 것이 사람이며 사람의 대지다"[203]라고 힘주어 말했다.

니체에게 진실은 하나가 아니다. 현대 우주과학을 바탕으로 사회과학과 동아시아의 깊고 너른 사유를 더하여 니체를 읽을 때 우리는 지금의 삶이 다시 되풀이되어도 좋을 삶을 얼마든지 새롭게 구성할 수 있다. 주권적 개인들과 더불어 창조적인 공동체, 민주주의 성숙을 일궈가는 삶이 그것이다.

니체 읽기의 혁명

1) 『아침놀』, 제5권, 553절. (니체전집 10, 『아침놀』, 박찬국 옮김, 책세상, 2004, 413쪽.)

2) 『선악의 저편』, 제1장 철학자들의 편견에 관하여, 6절. (니체전집 14, 『선악의 저편·도덕의 계보』, 김정현 옮김, 책세상, 2002, 21쪽.)

3) 루 안드레아스 살로메, 『살로메, 니체를 말하다』, 김정현 옮김, 책세상, 2021, 33~35쪽.

4) 뤼디거 자프란스키, 『니체 그의 사상의 전기』, 오윤희·육혜원 옮김, 꿈결, 2017, 56쪽.

5) 뤼디거 자프란스키, 같은 책, 91쪽.

6) 뤼디거 자프란스키, 같은 책, 94쪽.

7) 『반시대적 고찰』, Ⅰ. 다비드 슈트라우스, 고백자와 저술가. (니체전집 2, 『비극의 탄생·반시대적 고찰』, 이진우 옮김, 책세상, 2005, 183쪽.)

8) 프랑수아즈 지루, 『루 살로메』, 함유선 옮김, 해냄, 2006, 44쪽.

9) 박찬국, 『초인수업』, 21세기북스, 2014, 239쪽에서 재인용.

10) 박찬국, 같은 책, 239쪽에서 재인용.

11) 『이 사람을 보라』, 차라투스트라는 이렇게 말했다, 1절. (니체전집 15, 『바그너의 경우·우상의 황혼·안티크리스트·이 사람을 보라·디오니소스 송가·니체 대 바그너(1888~1889)』, 백승영 옮김, 책세상, 2002, 418쪽.)

12) 『즐거운 학문』, 제4부, 276절. (니체전집 12, 『즐거운 학문·메시나에서의 전원시·유고(1881년 봄~1882년 여름)』, 안성찬·홍사현 옮김, 책세상, 2005, 255쪽.)

13) 『살로메, 니체를 말하다』, 337쪽.

14) 『즐거운 학문』, 제4부, 283절. (니체전집 12, 261~262쪽.)

15) 『즐거운 학문』, 제1부, 14절. (니체전집 12, 85~86쪽.)

16) 『즐거운 학문』, 제1부, 14절. (니체전집 12, 86~87쪽.)

17) 『이 사람을 보라』, 왜 나는 하나의 운명인지, 3절. (니체전집 15, 458~459쪽.)

18) 『이 사람을 보라』, 서문 4. (니체전집 15, 326쪽.)

19) 『차라투스트라는 이렇게 말했다』, 제1부, 창조하는 자의 길에 대하여.
(니체전집 13, 『차라투스트라는 이렇게 말했다』, 정동호 옮김, 책세상, 2002,

103쪽.)

20) 『쇼펜하우어의 행복론과 인생론』, 제2부 인생론, 제3장 세상의 고뇌에 대하여.
(아르투어 쇼펜하우어, 『쇼펜하우어의 행복론과 인생론』, 홍성광 옮김,
을유문화사, 2013, 308~309쪽.)

21) 『쇼펜하우어의 행복론과 인생론』, 제2부 인생론, 제2장 생존의 허망함에 대하여,
297쪽.

22) 『쇼펜하우어의 행복론과 인생론』, 제2부 인생론, 제3장 세상의 고뇌에 대하여,
309쪽.

23) 『쇼펜하우어의 행복론과 인생론』, 제2부 인생론, 제3장 세상의 고뇌에 대하여,
310쪽.

24) 안광복, 『처음 읽는 서양 철학사』, 웅진지식하우스, 2007, 260쪽에서 재인용.

25) 아르투어 쇼펜하우어, 『의지와 표상으로서의 세계』, 홍성광 옮김, 을유문화사,
2019, 39쪽.

26) 『쇼펜하우어의 행복론과 인생론』, 제2부 인생론, 제11장 여성에 대하여, 435쪽.

27) 『쇼펜하우어의 행복론과 인생론』, 제2부 인생론, 제11장 여성에 대하여,
429~430쪽.

28) 아르투어 쇼펜하우어, 『당신의 인생이 왜 행복하지 않아야 한다고 생각하십니까
: 쇼펜하우어 아포리즘』, 김욱 편역, 포레스트북스, 2023, 211쪽.

29) 『쇼펜하우어의 행복론과 인생론』, 제1부 행복론, 제2장 생존의 허망함에 대하여,
291쪽.

30) 『쇼펜하우어 아포리즘』, 58쪽.

31) 박찬국, 『사는 게 고통일 때, 쇼펜하우어』, 21세기북스, 2021, 52쪽에서 재인용.

32) 쇼펜하우어, 『쇼펜하우어의 청춘독설』, 김욱 옮김, 가산출판사, 2011, 39쪽.

33) 『쇼펜하우어의 청춘독설』, 38쪽.

34) 『쇼펜하우어의 청춘독설』, 38쪽.

35) 『쇼펜하우어의 청춘독설』, 38~39쪽.

36) 『쇼펜하우어 아포리즘』, 58~59쪽.

37) 『쇼펜하우어 아포리즘』, 194쪽.

38) 『쇼펜하우어 아포리즘』, 195쪽.

39) 『쇼펜하우어 아포리즘』, 194~195쪽.

40) 『쇼펜하우어 아포리즘』, 195쪽.

41) 『쇼펜하우어 아포리즘』, 100~101쪽.

42) 『쇼펜하우어의 청춘독설』, 107쪽.

43) 『쇼펜하우어 아포리즘』, 80~81쪽.

44) 『쇼펜하우어의 청춘독설』, 108~109쪽.

45) 『쇼펜하우어의 청춘독설』, 109쪽.

46) 『쇼펜하우어의 청춘독설』, 109쪽.

47) 『쇼펜하우어 아포리즘』, 171~172쪽.

48) 『쇼펜하우어 아포리즘』, 99~100쪽.

49) 『쇼펜하우어 아포리즘』, 100쪽.

50) 『쇼펜하우어 아포리즘』, 100쪽.

51) 출처에는 '노동자'로 번역되어 있지만, 'worker'의 번역어로 '노동인'이 더
적실하다고 판단해 저자가 쓴 책과 칼럼에서 그렇게 써왔으며 여기서도
'노동인'으로 적었다.

52) 『쇼펜하우어 아포리즘』, 168쪽.

53) 『쇼펜하우어 아포리즘』, 168~169쪽.

54) 『쇼펜하우어 아포리즘』, 169~170쪽.

55) 『쇼펜하우어 아포리즘』, 170쪽.

56) 『쇼펜하우어의 행복론과 인생론』, 제2부 인생론, 제10장 독서와 책에 대하여,
413쪽.

57) 『쇼펜하우어 아포리즘』, 164쪽.

58) 『쇼펜하우어의 행복론과 인생론』, 머리말, 10쪽.

59) 『의지와 표상으로서의 세계』, 543쪽.

60) 『유고(1887년 가을~1888년 3월)』, (니체전집 20, 『유고(1887년 가을~1888년
3월)』, 백승영 옮김, 2000, 518쪽.)

61) 『차라투스트라는 이렇게 말했다』, 차라투스트라의 머리말, 2. (니체전집 13,
14~16쪽.)

62) 『차라투스트라는 이렇게 말했다』, 제2부, 사제들에 대하여. (니체전집 13,
147~148쪽.)

63) 『차라투스트라는 이렇게 말했다』, 제4부, 실직. (니체전집 13, 419~420쪽.)

64) 『차라투스트라는 이렇게 말했다』, 제4부, 실직. (니체전집 13, 420~421쪽.)

65) 『차라투스트라는 이렇게 말했다』, 제3부 배신자들에 대하여. (니체전집 13,
297쪽.)

66) 『즐거운 학문』, 제3부, 125절. (니체전집 12, 199~200쪽.)

67) 『즐거운 학문』, 제3부, 125절. (니체전집 12, 200~201쪽.)

68) 『즐거운 학문』, 제3부, 125절. (니체전집 12, 201쪽.)

69) 아이리스 머독, 『선의 군림』, 이병익 옮김, 이숲, 2020, 137쪽.

70) 『즐거운 학문』, 제3부, 124절. (니체전집 12, 199쪽.)

71) 『유고(1870년~1873년)』, 비도덕적 의미에서의 진리와 거짓에 관하여, 1절.
     (니체전집 3, 『유고(1870년~1873년)』, 이진우 옮김, 책세상, 2015. 443쪽.)
72) 『유고(1870년~1873년)』, 비도덕적 의미에서의 진리와 거짓에 관하여, 1절.
     (니체전집 3, 443쪽.)
73) 『유고(1870년~1873년)』, 비도덕적 의미에서의 진리와 거짓에 관하여, 1절.
     (니체전집 3, 444쪽.)
74) 『유고(1870년~1873년)』, 비도덕적 의미에서의 진리와 거짓에 관하여, 1절.
     (니체전집 3, 444~445쪽.)
75) 『유고(1870년~1873년)』, 비도덕적 의미에서의 진리와 거짓에 관하여, 1절.
     (니체전집 3, 445쪽.)
76) 『유고(1870년~1873년)』, 비도덕적 의미에서의 진리와 거짓에 관하여, 1절.
     (니체전집 3, 448~450쪽.)
77) 철학사전편찬위원회, 『철학 사전』, 중원문화, 2009.
78) 『유고(1887년 가을~1888년 3월)』, 10[118]. (니체전집 20, 224~225쪽.)
79) 『유고(1882년 7월~1883/84년 가을)』, 5[1], 1. (니체전집 16, 『유고(1882년 7월
     ~1883/84년 가을)』, 박찬국 옮김, 2001, 245쪽.)
80) 『유고(1884년 가을~1885년 가을)』, 38[12]. (니체전집 18, 『유고(1884년 가을
     ~1885년 가을)』, 김정현 옮김, 책세상, 2004, 435~436쪽.)
81) 『유고(1884년 가을~1885년 가을)』, 83[12]. (니체전집 18, 436쪽.)
82) 홍사현, 「자기 생산하는 삶, 자연, 세계 : 니체의 발생존재론」, 『니체연구』 제13집
     (2008 봄), 한국니체학회, 13쪽.
83) 『이 사람을 보라』, 차라투스트라는 이렇게 말했다, 1절. (니체전집 15,
     419~420쪽.)
84) 『이 사람을 보라』, 차라투스트라는 이렇게 말했다, 3절. (니체전집 15,
     424~425쪽.)
85) 『차라투스트라는 이렇게 말했다』, 제3부, 건강을 되찾고 있는 자. (니체전집 13,
     359쪽.)
86) 『차라투스트라는 이렇게 말했다』, 제3부, 건강을 되찾고 있는 자. (니체전집 13,
     359~360쪽.)
87) 『유고(1881년 봄~1882년 여름』, 11[148]. (니체전집 12, 492~493쪽.)
88) 『유고(1884년 가을~1885년 가을)』, 38[12]. (니체전집 18, 435~436쪽.)
89) 『차라투스트라는 이렇게 말했다』, 제3부, 곡두와 수수께끼에 대하여. (니체전집
     13, 263~264쪽.)
90) 『차라투스트라는 이렇게 말했다』, 제3부, 곡두와 수수께끼에 대하여. (니체전집

13, 258~259쪽.)

91) 『차라투스트라는 이렇게 말했다』, 제3부, 곡두와 수수께끼에 대하여. (니체전집 13, 266~267쪽.)

92) 『차라투스트라는 이렇게 말했다』, 제3부, 곡두과 수수께끼에 대하여. (니체전집 13, 266~267쪽.)

93) 다음 연구가 대표적이다. 백승영, 「니체 『차라투스트라는 이렇게 말했다』」, 『철학사상』 별책 제2권 제10호, 철학사상연구소, 2003.

94) 『즐거운 학문』, 제4부, 278절. (니체전집 12, 257쪽.)

95) 『쇼펜하우어의 행복론과 인생론』, 254~255쪽.

96) 『즐거운 학문』, 제4부, 341절. (니체전집 12, 315쪽.)

97) 『즐거운 학문』, 제4부, 341절. (니체전집 12, 315쪽.)

98) 『유고(1881년 봄~1882년 여름)』, 11[161]. (니체전집 12, 499쪽.)

99) 『반시대적 고찰』, Ⅲ. 교육자로서의 쇼펜하우어. (니체전집 2, 391쪽.)

100) 『즐거운 학문』, 제4부, 324절. (니체전집 12, 293~294쪽.)

101) 『이 사람을 보라』, 차라투스트라는 이렇게 말했다, 6절. (니체전집 15, 431쪽.)

102) 우주과학의 발전에 따른 새로운 인식론과 그에 기초한 철학에 대한 상세한 논의는 다음을 참고할 수 있다. 손석춘, 『우주철학서설 : 어둠의 인식론과 사회철학』, 철수와영희, 2022.

103) 『차라투스트라는 이렇게 말했다』, 차라투스트라의 머리말, 5. (니체전집 13, 25쪽.) ; 책세상 전집 초판은 'der letzte Mensch'를 영어판 'the last man'을 직역해 '최후의 인간'으로 적었다. 이후 '비천하기 짝이 없는 인간' 등으로 번역하다가 2017년 개정판부터 '인간 말종'으로 쓰고 있다. 민음사(장희창 역)는 '말종', 열린책들(김인순 역)은 '말인', 휴머니스트(이진우 역)는 '마지막 인간'으로 번역했다. 여기서는 '종말인'으로 표기한다.

104) 『차라투스트라는 이렇게 말했다』, 차라투스트라의 머리말, 5. (니체전집 13, 25쪽.)

105) 『차라투스트라는 이렇게 말했다』, 차라투스트라의 머리말, 5. (니체전집 13, 26쪽.)

106) 『차라투스트라는 이렇게 말했다』, 차라투스트라의 머리말, 3. (니체전집 13, 16~17쪽.)

107) 『차라투스트라는 이렇게 말했다』, 차라투스트라의 머리말, 3. (니체전집 13, 17~18쪽.)

108) 『이 사람을 보라』, 차라투스트라는 이렇게 말했다, 6절. (니체전집 15, 430~431쪽.)

109) 『이 사람을 보라』, 나는 왜 이렇게 좋은 책들을 쓰는지, 1절. (니체전집 15, 377~378쪽.)

110) 『차라투스트라는 이렇게 말했다』, 제1부, 이웃 사랑에 대하여. (니체전집 13, 101쪽.)

111) 『차라투스트라는 이렇게 말했다』, 제1부, 이웃 사랑에 대하여. (니체전집 13, 101쪽.)

112) "사람은 짐승과 위버멘쉬 사이를 잇는 밧줄, 심연 위에 걸쳐 있는 하나의 밧줄이다. 저편으로 건너가는 것도 위험하고, 건너가는 과정도 위험하고, 뒤돌아보는 것도 위험하며, 벌벌 떨고 있는 것도 멈춰 서 있는 것도 위험하다." 『차라투스트라는 이렇게 말했다』, 차라투스트라의 머리말, 4. (니체전집 13, 20쪽.)

113) 『차라투스트라는 이렇게 말했다』, 제3부, 곡두와 수수께끼에 대하여. (니체전집 13, 263쪽.)

114) 『차라투스트라는 이렇게 말했다』, 제1부, 세 변화에 대하여. (니체전집 13, 38~39쪽.)

115) 『차라투스트라는 이렇게 말했다』, 제1부, 세 변화에 대하여. (니체전집 13, 39쪽.)

116) 『차라투스트라는 이렇게 말했다』, 제1부, 세 변화에 대하여. (니체전집 13, 39쪽.)

117) 『차라투스트라는 이렇게 말했다』, 제1부, 세 변화에 대하여. (니체전집 13, 39~40쪽.)

118) 『차라투스트라는 이렇게 말했다』, 제1부, 세 변화에 대하여. (니체전집 13, 40~41쪽.)

119) 『차라투스트라는 이렇게 말했다』, 제2부, 행복이 넘치는 섬들에서. (니체전집 13, 138쪽.)

120) 『차라투스트라는 이렇게 말했다』, 제2부, 행복이 넘치는 섬들에서. (니체전집 13, 138~139쪽.)

121) 『차라투스트라는 이렇게 말했다』, 차라투스트라의 머리말, 5. (니체전집 13, 24쪽.)

122) 『차라투스트라는 이렇게 말했다』, 차라투스트라의 머리말, 4. (니체전집 13, 21쪽.)

123) 『선악의 저편』, 제6장 우리 학자들, 213절 ; 박홍규, 『니체는 틀렸다』, 들녘, 2017, 80쪽에서 재인용.

124) 박홍규, 『니체는 틀렸다』, 들녘, 2017, 25쪽.

125) 『차라투스트라는 이렇게 말했다』, 제1부, 베푸는 덕에 대하여. (니체전집 13, 129~130쪽.)

126) 『이 사람을 보라』, 서문. (니체전집 15, 327쪽.)

127) 『이 사람을 보라』, 서문. (니체전집 15, 328쪽.)

128) 박홍규, 같은 책, 12쪽.

129) 박홍규, 같은 책, 11쪽.

130) 『이 사람을 보라』, 서문 3. (니체전집 15, 325쪽.)

131) 박홍규, 같은 책, 301~302쪽.

132) 『선악의 저편』, 제5장 도덕의 자연사, 203절. (니체전집 14, 163~165쪽.)

133) 『차라투스트라는 이렇게 말했다』, 제2부, 타란툴라들에 대하여. (니체전집 13, 161쪽.)

134) 『차라투스트라는 이렇게 말했다』, 제2부, 타란툴라들에 대하여. (니체전집 13, 161~162쪽.)

135) 『차라투스트라는 이렇게 말했다』, 제2부, 타란툴라들에 대하여. (니체전집 13, 164쪽.)

136) 『차라투스트라는 이렇게 말했다』, 제2부, 타란툴라들에 대하여. (니체전집 13, 164쪽.)

137) 『차라투스트라는 이렇게 말했다』, 제2부, 타란툴라들에 대하여. (니체전집 13, 164~165쪽.)

138) 『선악의 저편』, 제6장 우리 학자들, 212절. (니체전집 14, 191쪽.)

139) 『유고(1888년 초~1889년 1월 초)』, 25[1]. (니체전집 21, 『유고(1888년 초 ~1889년 1월 초)』, 백승영 옮김, 2004, 554쪽.)

140) 『선악의 저편』, 제6장 우리 학자들, 208절. (니체전집 14, 183쪽.)

141) 『유고(1888년 초~1889년 1월 초)』, 15[65]. (니체전집 21, 300쪽.)

142) 『유고(1888년 초~1889년 1월 초)』, 14[8]. (니체전집 21, 20쪽.)

143) 『선악의 저편』, 제2장 자유정신, 30절. (니체전집 14, 59쪽.)

144) 『안티크리스트』, 서문. (니체전집 15, 214쪽.)

145) 『차라투스트라는 이렇게 말했다』, 제3부, 중력의 정령에 대하여. (니체전집 13, 312쪽.)

146) 백승영, 『니체, 철학적 정치를 말하다』, 책세상, 2018, 79쪽.

147) 칼 마르크스, 프리드리히 엥겔스, 『공산당 선언』, 강유원 옮김, 이론과실천, 2008, 12~13쪽.

148) 마르크스의 삶과 사상에 대한 구체적 논의는 다음을 참고할 수 있다.
손석춘, 『디어 맑스 : 엥겔스가 그린 칼 맑스의 수염 없는 초상』, 시대의창, 2018.

149) 마이클 샌델, 『당신이 모르는 민주주의』, 이경식 옮김, 와이즈베리, 2023, 107~108쪽.

150) 마이클 샌델, 같은 책, 108~109쪽.

151) 『유고(1870년~1873년)』, 씌어지지 않은 다섯 권의 책에 대한 다섯 개의 머리말, 3. 그리스 국가. (니체전집 3, 309쪽.)

152) 『유고(1870년~1873년)』, 씌어지지 않은 다섯 권의 책에 대한 다섯 개의 머리말, 3. 그리스 국가. (니체전집 3, 310~311쪽.)

153) 『인간적인 너무나 인간적인』 II, 제2장 방랑자와 그의 그림자, 286절. (니체전집 8, 『인간적인 너무나 인간적인』 II, 김미기 옮김, 2002, 400쪽.)

154) 니체 연구의 지평을 넓힌 고병권은 니체가 "새로운 가치 창조의 활동을 노동과 엄격히 구분했던 것"이라고 풀이했다. 그는 어떻게 노동 없는 사회가 가능하겠느냐는 주장에도 일리가 없는 것은 아니지만, 노동이 불가피한 것이라는 주장과 그것을 찬미해야 한다는 주장은 전혀 별개라고 보았다. 고병권, 『니체의 위험한 책, 차라투스트라는 이렇게 말했다』, 그린비, 2003, 179쪽.

155) 『안티크리스트』, 2절. (니체전집 15, 216쪽.)

156) 백승영, 「니체 『차라투스트라는 이렇게 말했다』」, 『철학사상』 별책 제2권 제10호, 철학사상연구소, 2003. 그의 연구는 서울대 철학사상연구소 누리집에 공개되어 니체 철학의 저변 확대에 도움을 주고 있다.

157) 『바그너의 경우』, 후기. (니체전집 15, 66~67쪽.)

158) 『우상의 황혼』, 반자연으로서의 도덕, 4절. (니체전집 15, 109쪽.)

159) 『도덕의 계보』, 제3논문 28절. (니체전집 14, 541쪽.)

160) 『유고(1887년 가을~1888년 3월)』, 9[86]. (니체전집 20, 57쪽.)

161) 『선악의 저편』, 제9장 고귀함이란 무엇인가, 261절. (니체전집 14, 281쪽.)

162) 『차라투스트라는 이렇게 말했다』, 제1부, 전쟁과 전사들에 대하여. (니체전집 13, 73쪽.)

163) 『아침놀』, 서문. (니체전집 10, 9쪽.)

164) 『아침놀』, 서문. (니체전집 10, 10~11쪽.)

165) 『아침놀』, 제2권, 103절. (니체전집 10, 112쪽.)

166) 『아침놀』, 제3권, 164절. (니체전집 10, 182~183쪽.)

167) 『차라투스트라는 이렇게 말했다』, 제1부, 전쟁과 전사들에 대하여. (니체전집 13, 76쪽.)

168) 『유고(1870년~1873년)』, 씌어지지 않은 다섯 권의 책에 대한 다섯 개의 머리말, 3. 그리스 국가. (니체전집 3, 317~318쪽.)

169) 『차라투스트라는 이렇게 말했다』, 제1부, 새로운 우상에 대하여. (니체전집 13, 78쪽.)

170) 『반시대적 고찰』, II. 삶에 대한 역사의 공과, 9절. (니체전집 2, 372쪽.)

171) 『유고(1870년~1873년)』, 씌어지지 않은 다섯 권의 책에 대한 다섯 개의 머리말,

3. 그리스 국가. (니체전집 3, 313쪽.)

172) 『우상의 황혼』, 어느 반시대적 인간의 편력, 38절. (니체전집 15, 176~177쪽.)

173) 『이 사람을 보라』, 왜 나는 하나의 운명인지, 1절. (니체전집 15, 457쪽.)

174) 『인간적인 너무나 인간적인』 I, 제1장 최초와 최후의 사물들에 대하여, 24절. (니체전집 7, 『인간적인 너무나 인간적인』 I, 김미기 옮김, 2001, 47~48쪽.)

175) 『인간적인 너무나 인간적인』 I, 제8장 국가에 대한 조망, 463절. (니체전집 7, 369쪽.)

176) 『유고(1870년~1873년)』, 씌어지지 않은 다섯 권의 책에 대한 다섯 개의 머리말, 3. 그리스 국가. (니체전집 3, 320쪽.)

177) 『아침놀』, 제3권, 206절. (니체전집 10, 227~228쪽.)

178) 『아침놀』, 제3권, 206절. (니체전집 10, 228쪽.)

179) 『도덕의 계보』, 제2논문 2절. (니체전집 14, 397~399쪽.)

180) 『아침놀』, 제3권, 203절. (니체전집 10, 223쪽.)

181) 『아침놀』, 제3권, 206절. (니체전집 10, 229쪽.)

182) 『이 사람을 보라』, 반시대적 고찰, 1절. (니체전집 15, 397쪽.)

183) 『비극의 탄생』, 18. (니체전집 2, 136쪽.)

184) 『이 사람을 보라』, 나는 왜 이렇게 영리한지, 5절. (니체전집 15, 362쪽.)

185) 『인간적인 너무나 인간적인』 I, 제8장 국가에 대한 조망, 480절. (니체전집 7, 386쪽.)

186) 『인간적인 너무나 인간적인』 I, 제1장 최초와 최후의 사물들에 대하여, 24절. (니체전집 7, 48쪽.)

187) 『차라투스트라는 이렇게 말했다』, 제3부, 중력의 정령에 대하여. (니체전집 13, 313쪽.)

188) 『차라투스트라는 이렇게 말했다』, 제3부, 일곱 개의 봉인. (니체전집 13, 384쪽.)

189) 『차라투스트라는 이렇게 말했다』, 제1부, 창조하는 자의 길에 대하여. (니체전집 13, 103쪽.)

190) 『차라투스트라는 이렇게 말했다』, 제1부, 창조하는 자의 길에 대하여. (니체전집 13, 101쪽.)

191) 『차라투스트라는 이렇게 말했다』, 제1부, 창조하는 자의 길에 대하여. (니체전집 13, 100~101쪽.)

192) 『인간적인 너무나 인간적인』 I, 제8장 국가에 대한 조망, 454절. (니체전집 7, 363쪽.)

193) 『차라투스트라는 이렇게 말했다』, 제1부, 베푸는 덕에 대하여. (니체전집 13, 126쪽.)

194) 레이먼드 벨리오티,「니체와 삶의 의미」, 스티븐 리치·제임스 타타글리아리치 엮음,『삶의 의미와 위대한 철학자들』, 473쪽.

195) 민주주의의 성숙 단계와 주권 혁명에 대한 자세한 논의는『손석춘 교수의 민주주의 특강 : 보수와 진보 공동의 정치철학』(철수와영희, 2024)을 참고할 수 있다.

196)『선악의 저편』, 제9장 고귀함이란 무엇인가, 261절. (니체전집 14, 281쪽.)

197)『차라투스트라는 이렇게 말했다』, 제2부, 행복이 넘치는 섬들에서. (니체전집 13, 137쪽.)

198)『차라투스트라는 이렇게 말했다』, 제3부, 일곱 개의 봉인. (니체전집 13, 384쪽.)

199)『차라투스트라는 이렇게 말했다』, 제1부, 베푸는 덕에 대하여. (니체전집 13, 131쪽.)

200) 리사 랜들,『숨겨진 우주 : 비틀린 5차원 시공간과 여분 차원의 비밀을 찾아서』, 김연중·이민재 옮김, 사이언스북스, 2008, 21쪽.

201) 브라이언 그린,『우주의 구조 : 시간과 공간, 그 근원을 찾아서 』, 박병철 옮김, 승산, 2005, 582쪽.

202)『아침놀』, 제3권, 164절. (니체전집 10, 182~183쪽.)

203)『차라투스트라는 이렇게 말했다』, 제1부, 베푸는 덕에 대하여. (니체전집 13, 129쪽.)

니체 읽기의 혁명